当代浙江学术文库

DANGDAI ZHEJIANG XUESHU WENKU

浙江省社科联省级社会科学学术著作出版资金资助项目：编号：2015CBB01

国际刑法基本理论研究

叶良芳 著

GUOJI XINGFA JIBEN LILUN YANJIU

国际刑法，彰显了人类社会的理性、文明和进步。

国际刑法学，是具有鲜明的跨学科性的知识体系。

国际刑事审判，是国际刑法创新发展的不竭源泉。

国际刑法发展，充分印证了理论和实践的互融互动。

国际刑法研究和实践，有利于增强国际事务的话语权。

浙江大学出版社

ZHEJIANG UNIVERSITY PRESS

序

高铭暄①

最近二三十年,国际刑法的发展相当活跃,日渐成熟。国际刑法的迅速发展是国际形势风云变幻的态势使然,也是国际犯罪越演越烈的必然结果。随着全球一体化进程的加快,各国越来越意识到防止和惩治国际犯罪的必要性,这是国际刑法进一步发展的动力源。自20世纪90年代以来,国际犯罪,特别是武装冲突中严重违反国际人道主义法的犯罪频繁发生,相应地,国际刑法的发展也呈现出鲜明的时代特点。在实践领域,联合国安理会先后于1993年和1994年通过决议,分别设立前南斯拉夫国际刑事法庭和卢旺达国际刑事法庭,以惩罚在前南斯拉夫和卢旺达境内发生的严重违反国际人道主义法的犯罪。1998年7月17日,《国际刑事法院规约》在联合国粮食及农业组织总部召开的全权外交代表会议通过,并于2002年7月1日生效,这标志着人类历史上第一个常设性国际刑事司法机构开始正式运转。上述国际刑事审判活动极大地丰富了国际刑法的理论素材,激发了众多学者的学术热情,也进一步巩固了国际刑法作为一个独立的法律部门的地位。

与国际刑事审判实践相联动,我国学者也对国际刑法的诸多问题展开了全面的探讨,相关研究经历了由少到多、由浅入深、由零散到系统、由单一到多元的过程,研究成果迭出,学术活动活跃,成绩有目共睹。不过,由于历史性资源的缺乏等原因,当前的研究也存在一定的局限性。本书充分借鉴现有研究成果的基础上,对国际刑法的基本理论问题进行系统的梳理和阐释,对影响力

---

① 北京师范大学刑事法律科学研究院名誉院长、博士研究生导师、中国人民大学法学院荣誉一级教授,兼任国家教育考试指导委员会委员、中国法学会学术委员会荣誉委员、中国法学会刑法学研究会名誉会长、国际刑法学协会名誉副主席暨中国分会名誉主席。

案件进行详细的介绍和评析,对体系性制度进行充分的构造和论证,以为国际刑法的进一步发展贡献智识。

本书是作者厚积薄发的理论专著,经历了理论的不断深化、体系的及时调整、案例的日益更新等过程,见证我国国际刑法理论知识的共同增长。翻阅本书,不难发现其具有以下鲜明的特点:

第一,承接经典,开拓创新。我国学者对国际刑法的研究始于20世纪80年代末,以一批具有学术影响力的著作的出版为标志。就当前研究状况而言,我国国际刑法理论研究已经取得了长足的发展,学科体系逐步完善。但是,由于一些基础性理论问题尚未取得共识,因而在一定程度上影响了学科的进一步发展。本书在借鉴现有研究成果的基础上,充分吸纳国内外经典国际刑法著作的合理内核,从中提炼出国际刑法领域最基本的问题予以专门研究,并提出具有一定创见性的观点和主张。

第二,语言平实,表达严谨。国际刑法不同于传统的法学学科,其具有国际性、新颖性、交叉性等诸多特点,涉及国际法学、刑法学、刑事诉讼法学等多个学科领域。作为一部对基础理论进行研究的专著,本书尽可能以平实的语言呈现国际刑法的深邃理论。因此,本书不仅是面向专业研究人员的理论著作,同时也是面向法科学生的基础读物。全书在内容的表述上,没有华丽的辞藻,但是言简意赅、要言不烦,条分缕析地阐述国际刑法许多重要制度的前世今生,提纲挈领地展示国际刑法重要原理与原则的来龙去脉。另外,全书的风格也透露出作者醇厚的理论功底,遣词造句都蕴含着作者对基本理论的精深思考。通过阅读本书,法科学生可以相对轻松地踏入国际刑法的门槛,对该领域有一个宏观的整体领悟;专业研究人员则能够迅速捕捉到全书的研究视角、观点立场以及国际刑法的最新发展状况。

第三,重点突出,详略得当。对于任何学科体系的构建和学科知识的掌握,基本理论问题都是重中之重。本书的写作目的就是研究国际刑法领域中最基础、最本质的理论问题。其基础性具体体现在,本书的内容紧密围绕国际刑法领域中最为根源性的问题,通过陈述基本理论知识和解决基本学术争议向读者呈现国际刑法学最经典的、最前沿的、最重要的研究动态。在理论内容的阐述中,全书有详有略,对基本问题的展开与讨论是作者基于对整个学科理论的精准把握,同时也是为了进一步澄清国际刑法理论中的主要疑难问题,如国际刑法的学科之争等。

第四,打破常规,区分模块。本书不仅涵盖了国际刑法的基本内容,实体与程序并重、理论与实践结合,而且在体系结构方面进行重大的调整,是在经过反复斟酌与比较现在体系结构的基础上建立的一种具有一定创新的理论体系。具体而言,作者通过对国际刑法理论基本问题的梳理与体系重构,尝试打破常规的国际刑法学研究体例,区分各大研究模块逐一对基本问题进行分析。通过对国际刑法的基本原则、国际刑法效力、国际刑法犯罪概念、国际刑法核心罪名、国际犯罪刑事责任、国际刑事司法合作等各个领域的研究勾勒出整个国际刑法体系大厦的建筑图,为进一步添砖加瓦、精工细作打下基础。

第五,理案交融,鲜明生动。国际刑法内容繁杂,如果只是纯粹阐述相关理论问题,则很难将国际刑法学的精髓展现出来,因为国际刑法理论本身就来源于丰富的国际刑事司法实践,没有若干国际刑事法庭的建立和审判实践,就没有国际刑法理论的产生和发展。鉴于此,本书大量采用案例研究方法,以辅助分析国际刑法的基本理论问题。用厚实的基本理论知识萦绕丰富的国际刑事审判案例,用经典的、前沿的案例解释争议的、深邃的基本原理,理论观点与实践案例相辅相成,增强了全书的实效性与直观性。在紧密结合国际刑法的基本原则与理论的同时,诸多理论观点通过鲜活的案例生动反映出国际刑法实践中所遇到的疑难问题,充分反映国际刑法规范的内容和特点,让人耳目一新。

短短数十年,国际刑法从一个不太受人关注的边缘学科发展为在整个法学领域占有一席之地的独立学科,这离不开众多学者的潜心研究和学术贡献,也离不开国际刑法理论的有力传播以及国际刑事司法的不断实践。但是作为一门新兴的边缘交叉学科,国际刑法的研究还有很长的路要走,国际刑法理论仍然存在诸多尚需进一步解决的问题,国际刑事审判也存在一系列复杂的实践难题。这些问题的解决,都离不开更多的专业人员的关注和努力。在我国,与法学领域中其他学科如火如荼的盛况相比,国际刑法仍然是相对冷门的学科,专门研究的学者人数有限,以此为志业的法科学生更是少之又少。这种门可罗雀的现象与国际刑法在整个世界范围内的迅猛发展的形势极不相适应,也不利于我国在国际法治实践中贡献我们的学术智慧和学术影响。本书以有限的篇幅向读者忠实地呈现国际刑法的历史发展脉络,透彻地分析当下国际刑法理论的基本问题,系统地重述国际刑法所面临的问题和经验。通过阅读本书,如果能够激发莘莘学子对国际刑法的兴趣和热情,从而立志投身于广博精深、充满挑战的国际刑法理论和实践的洪流之中,那将是本书的又一贡献。

是为序。

2017 年 5 月 18 日

目　录

CONTENTS

导　言

在所有的法律部门里，国际刑法或许是发展最快、最具实践性的学科。"实践推动理论"，这句话用来概括国际刑法这门新兴的交叉学科的演进发展，应当是最精辟的。第一次世界大战（简称"一战"）结束之后的莱比锡审判，虽然未能取得预期的效果，但毕竟首次明确了以官方资格行事的个人的犯罪主体地位，开创了追究个人国际刑事责任的先河。第二次世界大战（简称"二战"）结束之后的纽伦堡审判和东京审判，确立了追究个人国际刑事责任的基本原则，颠覆了传统国际法关于国家责任、特权豁免、国际罪行等理论。冷战结束以后的前南斯拉夫国际刑事法庭、卢旺达国际刑事法庭、东帝汶特别法庭、塞拉利昂特别法庭、柬埔寨特别法庭等法庭的刑事审判活动，极大地丰富了国际社会惩治国际罪行的实践。国际刑事法院的成立及其进行的一系列诉讼活动，更是标志着一个严格意义上的、"超国家"的国际刑法的真正诞生！

与国际刑事司法实践的如火如荼、轰轰烈烈形成鲜明对比的是，国际刑法理论却是一汪清水、波澜不惊，不仅对于国际刑事法院等制度创新未能及时跟进注脚，而且对于是否存在国际刑法、国际犯罪等基本理论问题仍然莫衷一是，观点林立。这种状况不仅严重阻滞了国际刑法理论的发展，而且也极大地妨碍了国际刑事司法实践的开展。

鉴于此，本书拟就国际刑法的一些基本问题进行研究。与一般专著相比，本书的研究内容具有以下特点：一是基础性。本书研究的问题均是国际刑法领域最根本的问题，例如，关于国际刑法的学科之争、关于国际犯罪的定义之辨等。二是系统性。本书既研究国际刑法的实体问题，也研究国际刑法的程序问题；既包括国际刑法的理论问题，也包括国际刑法的实践问题，因而，基本涵括了国际刑法的所有理论体系。三是实践性。本书关于国际刑法理论的研究,注重结合实践,特别是有关国际刑事司法机构的审判实践,"寓理于案"。

本书的体系和基本架构如下:

第一章为国际刑法的历史演进,主要阐述了国际刑法的概念和特征、国际刑法的渊源和发展。国际刑法,是指国际社会为了维护各国的共同利益和公共秩序,预防和制裁国际犯罪而制定的,由国际刑事法庭实施或者由国内刑事法庭实施的一系列法律规范的总和。国际刑法的渊源主要有:国际条约、国际习惯、一般法律原则、司法判例、国内立法、国际刑法学者学说。

第二章为国际刑法的基本原则。国际刑法基本原则主要有三个,即合法性原则、保障人权原则和国际合作原则。合法性原则与国际刑法的实体方面相对应,保障人权原则与国际刑法的程序方面相对应,国际合作原则与国际刑法的合作方面相对应。

第三章为国际刑法的效力范围。国际刑法的效力,是指国际刑法适用的范围和方式,包括国际刑法的空间效力、时间效力和适用模式三个方面。在国际刑法的管辖原则中,普遍管辖原则具有特别重要的适用价值。

第四章为国际犯罪的概念和构成。所谓国际犯罪,是指违反国际条约法、习惯法或一般法律原则,严重危害国际社会的共同利益或公共秩序,应受刑事制裁的行为。根据国际犯罪的等级和严重性的不同,可以将其分为核心罪行和非核心罪行。核心罪行,是指国际社会普遍关注、震撼人类基本良知的罪行。核心罪行这一概念在国际刑法中具有极其重要的意义,是国际刑法司法机构管辖的主要对象,也是国际刑法理论关注的重点。

第五章为国际刑法的核心罪名。本章着重阐述国际刑事法院管辖的四个核心罪名:灭绝种族罪、反人类罪、战争罪和侵略罪等,包括犯罪定义、构成要素、案例举要等。

第六章为国际刑事责任。国际刑事责任,是指特定的行为主体因实施了国际刑法所禁止的犯罪行为而应承担的强制性的惩罚后果和强烈的非难谴责。国际刑事责任的承担主体有三种:个人、法人和国家。本章分别阐述了这三类主体承担国际刑事责任的法理基础和实现方式。

第七章为国际刑事司法合作。在追诉国际犯罪的司法过程中,各国之间以及各国与国际政府组织之间的合作,是国际刑法得以适用的基本前提,也是预防和惩治国际犯罪的有效方法。为此,本章以较多的笔墨着重阐述了引渡这一最重要的刑事司法合作模式。同时,也探讨了国际刑事司法协助、刑事诉讼移管、承认和执行外国刑事判决等国际刑事司法合作模式。

第一章　国际刑法的历史演进

国际刑法(international criminal law),是指国际社会为了维护各国的共同利益和公共秩序,以国际条约和国际惯例等形式制定或认可的、旨在制裁国际犯罪的刑事实体规范和刑事程序规范的总和。

第一节　国际刑法的概念

一、国际刑法的性质之争

(一)国际刑法是一个独立的法律体系

作为一个新兴的法律领域,国际刑法业已获得了充分的发展。但是综观国际刑法的整个发展史,在关于是否存在国际刑法这一本源问题上,理论界曾先后存在否定论和肯定论两种对立的主张。

否定论者认为,国际法中不可能产生真正意义上的刑事法律规范,国际刑法是不存在的。例如,现代国际法之父拉萨·奥本海(Lassa Oppenheim)就坚决否定国家的刑事责任。"国际法作为主权国家之间而非之上的法律的性质,排除了因国际违法行为而惩罚国家的可能性,同时也排除了从刑事犯罪的角度看待这种违法行为的可能性。在目前的情况下,国际违法行为唯一可能的法律后果就是提供物质或道义的赔偿。"①著名国际法学家乔治·施瓦曾伯

---

① L. Oppenheim, *International Law: A Treatise*, *Vol. I*, Longman, Green & Co., 1905, p. 204.

格(Georg Schwarzenberger)教授亦认为,所谓国际刑法,实质上是国内刑法的组成部分,国际法中并不存在真正的刑法规范,因为缺乏一个超国家的权威机构。"国际法在国内刑法低于国际社会认可的最低标准且不对国家主权加以限制的前提下,对国内刑法作出规定。在国家缺乏管辖权或者对管辖权存在争议的情况下,国际法可以授权国家根据国内法行使刑事管辖权。但迄今为止,国际法还没有形成自己的刑法制度。"①远东国际军事法庭法官拉达·宾诺德·帕尔(Radha Binod Pal)同样认为国际刑法是不存在的,他在《远东国际军事法庭判决书》中所发表的异议意见甚至全面否定了东京审判的合法性。"当害怕因实施特定行为而受到惩罚的心理不是源于法律而是源于战败的事实时,法律就不可能产生比任何战争的战败风险更大的威慑。如果只有在违法者被强权或实力征服后,法律才会发生效力,则这种法律也就失去存在的必要性。"②

肯定论者认为,国际刑法是一个客观存在的法律领域,是防止和惩处国际犯罪和国际刑事司法合作的规范。例如,前南斯拉夫国际刑事法庭(简称"前南国际刑庭")第一任庭长安东尼奥·卡塞斯(Antonio Cassese)认为,国际刑法是现代国际法的一个新的分支,其形成经历了一个过程。"国际犯罪的名单,即国际法要求行为人承担刑事责任的行为类型,是逐渐增加的。在19世纪末以及之后很长的一段时期,只有战争罪是可罚的……直到二战以后,才增加了新的罪名。"③伊利亚斯·班特卡斯(Ilias Bantekas)和苏珊·纳什(Susan Nash)指出,国际刑法是由国际法和国内刑法两个学科融合而成的一个学科,既属于国际法的一个分支,也属于国内刑法的组成部分。"国际刑法是由国际法和国内刑法两个法律部门融合而成的。虽然人们可以在国际法学中找到刑法的某些要素,但是,国际刑法学科肯定不仅仅是由这些要素构成的。国际刑法的存在根源于国际法的渊源和过程,也就是说,国际法的渊源和过程创设了国际刑法。"④国际刑法学之父谢里夫·巴西奥尼(Cherif Bassiouni)教授亦认为,国际刑法是由国际法、国内刑法、比较刑法和程序法,以及国际性和区域性

① Georg Schwarzenberger, *The Problem of an International Criminal Law*, 3 Current Legal Problems 263, 293 (1950).

② Radha Binod Pal, *Crimes in International Relations*, Calcutta University Press, 1955, p. 16.

③ Antonio Cassese, *International Criminal Law*, 2nd ed., Oxford University Press, 2008, p. 4.

④ Ilias Bantekas & Susan Nash, *International Criminal Law*, 2nd ed., Cavendish Publishing Ltd., 2003, p. 1.

的人权法综合而成的学科体系，其既不是国际法的一个分支，也不是国内刑法的组成部分，而是一个独立的法律体系。"一种被称为'国际刑法'的学科确实存在，该学科具有自身的价值定位，其不同组成部分之间具有某种功能上的联系。"[①]

"实践超越理论"，笔者认为，否定论的观点在特定的历史时期有其一定的道理，但放眼当今世界，国际刑法作为一门独立的法律部门已经是一个不容辩驳的既成事实。国际刑法从无到有，发展至今，其内容不断丰富和完善，基本形成了包括实体法和程序法在内的比较完整的法律体系。国际刑法已经是一个客观存在的法律领域，具有独立的学科地位。国际刑法是国际法和国内刑法（刑事法）的汇集，是一个相对独立的法律体系。一方面，从表现形式看，国际刑法通常表现为国际条约、国际习惯和一般法律原则等，这些基本属于国际法的范畴；另一方面，从规范内容来看，国际刑法主要涉及犯罪构成、刑事责任、刑事司法合作、刑事诉讼程序等内容，这些又属于刑事法的范畴。国际刑法的内容既来源于国际法，又来源于国内刑法，是国际法的刑法部分与国内刑法的国际法部分的交叉和重叠。正如巴西奥尼教授所言，国际刑法是国际法的刑法部分和国内刑法的国际部分相融合的产物。这两个不同的法律部门在形式上沿着不同的途径产生和发展，既彼此独立，又相互补充。国际刑法的刑法内容包括：国际犯罪、国际刑事责任的构成要素、国际刑法直接执行模式的程序规定，以及国际刑事间接执行模式的强制规定。国际刑法的刑法内容已有所扩大，从而与国内刑法发生重叠，如国内刑法的总论部分，在国际刑法中已经上升为法的一般原则，并适用于国际司法程序或直接执行制度。国内刑法的国际法内容包括：域外管辖原则、国家之间及国家与国际司法机构之间刑事管辖权的冲突、国际刑事合作或间接执行制度方面的国际法律渊源。[②]

但是，在国际法的刑事部分和国内刑法的国际部分融合之后，国际刑法则具有不同于其组成部分的自身独有的特征，从而由附属的法律分支跃升为独立的法律体系，形成一套相对独立的罪责认定和追诉体系。这种融合，不是简单地相加和汇总，而是在共同价值目标指引下的功能整合和学科创新。正如安沙克·基蒂猜沙里（Kriangsak Kittichaisaree）教授所言："国际刑法既不同

---

①　M. Cherif Bassiouni, *Introduction to International Criminal Law*, Transnational Publishers Inc., 2003, p. 1.

②　M. Cherif Bassiouni, *Introduction to International Criminal Law*, Transnational Publishers Inc., 2003, pp. 4-5.

于国内刑法,也不同于一般国际人权法。例如,根据《国际刑事法院罗马规约》(以下简称《罗马规约》)成立的国际刑事法院,是要惩罚那些国际社会关心的'最严重的罪行',而不是一般违反人权法的行为,虽然根据该规约第 21 条第 3 款的规定,国际刑事法院解释和适用法律时,应当符合国际社会认可的人权标准。"①

(二)国际刑法与国内刑法的关系

国际刑法与国内刑法有着密切的联系,国际刑法的一些基本原则、制度、概念和术语等均来自于国内刑法;国际刑法的有效实施在很大程度上也需要国内刑事立法和刑事司法的协作配合。但是,二者的区别也是明显的。

1.立法目的不同

国内刑法的立法目的是通过惩治刑事犯罪来维护本国的社会利益或公共秩序,而国际刑法的立法目的是通过惩治国际犯罪来维护国际社会的共同利益和公共秩序。

2.制定方式不同

国内刑法是由国家立法机关制定的,反映的是一国国民的意志,受该国的宪法原则、规则的制约。国际刑法是国家之间以协议的方式制定或认可的,反映的是各国共同的协调意志和整合的价值观念,受强行法的制约。

3.法律渊源不同

国内刑法的渊源主要是国家立法机关制定的刑法,偶尔也包括国际条约。国际刑法的渊源与国际法的渊源大体相同,主要包括国际条约、国际习惯和一般法律原则。在特殊情况下,国内刑法可以作为国际刑法的辅助渊源。

4.内容范围不同

国内刑法规定的犯罪是严重危害本国社会公共利益和应受刑罚处罚的行为,其效力基本限于本国主权所及的范围。国内刑法是刑事实体法,其内容是具体犯罪的构成及其处罚,与国内刑事诉讼法严格区别。国际刑法规定的犯罪主要是危害国际社会共同利益的犯罪,其效力一般及于整个国际社会。国际刑法是实体和程序的统一,其内容既包括刑事实体规范,也包括刑事程序规范。这是因为国际刑法的制定依赖于各国的妥协礼让、国际刑法的实施倚赖

---

① Kriangsak Kittichaisaree, *International Criminal Law*, Oxford University Press, 2001, pp. 3-4.

于各国的互助合作,因而在规范实体事项时,必须同时规范程序事项。

5.适用主体不同

国内刑法主要适用于个人和法人等,不包括国家。这是因为,国内刑法的制定主体是代表国家的立法机关,其不可能将所代表的国家规定为犯罪主体。国际刑法则不同。虽然国际条约规定的犯罪主体主要是个人,但国家作为犯罪主体已经逐步成为国际习惯法规则,只是在承担刑事责任方面较为特殊而已。正如王铁崖教授所言:"如果一个国家并未犯下侵略战争的罪行,那么代表该国行事的人就不应该因此受到惩罚;反之,正是由于侵略国家负有这方面的罪责,才使得代表国家活动的有关人员必须承担国际刑事责任。当然,往往并不对国家实施刑罚,而只将刑罚加之于个人。然而,这并不因此而否定国家在这方面所应负的国际刑事责任。"①

6.识别难易不同

国内刑法一经颁布,内容即已确定,不存在识别的难题,这是因为明确性原则对国内刑法要求很严。国际刑法,特别是习惯法规则,通常要经过复杂的识别活动、确定具体的权利和义务之后,才能予以适用。识别的过程,事实上也是国际习惯法规则的形成过程。

7.豁免程度不同

国内刑法对他国及其政府首脑、外交人员、政府官员以及国际组织人员的犯罪行为一律予以豁免,不得以任何名义对其起诉和审判。对上述人员的国际犯罪行为,国际刑法原则上也予以豁免,但对某些极其严重的国际犯罪行为,则不予豁免。

8.实施方式不同

国内刑法以直接实施为主,间接实施为辅。国内刑法的实施通常是由国家司法机关在其管辖范围内根据本国刑事诉讼法对犯罪行为直接进行侦查、起诉、审判和执行。在特殊情况下,涉及对外国法院判决的承认和执行、国际刑事司法协助等。国际刑法以间接实施为主,直接实施为辅。制裁国际犯罪的任务主要由各国司法机关承担。国家根据国际条约和国际习惯,将国际刑法规定的犯罪作为国内刑法上的犯罪,由本国司法机关追究犯罪人的刑事责任。另外,根据国际条约或国际组织决议成立的国际刑事司法机构有权直接

---

① 王铁崖.国际法[M].北京:法律出版社,1981:133—134.

实施国际刑法,对特定的国际犯罪直接进行侦查、起诉、审判和执行。

二、国际刑法的定义之辨

关于国际刑法的定义,归纳起来,大致有以下三种主张:一是从国内刑法的角度下定义,认为国际刑法属于国内刑法的范畴,是国内刑法的空间效力适用范围和引渡等司法协助意义上的问题,即认为国际刑法就是"刑事冲突法";二是从国际法的角度下定义,认为国际刑法属于国际法的范畴,是国际公约中有关刑事问题的国际法规则,即认为国际刑法是"刑事国际法"、"公约的国际刑法";三是从国际法和国内法相结合的角度下定义,认为国际刑法具有国际法和国内法的双重属性,既包括国家关系中的重大国际犯罪行为,也包括一国国内发生而造成严重后果的涉外刑事犯罪行为。[①] 上述观点从不同的角度揭示了国际刑法的特征,有一定的可取性,但也存在一些缺陷。第一、二种观点片面地看待国际刑法的性质,单纯地从国际法或者国内刑法的角度解释国际刑法,难以全面反映国际刑法的内容。第三种观点对国际刑法的独立性缺乏深刻的认识,且囿于在刑事实体法的层面来界定,忽略了国际刑法中的刑事程序、刑事司法合作等内容,也不甚妥当。

笔者认为,国际刑法是国际法的刑法化和刑法的国际化的融合,涵括了国际法和刑法的内容和体系,具有极强的边缘交叉性。在国际法方面,国际刑法涵括了国际人道法、国际人权法的基本原则以及国际法中的国际罪行部分;在刑法方面,国际刑法涉及刑事实体法、刑事程序法、刑事证据规则、刑事司法合作等内容。因此,所谓国际刑法,是指国际社会为了维护各国的共同利益和公共秩序,预防和制裁国际犯罪而制定的,由国际刑事法庭实施或者由国内刑事法庭实施的一系列法律规范的总和。一方面,国际刑法的内容相当广泛,涵括了国际法、国际人道法、国际人权法、刑事实体法、刑事程序法、证据法等诸多方面。在国际刑法中,国际人道法的内容占据非常突出的位置。从某种意义上说,国际刑法的主要价值在于保护武装冲突中的被害人。"国际刑法是规范国际犯罪的法律。它是国际法中的刑罚方面(包括国际人道法关于武装冲突中保护被害人的规定)和国内刑法中的国际方面的汇集。"[②]虽然如此,但也不能将国际人道法与国际刑法混同,更不能将其内容视为国际刑法的全部。另

---

① 贾宇.国际刑法学[M].北京:中国政法大学出版社,2004:3—7.

② Kriangsak Kittichaisaree, *International Criminal Law*, Oxford University Press, 2001, p. 3.

一方面,国际刑法的实施既包括直接实施,也包括间接实施。格哈德·沃勒(Gerhard Werle)教授认为,国际刑法中国际刑事法庭制裁个人的国际犯罪行为的法律规则,其直接法律渊源是各种特设或常设国际刑事法庭的宪章或规约,其内容包括惩治个人国际犯罪的实体法、程序法和执行法。[①] 这一定义将国际刑法局限于国际刑事司法机构实施的"纯粹的国际刑法",略显狭窄,宜将国内刑事司法机构实施的情形亦包括在内。不过,需要指出的是,当国际刑法由国内刑事司法机构实施时,通常要转化为国内刑法,因而其"国际化"色彩减弱不少,与国际刑事司法机构实施的影响力是不可同日而语的。正基于这一点,绝大多数学者采取这种相对狭义的国际刑法说,即认为国际刑法主要是指关于国际刑事司法机构开展刑事法律运用及其实践的一门学科。

三、国际刑法的特征之析

国际刑法从其诞生之日起,即伴随着国际社会政治、经济和文化的发展而不断完善。与其他法律部门相比,国际刑法具有以下基本特征:

(一)目的的鲜明性——维护世界共同利益

国际刑法的目的是维护整个国际社会的共同利益。每个国家都有自己的利益追求,但各国在追求利益时应当遵循基本的行为规则。然而,有的国家在追求利益时却不惜采取犯罪的手段。有的犯罪行为震撼了整个人类社会,侵害了国际社会的共同利益。为了有效地惩治这些犯罪,维护国际社会的共同利益,维护世界的和平与安宁,最大限度地保障全人类的共同利益,各国在惩治国际犯罪方面达成共识,制定规范,共同打击。如《罗马规约》在开篇即宣告:"本规范的缔约国:意识到各国人民唇齿相依,休戚与共,他们的文化拼合组成人类共同财产,但是担心这种并不牢固的拼合随时可能分裂瓦解;注意到在本世纪内,难以想象的暴行残害了无数儿童、妇女和男子的生命,使全人类的良知深受震动;认识到这种严重犯罪危及世界的和平、安全与福祉;申明对于整个国际社会关注的最严重犯罪,绝不能听之任之不予处罚;为有效惩治罪犯,必须通过国家一级采取措施并加强国际合作;决心使上述犯罪的罪犯不再逍遥法外,从而有助于预防这种犯罪……"这一宣告,充分表明了国际刑事法院惩罚国际犯罪、维系国际社会共同利益的宗旨。

---

① Gerhard Werle, *Principles of International Criminal Law*, T. M. C. Asser Press, 2005, pp. 25-26.

(二)规范的针对性——制裁国际犯罪

国际刑法将国际犯罪作为自己的制裁对象。国际刑法并不是对所有犯罪行为都进行惩治,它惩治的只是性质极其严重、危害整个国际社会共同利益的犯罪行为。如1948年《防止和惩治种族灭绝罪行公约》规定的"种族灭绝罪"、1949年《日内瓦四公约》规定的"严重违反"行为等、1998年《罗马规约》规定的"灭绝种族罪"、"危害人类罪"、"战争罪"和"侵略罪"。由于国际刑法是以国际犯罪为制裁对象的,因此,它主要调整的是由国家组成的国际社会与国际犯罪主体之间的关系。

(三)内容的多元性——实体与程序一体

国际刑法涉及范围很广,包括国际人道法、国际人权法以及各国国内刑法的一些内容。国际条约中关于人权保障的规定、国际人权机构的司法实践经验,国际刑法均予以吸收。绝大多数国家国内刑法所规定的一些基本原则和规则,如罪刑法定原则、无罪推定原则等,也被国际刑事审判实践所遵循。国际刑法主要由两类规范组成:一是实体法规范,即与国际犯罪有关的国际法规则,包括法律的基本原则、国际犯罪的定义和构成、国际刑事责任原则等内容;二是程序法规范,即对国际犯罪进行追诉必须遵守的规则,包括管辖权、国际犯罪的审理、国际刑事司法合作、刑事判决的承认与执行等内容。实体法与程序法融为一体不仅是国际刑法总体结构的特点,也是相关国际公约的特点。例如,《罗马规约》既规定了刑法的一般原则,灭绝种族罪、危害人类罪、战争罪的构成要件及刑罚,又规定了对这些犯罪进行调查、起诉、审判、上诉、国际刑事合作与执行等事项,还规定了法院的设立、组织机构和行政管理等方面的内容。这种将实体规范与程序规范悉数囊入的模式,和国内刑法与刑事诉讼法严格区分的模式完全不同。这种"大杂烩"的立法模式,虽在逻辑体系性上难免失之精密,但在司法适用上却收之便宜。

(四)执行的强制性——一种新型"硬法"

在所有的法律部门中,刑法是最具有强制力的法律规范。国际刑法也是一样,这是其不同于其他国际法分支而具有刑法特质的地方。一般的国际法规则主要是为了协调主权国家的利益,目的是保证所有国家在国际社会中都能够和平共处,因而特别强调"共存"和"合作"。在条约履行方面,也没有一个超国家的强制执行机构。因而,国际公法也有"软法"之称。国际刑法则不同,其目的是维护国际社会的共同利益,惩治国际罪行,因而通常都有一个临时或常设的强制执行机构来执行国际刑法规范。例如,联合国安理会1993年5月关于成立前南国际刑庭的第827号决议明确声明:"……(安理会)设立一个国际法庭,其唯一目的,是起诉对自1991年1月1日起至一俟和平恢复之日安理会确定的日期止,在前南境内实施的严重违反国际人道法行为负责的人。"基于这一目的,安理会赋予前南国际刑庭强制实施法律的权力。又如,安理会1994年11月在成立卢旺达国际刑事法庭(简称"卢旺达国际刑庭")的第955号决议中也明确表明:"联合国安理会在研究了关于卢旺达局势的大量调查报告后认为,在卢旺达境内发生了灭绝种族以及其他有系统的、大规模严重违反国际人道法的行为。"安理会断定"这一局势持续对国际社会的和平和安全构成了威胁",因而决定成立卢旺达国际刑庭。同样,安理会也赋予卢旺达国际刑庭强制实施法律的权力。

(五)实施的合作性——依赖各国司法合作

国际刑法规定的是危害国际社会共同利益的犯罪,其效力往往超出一国主权之外,因而特别强调各国的合作。这种合作不仅表现在国际刑法的立法过程中,而且也表现在国际刑法的实施过程中。无论是国际条约还是国际习惯,其规制、导引功能的充分发挥,都取决于绝大多数国家的缔结、加入或认可。国际刑法的实施,更有赖于各国的真诚合作,如国际刑事法庭要求有关国家或政府官员提供证据或线索,引渡受追诉的罪犯,关押被判刑的罪犯等。国际刑法的实施必须取得主权国家的同意和认可,并以特定的方式进行,如通过国际刑事法院或国际刑事司法合作来追诉国际犯罪。也就是说,国际刑法的实施,一般会涉及不同国家的刑事司法活动,因而特别需要各国的合作和配合。

第二节　国际刑法的渊源和发展

一、国际刑法的渊源:承继与发展

国际刑法的渊源,是指国际刑事法律规范的具体表现形式。

（一）国际刑法渊源的基础

国际法规范是国际刑法的重要组成部分，也是其基本表现形式。因此，国际刑法的渊源与国际法的渊源基本相同。关于国际法的渊源，《国际法院规约》第38条是最具权威性的声明。该条规定如下：

（1）法院对于陈诉各项争端，应依国际法裁判之，裁判时应适用：

①不论普遍或特别国际协约，确立诉讼当事国明白承认之规条者；

②国际习惯，作为通例之证明而经接受为法律者；

③一般法律原则为文明各国所承认者；

④在第59条规定之下，司法判例及各国权威最高之公法学家学说，作为确定法律原则之辅助资料者。

（2）前项规定不妨碍法院经当事国同意本着"公允及善良"原则裁判案件之权。

虽然《国际法院规约》第38条只是规定了国际法院裁判案件时应当适用的法律，而未提及这些法律与国际法渊源的关系，但通常认为，该款规定是对国际法渊源的权威解释。根据该款规定，国际法的渊源分为首要渊源和辅助渊源。国际法的首要渊源是国际条约、国际习惯和文明各国共同承认的一般法律原则；国际法的辅助渊源是司法判例和权威公法学家的学说。

《国际法院规约》关于国际法渊源的规定，在《罗马规约》中得到进一步的体现和发展。《罗马规约》第21条规定如下：

1. 本法院应适用的法律依次为：

（1）首先，适用本规约、《犯罪要件》和本法院的《程序和证据规则》；

（2）其次，视情况适用可予适用的条约及国际法原则和规则，包括武装冲突国际法规确定的原则；

（3）无法适用上述法律时，适用本法院从世界各法系的国内法，包括适用当时从通常对该犯罪行使管辖权的国家的国内法中得出的一般法律原则，但这些原则不得违反本规约、国际法和国际承认的规范和标准。

2. 本法院可以适用其以前的裁判所阐释的法律原则和规则。

3. 依照本条适用和解释法律，必须符合国际承认的人权，而且不得根据第七条第三款所界定的性别、年龄、种族、肤色、语言、宗教或信仰、政见或见解、民族本源、族裔、社会出身、财富、出生或其他身份等作出任何不利区别。

与《国际法院规约》第38条不同的是，该条规定不仅明确了国际刑事法院适用的法律的表现形式,而且规定了适用的先后次序:首先,国际刑事法院应当适用本法院规约和规则;其次,应当适用国际条约、国际法原则,包括在武装冲突中适用的国际法规则;最后,在无法适用上述规则时,适用从世界各法系的国内法(包括实际行使管辖权的国家的国内法)中得出的一般法律原则。①在《罗马规约》颁布之前,国际社会从来没有一条关于国际刑法渊源的明确规定,从而导致"国际刑法违反法治原则"的批评;该条在国际刑法立法史上第一次将国际刑法的渊源详加规定,使其在明确、清楚的要求方面达到有史以来的最新高度。需要强调的是,该条是一个总括性的规定,不仅包括国际刑事实体法,而且还包括国际刑事程序法。国际刑事法院在许多案件中裁定,法庭不能适用根据《罗马规约》和《程序和证据规则》之外的法源所制定的程序规则。例如,在刚果共和国局势上诉许可裁决一案中,国际刑事法院上诉分庭认为:"规约详尽地规定了对初次裁决可以上诉的情形……根据法条的客观意义而不是人为赋予其效力,规约关于权力的规定并没有明显的漏洞。检察官所声称的法律空白是不存在的。"②

《罗马规约》第 21 条关于国际刑法渊源的规定,虽然只适用于国际刑事法院有权管辖的国际犯罪,但对其管辖之外的国际犯罪,也有极大的参照价值。国际刑法的渊源基础既包括国际法的刑事部分,也包括国内刑法的国际部分。国际法的刑事部分规定国际犯罪、刑事责任、强制实施和诉讼程序等问题,国内刑法的国际部分规定域外刑事管辖权和国家刑事司法合作等问题。但是,作为国际刑法渊源的基础,国际法和国内刑法在渊源的形式、内容、效力等方面存在很大不同。首先,从渊源的形式上看,国际条约、国际习惯是国际法的首要渊源,因为国际法是以各个国家通过国际条约或国际习惯制定或认可为生效前提的,而国内刑法主要表现为成文的刑事法典或特别刑事法。其次,从渊源的内容上看,关于国际犯罪的实体规范主要规定在国际法中,国内刑法更多地表现为对国际法的转化或认可;关于国际犯罪的程序规范则在国际法和国内刑法中虽都有所规定,但前者主要适用于国际刑法的直接实施,后者主要

---

① 该条虽然没有规定《规约》和《犯罪要件》、《程序和证据规则》的效力位阶,但根据《规约》第 9 条第 3 款和第 51 条第 5 款的规定,当这三个法律文件的内容发生冲突时,应当以《规约》为准。这意味着《规约》的效力等级高于《犯罪要件》、《程序和证据规则》。此外,国际刑事法院的判例虽然也是一种法律渊源,但关于其效力位阶,该条也没有规定。

② *Situation in the Democratic Republic of the Congo*, Case No. ICC-01/04, Judgment, 13 July 2006, p. 39.

适用于国际刑法的间接实施。最后,从渊源的等级来看,国际法关于国际犯罪的规定具有优先适用性,国内刑法只有在国际法没有规定时才可以补充适用。

关于国际刑法渊源的类型,巴西奥尼教授将其分为直接渊源和间接渊源。国际刑法的直接渊源包括有关国际犯罪主体、国际罪行和国家强制实施义务的国际法和有关强制实施方式的国内法;国际刑法的间接渊源包括国际和区域人权法、世界主要刑法体系所承认的刑法一般原则和正在形成的国际犯罪学说。[①] 沃勒教授将国际刑法的渊源分为法律渊源和确定法律的辅助手段。国际条约、国际习惯和一般法律原则,是法律渊源。国际法庭的裁决和国际法律学说虽然不是法律渊源,但可以作为确定法律的辅助手段。国内法院适用国际法而形成的裁决也可以归于该类。具体地说,国际刑法的渊源和确定法律的辅助手段包括:(1)《国际刑事法院罗马规约》(简称《罗马规约》)、《犯罪要件》、《程序与证据规则》;(2)《前南斯拉夫国际刑事法庭规约》(简称《前南国际刑庭规约》)、《卢旺达国际刑事法庭规约》(简称《卢旺达国际刑庭规约》);(3)《欧洲国际军事法庭宪章》(简称《纽伦堡宪章》)、《远东国际军事法庭宪章》(简称《东京宪章》);(4)《管制委员会第 10 号法令》;(5)《日内瓦四公约》、《防止及惩治灭绝种族罪公约》、《海牙公约与宣言》;(6)各种国际法院和法庭的裁决;(7)联合大会和安理会的决议与秘书长的报告;(8)国际法委员会的草案和评论;(9)国际法协会的草案和评论;(10)国内法院的裁决;(11)国内立法;(12)军事手册。[②] 王新教授认为国际刑法渊源是一种递进式法律渊源,并将其分为有约束力的国际刑法渊源和说服力意义上的国际刑法渊源。前者包括国际条约、国际习惯、一般法律原则、具有直接法律约束力的联合国决议;后者包括没有直接法律约束力的联合国决议、司法判例、国际公法家学说。[③]

笔者认为,从渊源的原初意义来看,上述分类方法均有一定的合理性。但是,如果考虑到渊源的效力等级,将国际刑法的渊源分为首要渊源和辅助渊源,也许更符合国际刑法渊源的实然状态。其中,国际刑法的首要渊源是指国际条约、国际习惯和一般法律原则,国际刑法的辅助渊源是指司法判例、国内

---

① M. Cherif Bassiouni, *The Sources and Content of International Criminal Law: A Theoretical Framework*, in M. Cherif Bassiouni eds., International Criminal Law, Vol. I, 2nd ed., Transnational Publishers Inc.,1999, pp. 8-9.

② Gerhand Werle, *Principles of International Criminal Law*, T. M. C. Asser Press, 2005, pp. 44-54.

③ 王新. 国际刑事实体法原论[M]. 北京:北京大学出版社,2011:28—39.

立法和国际刑法学家学说等。

（二）国际刑法渊源的种类

1. 国际条约

国际条约，是指国际法主体之间就相互之间的权利义务关系缔结的一种书面协议。条约的具体名称很多，除"条约"（treaty）外，还有"公约"（convention）、"协定"（agreement）、"宪章"（charter）、"盟约"（covenant）、"规约"（statute）、"议定书"（protocol）、"宣言"（declaration）等。作为国际刑法渊源的国际条约，主要是指以防止和惩治国际犯罪为规范内容的造法性国际公约。这里的国际公约，一般是指多边条约，而不包括双边条约。因为从效力来看，双边条约类似于"合同"，而多边条约类似于"立法"。这些多边公约规定国际犯罪的定义和构成、国际犯罪的预防和制裁等内容，是国际刑法的最重要渊源。具体可以分为两种类型：一类是专门规定国际刑法规范的条约，如《关于制止非法劫持航空器的公约》、《罗马规约》等；另一类是包含国际刑法规范的条约，如《联合国海洋法公约》、《维也纳外交关系公约》等。

国际条约作为国际刑法的实体规则和程序规则的渊源，这一点相当明显。例如，《前南国际刑庭规约》第2条关于"严重违反1949年日内瓦公约行为"的罪行的规定，即源自1949年《日内瓦四公约》。又如，《前南国际刑庭规约》第21条关于被告基本诉讼权利，也源自1966年联合国《公民权利和政治权利国际公约》。而就《罗马规约》而言，整个规约及其《犯罪要件》、《程序和证据规则》等本身就是多边国际条约。正如学者所言："《罗马规约》是适用法律的第一类渊源之一。这个文件本身就具有多重性质。它既是一个国际条约，也是一个国际组织的章程，还兼有刑法典和刑诉法典的内容。"[①]

2. 国际习惯

国际习惯，是指各国重复类似的行为而具有法律拘束力的行为规则。国际习惯是国际法最古老的渊源，也是国际刑法的首要渊源。从成立条件来看，国际习惯的形成必须具备两个要件：一是存在通例，即各国实践是一致、广泛和长期的；二是法律确信，即通例被各国视为法律规则而具有拘束力。前者被称为事实要件，一般根据立法实践、法院判决、官方行为、外交声明、条约执行等因素来综合判定；后者被称为主观要件，主要根据各国是否认为自己负有法

---

① 李世光，刘大群，凌岩. 罗马规约评释（上册）[M]. 北京：北京大学出版社，2006：248.

律义务来判定。

与国际条约不同,国际习惯是一种"不成文法",并没有成文的法律文件。因此,为了证明某项法律规则已经成为国际习惯,就必须查找证据。国际习惯是在国家相互交往过程中形成的,因而证明其存在的证据通常是有关国际组织、国际会议的文献资料和外交文件等。国际习惯曾是最重要的国际法渊源,但由于查找、证明不易,因而其首要的法律渊源地位已被国际条约所替代。尽管如此,国际习惯作为国际法的渊源,仍不失其重要性。这不仅是因为不少条约本身是国际习惯的"成文化",而且条约不可能包罗万象、其没有规定的事项仍有赖于国际习惯的调整,更在于国际习惯和国际条约具有不同的效力范围。国际条约原则上只适用于条约的缔约国,而国际习惯却适用于整个国际社会。应当注意的是,国际习惯的规范内容与国际条约可能会有一定的重合,但即使存在这种情形,也不能认为,国际习惯已经"升格"为国际条约而失去自身的独立价值。这是因为,如果一项国际习惯规则被规定在条约中,对国际条约的成员国而言,无论将其视为国际习惯规范还是国际条约规范,均有遵守的义务;但对非缔约国而言,如果将其视为国际条约规范,则没有遵守的义务,但如果视为国际习惯规范,则有遵守的义务。

案例 1-1　对尼加拉瓜军事和准军事活动案①

1983 年底和 1984 年初,美国派人在尼加拉瓜的布拉夫、科林托、桑提诺等港口附近布雷,范围包括尼加拉瓜的内水和领海。这种活动严重威胁了尼加拉瓜的安全和航行,并造成了重大的事故和损失。尼加拉瓜于 1984 年 4 月 9 日向国际法院提出请求,对美国政府指使美国军人和拉丁美洲国家的国民在尼加拉瓜港口布雷、破坏其石油设施和海军基地、侵犯其领空主权以及在其境内组织和资助反政府集团等军事和准军事行动提出指控。尼加拉瓜请求法院判定美国的行动构成非法使用武力和以武力相威胁、干涉其内政和侵犯其主权,请求法院责令美国立即停止上述行动并对其国家和国民所受的损失给予赔偿,请求法院指示临时保全措施。美国提出种种反对理由,认为法院对本案不具有管辖权,要求法院将本案从受案清单中取消。

1984 年 5 月 10 日,法院在确认争端双方分别于 1929 年和 1946 年发表的声明有可能提供法院管辖权的根据的前提下,发布命令,拒绝了美国提出的

---

① *Case Concerning Military and Paramilitary Activities in and against Nicaragua* (*Nicaragua v. U. S.*), 1984 ICJ Reports 169.

将本案从法院的受案清单中取消的要求,指示了临时措施。同年 11 月 26 日,法院结束了本案的初步阶段的审理,就管辖权和应否接受该案的先决问题以 15 票对 1 票作出了肯定判决。法院初步判决后,美国于 1985 年 1 月 18 日宣布退出本案的诉讼程序。法院决定,根据《法院规约》第 53 条有关当事国一方不出庭的规定,继续对本案进行审理。1986 年 6 月 27 日,法院结束对本案实质问题阶段的审理,就本案的实质问题根据国际习惯法作出了有利于尼加拉瓜的判决。

国际习惯是国际刑法的渊源,如海盗罪、贩卖奴隶罪、战争罪等国际犯罪最初都是在国际习惯中形成和发展的。在这过程中,司法判例起到了很大的作用。例如,在 Furundžija 一案中,前南国际刑庭认为,强奸定义中的规则已经达到国际习惯法的标准。"禁止在武装冲突中实施强奸和严重的性攻击行为已经发展成为国际习惯法。这一规则先后明确规定于《利伯法典》第 44 条、《海牙第四公约》附加规定第 46 条以及该公约序言中的'马顿斯条款'。虽然纽伦堡法庭没有将强奸和性攻击作为单独的国际罪行来起诉,但《管制委员会第 10 号法令》第 2 条第 1 款第 C 项却明确将强奸作为反人类罪的一种类型。东京国际军事法庭根据军事指挥官理论,裁定丰田副武和松井石根两位将军因其部下在南京实施的、违反战争法规和惯例包括强奸和性攻击暴行而构成犯罪。日本前外相广田弘毅也因这些暴行而被判有罪。这一判决和美军军事委员会对山下智久的判决,以及共同第三条关于'禁止损害个人尊严'这一习惯法规定,共同促成强奸罪和性攻击罪发展为被普遍接受的国际习惯法。这些规定适用于所有类型的武装冲突。毫无疑问,行为人都将为其在武装冲突中实施的强奸和性攻击行为承担个人刑事责任。"[1]另外,国家正式发表的官方声明,同样也非常重要。例如,前南国际刑庭在 Tadić 一案中指出:"在判定某一习惯法或一般法律原则是否已经形成时,应当注意,鉴于这一事物的固有属性,应首先考虑国家的官方声明、军事手册和司法裁决等。"[2]

3. 一般法律原则

一般法律原则,是指各国法律体系中所包含的共同原则。在国际刑法领域,一般刑事法律原则,也是国际刑法的渊源之一,如罪刑法定原则、无罪推定原则等。这些法律原则,最初均源自国内法律制度,通过国际刑事司法的长期

---

[1] *Prosecutor v. Furundžija*, Case No. IT-95-17/1-T, Judgment, 10 December 1998, pp. 168-169.

[2] *Prosecutor v. Tadić*, Case No. IT-94-1, Decision, 2 October 1995, p. 99.

实践,逐步被融入国际刑法体系之中。

一般法律原则成为国际刑法的渊源主要有两种途径:一是各文明国家明确认可这些法律原则的合理性;二是国际社会以国际条约的形式确认这些法律原则。如《公民权利和政治权利国际公约》就再次重申了罪刑法定原则。其第15条规定:"(1)任何人的作为或不作为,在发生当时依照国内法和国际法均不构成犯罪的,不视为犯罪。刑罚不得重于犯罪时法律的规定。犯罪后法律规定的刑罚较轻的,适用有利于行为人的法律;(2)任何人的作为或不作为,在发生当时依照各国公认的一般法律原则构成犯罪的,对其审判与刑罚不受本条规定的影响。"

从适用的位序来看,法律原则应当后于法律规则,因此,与国际条约和国际习惯法相比,一般法律原则应当处于补充适用的地位。换言之,只有在无法适用国际条约、国际习惯法时,才可适用各国法系所共有的一般法律原则。例如,在 Kupreškić et al. 一案中,前南国际刑庭在如何确定针对同一犯罪行为双重指控时指出:"无论是难民法还是国际法委员会的草案,都无法解决关于迫害范围的争议,因此审判分庭必须求诸国际习惯法。事实上,本法庭规约不可能对具体的问题详加规定,联合国秘书长的报告对规约条文的解释也没有实质性的帮助作用,因此,本法庭应当依次适用以下法律渊源:(1)国际习惯法规则;(2)国际刑法一般性原则;(3)如果不存在国际刑法一般性原则,就适用世界主要法律体系制度中的刑法一般性原则;(4)如果不存在这些原则,就适用与国际司法正义的基本要求相一致的法律一般性原则。规约的起草者肯定是根据国际法来制定的,因此,对规约任何漏洞的填补都应当求诸国际法体系。"①

4. 司法判例

司法判例包括国际司法判例和国内司法判例。作为国际刑法辅助渊源的国际司法判例主要是国际军事法庭、国际特设刑事法庭的判例,以及国际法院的某些判例。国际刑事法院成立之后,其所作出的判例,自然也应包括在内。这些国际司法机构在适用国际刑法审判案件时,必然要对国际刑法的原则、规则和制度加以确认和解释。这种确认和解释往往会在今后审判其他案件时被参照或援引,以维护法律的稳定性和权威性。对此,前南国际刑庭上诉分庭指

---

① *Prosecutor v. Kupreškić et al*, Case No. IT-95-16-T, Judgment, 14 January 2000, p. 591.

出："无论是普通法系还是民法法系,一个共同趋势是,除非在极其特殊的情形下可以偏离,法院在就原理或者应用事项作出裁决时,通常都会遵循其先前的裁决,以维护法律的统一性、确定性和可预测性。"①从理论上讲,国际刑法并不是判例法,国际刑事司法机构作出的司法判决本身,并不构成国际刑法的首要渊源。但是,这些司法判例可以用来确定国际刑法原则、规则和制度,故而可以作为国际刑法的辅助渊源。

国际司法判例在确定某个习惯规则是否存在、如何最合理解释某个条约性规则等方面,有着重要的作用。例如,在 Akayesu 一案中,卢旺达国际刑庭赋予了种族灭绝罪新的含义,认为如果行为人在实施强奸和性暴力时具有灭绝种族的特殊意图,则该行为也可以构成种族灭绝罪。② 国际司法判例虽然不是严格意义上的先例,是否引用判例完全取决于每个案件的具体审理机构、待决问题的法律性质以及适用的具体方法等,但毫无疑问,国际刑事法庭作出的判例对其他法庭处理相同案件时具有非常重要的参照价值。《罗马规约》第21 条第 2 款规定："本法院可以适用其以前的裁判所阐释的法律原则和规则。"但第 59 条同时规定："除对本案及案件当事各方外,法院的判决并无强制约束力。"表面上看,这两个条款似乎存在冲突。但是,综合考虑第 59 条的规定,恰恰表明第 21 条第 2 款关于法院判决的定位应是辅助渊源、判决说理,而非首要渊源、先例规则。简言之,国际刑事法院排除了遵循先例规则,其所作出的所有判决都是说服性的,而非强制性的。《罗马规约》也没有明确国际刑事法院不同法庭所作出的裁判的效力等级。从功能设计来看,上诉庭的裁决似乎要高于审判庭、预审庭的裁决,因而其中蕴含的"指导原则"应当参照适用。从实践来看,国际刑事法庭各个法庭大量参照之前的裁决,但也有不参照适用的例子。例如,在 Katanga et al. 一案中,预审庭的独任法官认为,"考虑到规约第 21 条第 2 款,本次听证的范围、目的和性质以及本法院正在进行审理程序,本独任法官认为,预审庭 2008 年 6 月 13 日的裁决并非必然对本庭具有约束力。"③此外,虽然第 21 条第 2 款明确法庭可以参照的判例仅限于"本院"审理的判例,但这并非意味着法庭不能参照其他国际司法机构审理的判例。相反,在许多案件的审理中,法庭都参照适用了临时国际刑事法庭和欧洲

---

① *Prosecutor v. Aleksovski*, Case No. IT-95-14 / 1-A, Judgment, 24 March 2000, pp. 104-110.

② *Prosecutor v. Akayesu*, Case No. ICTR-96-4, Judgment, 2 September 1998, p. 168.

③ *Prosecutor v. Katanga et al.*, Case No. ICC-01/04-01/07, Decision, 20 June 2008, p. 59.

人权法院等机构作出的判例中蕴含的法律原则和法律规则。

国内司法判例在确定国际刑法的渊源时,其重要性要低于国际司法判例。国内司法判例通常只涉及一个国家在特定问题上的观点,审判法庭适用的只是国内刑法中关于相关问题的规则和制度,因此,要通过不同国家的国内司法判例查找国际刑法的一般性原则,相当困难。但不管是确定国际习惯法还是国际刑法的一般性原则,国内司法判例仍有其作用。如"艾希曼案"、"巴比案"、"皮诺切特案"等国内法院的判决,对国际刑法的形成和发展也有着相当重要的影响。

5.国内立法

国内立法是国际刑法的辅助渊源。国际刑事法庭在适用一国的国内刑法时,该国的法律规定只是具有重要的参考价值,用来帮助法庭正确地理解该国内法的具体规则。从国际刑事法庭的实践来看,是否适用一国的国内立法,取决于国际法庭的自由裁量。《前南国际刑庭规约》第 24 条关于刑罚的规定,就要求法庭在对被告定罪后量刑时要参考前南的法律,即"审判分庭可以适用的刑罚应当限于监禁。在决定监禁的期限时,法庭应当参考前南国内法庭关于量刑的通常做法。"这一规定有一定的合理性,因为被告在决定是否实施犯罪行为时,最有效的制约力量是其所在国家的国内法。如果被告违反这些法律,其应受惩罚的方式和程度自然应当根据其本国的法律确定。

国际刑事司法机构适用一国的国内立法时应当保持特别的谨慎,原则上只有在一国的国内立法不与国际法律制度相冲突时,才能被移进国际刑法。对此,卡塞斯法官在 Erdemović 一案中发表的独立的异议意见认为:"除非国际刑法有关条款明示或默示规定,否则将国内法律体系(无论是普通法系还是民法法系)中某个特有的理念、框架、概念或术语机械地输入国际刑事程序中都是不正确的。只有当某个国际规范作出明确规定,或者从国际规范的整个背景和精神来看均无助于解释某个概念,才可以根据国内某个特殊的法律制度来确定条款的含义。"①

6.国际刑法学家学说

历史上,公法学家的学说对国际法的发展影响十分显著。在自然法学说鼎盛时期,法学家的意见和法律分析比国家实践和司法判决的作用还要大。

---

① *Prosecutor v. Erdemović*, Case No. IT-96-22-A, Judgment, 7 October 1997, p. 4.

但是随着实在法学说的兴起,条约和习惯在国际法渊源中逐渐取得了支配地位,公法学家学说的重要作用开始下降,但仍是一种重要的确定规范内容的方法。当然,公法学家的学说毕竟是个人作品,不可能等同于国际法本身,因而只能是作为确定法律规则的辅助资料。

在国际刑法领域,权威的国际刑法学家关于国际犯罪、刑事责任、国际追诉等学说在确定国际刑法的法律规则时,同样是一个重要的辅助手段。应当指出的是,国际刑法学家的学说不仅包括他们个人撰写的著作,而且包括他们个人或者学术团体对国际刑法规范的编纂。这种编纂虽然具有民间的性质,但是,经编纂而成的文献集中反映了他们对相关问题的研究成果,属于一种学术意义上的"应然之法"(Lex Ferenda)。

二、国际刑法的演进脉络

(一)近代国际刑法的发展

有学者认为,国际刑法的起源可以追溯到神圣罗马帝国的审判实践,即公元 1474 年神圣罗马帝国在德国的布赖阿赫成立一个由 28 名法官组成的军事法庭,审判一位名叫彼得·冯·哈根巴赫的指挥官,指控其在军事占领期间违反战争惯例和虐待平民,因而犯有违反神法和人道法的罪行。① 但在神圣罗马帝国的版图内,存在着数以百计的邦国,经年累战。这些邦国,并不是真正意义上的国家,因而神圣罗马帝国建立的法庭也不是真正意义上的国际法庭。事实上,国际刑法的产生是以具有共同利益的国际社会存在为前提的,古代社会并不具备这一条件,因而不可能产生近代意义上的国际刑法。

近代意义上的国际刑法肇端于 1648 年。这一年,欧洲结束了"三十年战争",签订了《威斯特伐利亚和约》,承认当时处于神圣罗马帝国统治下的众多邦国是拥有独立主权的国家。这标志着近代国际社会的形成,从而为国际刑法的产生和发展奠定了社会基础。国际刑法的最初实践主要表现在制裁海盗罪、贩卖奴隶罪和战争罪。17 世纪初,伴随着资本主义的发展,地中海沿岸猖獗的海盗行为对欧洲国家的对外贸易和殖民活动构成了极大的威胁。在与海盗作斗争的同时,欧洲国家对于海盗行为属于危害国际社会共同利益的犯罪达成了共识。奥本海指出:"在近代意义的国际法产生之前,海盗已经被认为

---

① M. Cherif Bassiouni, *International Criminal Law: A Draft International Criminal Code and Draft Statute for An International Criminal Tribunal*, Martinus Nijhoff Publishers, 1987, p. 2.

是违法行为,是'人类的敌人'。根据国际法,海盗行为使海盗失去国民资格,因而失去其本国的保护……海盗行为是一种所谓的'国际罪行',被认为是所有国家的敌人,在任何地方都会受到惩处。"①这一观点是对各国惩治海盗的习惯法规则的提炼。

自哥伦布发现美洲新大陆后,欧洲国家将大量的非洲和其他地区的人口作为奴隶贩卖到美洲,从事种植和开矿等劳动。奴隶制度和奴隶贩卖不仅是对人类尊严和平等权利的野蛮侵犯,也严重限制了资本主义对自由劳动力的大量需求。为此,国际社会先后多次召开会议,制止贩卖奴隶的行为。1814年9月至1815年6月间,由奥地利政治家克莱门斯·文策尔·冯·梅特涅提议和组织的维也纳会议,首次宣布贩卖奴隶是非法行为。1841年《伦敦公约》规定,缔约国对在大西洋和印度洋上从事奴隶买卖的船只有权进行登临、搜查和拿捕。1890年《布鲁塞尔禁止贩卖奴隶条约》宣布,禁止一切形式的奴隶制度以及在海上和陆地进行的奴隶贩卖,并且规定了取缔奴隶贩卖的国际合作措施。

近代以来,资本主义国家为了瓜分世界和争夺霸权,彼此之间频繁进行战争,而战争的残酷性引起国际社会的强烈关注。19世纪中期以来,国际社会签订了一系列规范战争行为和武装冲突的条约,以限制作战手段和方法的使用,保护平民和战争受难者。这些条约包括:1856年《关于海战的巴黎宣言》、1864年《关于改善战地武装部队伤者境遇的公约》、1868年《禁止在战争中使用某些爆炸性子弹的圣彼得堡宣言》、1899年《海牙公约和宣言》、1907年《第二次海牙和平会议公约与宣言》等。这些条约禁止和谴责违反国际人道法的行为,体现了违反战争法构成战争犯罪的思想。

(二)现代国际刑法的发展

从一战结束至今是现代国际刑法的发展时期。根据国际关系的不同特点,这一时期国际刑法的发展可以分为三个阶段。

1. 现代国际刑法的初创期(1918—1945)

鉴于一战给人类带来的巨大灾难,国际社会开始了起诉战争罪犯的艰难尝试,并促进了国际刑法的发展。1919年召开的巴黎和会决定建立一个"战争发起者责任与惩罚委员会",授权其调查那些战争发起者以及在战争中严重

---

① L. Oppenheim, *International Law: A Treatise*, *Vol. I*, Longmans Green & Co., 1905, p. 326.

违反战争法规和惯例的人的责任。该委员会经过紧张的调查,于 1920 年提交了一份报告,列举了德国及其盟国军队在战争期间所犯的 32 种违反战争法的罪行,指出任何实施这些罪行的个人均应受到惩罚。报告所附的一份名单中列举了 895 名战犯。同时,鉴于 1915 年土耳其对亚美尼亚人的大屠杀,该报告还指控一些土耳其官员和个人犯有"违反人道主义法的罪行"。[①] 1919 年签订的《凡尔赛和约》第 227 条规定,德皇威廉二世犯有严重违反国际道德和条约神圣义务的罪行,应当受到协约国组成的军事法庭的审判。同时,根据该和约第 227 条和第 228 条,德国政府承认协约国军事法庭有权审判违反战争法规和惯例的个人,这些人应该在任何一个协约国的军事法庭或者由若干协约国共同组成的军事法庭接受审判。但是,上述规定并未得到真正落实。由于德国的投降并不是无条件的,德国政府对协约国引渡战犯的请求拥有否决权,因而最终是由德国最高法院在莱比锡审理,但是,在协约国要求引渡的所有战犯中只有 12 名受到审判。结果可想而知,法庭审理本身就是一场闹剧,判处的刑罚也是象征性的,从而使整个审判活动归于失败。然而,《凡尔赛和约》毕竟首次明确了以官方资格行事的个人,包括国家元首的犯罪主体地位和刑事责任,因而对国际刑法的发展产生重大的影响。

与此同时,国际社会一直致力于限制战争及禁止战争。1919 年签订的《国际联盟盟约》虽未全面禁止战争,但采取了限制战争的立场。盟约要求会员国履行不从事战争与和平解决国际争端的义务,其第 12 条规定,国际联盟会员国之间如发生争端,应提交仲裁、司法解决或国际联盟行政院审查,即"非俟仲裁庭判决或行政院报告后 3 个月届满之前,不得从事战争"。1928 年签订的《关于废弃战争作为国家政策工具的一般条约》(又称《巴黎非战公约》、《白里安—凯洛格公约》)首次在法律上全面禁止以战争作为推行国家政策的工具。该公约第 1 条规定:"缔约各方以它们各国人民的名义郑重声明,它们斥责用战争来解决国际纠纷,并在它们相互关系上,废弃战争作为实行国家政策的工具。"第 2 条规定,缔约各方同意,"它们之间可能发生的一切争端和冲突,不论其性质或起因如何,只能用和平方法加以处理或解决"。但是,由于缺乏有效的实施机制和应有的制约力量,公约未能阻止二战的爆发。尽管如此,公约的重要意义仍然不容忽视,特别是在确定侵略战争的非法性和侵略罪方

---

① M. Cherif Bassiouni, *Introduction to International Criminal Law*, Transnational PublishersInc., 2003, pp. 397-398.

面首次提供了条约法的根据。

此外,在这一时期,国际社会还签订了大量的国际公约。例如,1921年《禁止贩卖妇女儿童国际公约》、1923年《禁止贩卖与传播淫秽出版物国际公约》、1925年《国际鸦片公约》、1926年《禁奴公约》、1929年《禁止伪造货币国际公约》、1931年《限制和管理麻醉品生产、销售公约》、1933年《禁止贩卖成年妇女的国际公约》、1936年《禁止非法贩卖危险的麻醉品公约》等。这些公约的签订,扩大了国际刑法实体法的范围,丰富了有关国际犯罪的原则和规则的内容。

2. 现代国际刑法的成熟期(1945—1991)

二战之后惩治战争罪犯的活动,促使国际刑法的发展达到高潮,也为其进一步发展奠定了基础。1945年8月8日,美国、苏联、英国、法国四国代表签订了《关于控诉和惩处欧洲轴心国主要战争的协定》(简称《伦敦协定》),该协定的附件即《纽伦堡宪章》。根据宪章的规定,欧洲国际军事法庭有权审判和处罚所有为轴心国利益而以个人或团体成员资格实施反和平罪、战争罪和危害人类罪的人员。1945年10月18日至1946年10月1日,欧洲国际军事法庭在德国纽伦堡对戈林、里宾特洛普等22名德国主要战犯进行了审判,判处戈林等12人绞刑、赫斯等3人无期徒刑、邓尼茨等4人有期徒刑、沙赫特等3人无罪释放。1945年7月26日,中国、美国和英国三国领导人共同发表了《敦促日本投降的波茨坦公告》(简称《波茨坦公告》),明确宣告要对战犯处以严厉的法律制裁。同年8月8日,苏联对日宣战后加入了该公告。1946年1月19日,远东盟军最高统帅总部发布了《东京宪章》。1946年5月3日至1948年11月12日,远东国际军事法庭在日本东京对被指控犯有反和平罪、战争罪和反人道罪的东条英机、板垣征四郎、松井石根等25名甲级战犯进行了审判,判处东条英机等7人绞刑、荒木贞夫等16人无期徒刑、重光葵等2人有期徒刑。纽伦堡审判和东京审判是人类历史上第一次真正意义上的国际刑事审判,两个法庭的宪章及其审判活动,提供了解决武装冲突的和平路径,创设了新的国际法原则。

鉴于二战期间德国法西斯对犹太民族惨无人道的灭绝行为以及日本法西斯在南京等地实施的大屠杀的惨痛教训,1948年12月9日,联合国大会通过了《防止及惩治灭绝种族罪公约》。这是联合国成立以来通过的第一个制裁国际犯罪的公约。1949年8月12日,各国代表在日内瓦签订了四项公约(通称《日内瓦四公约》),即《改善战地武装部队伤者病者境遇的日内瓦公约》(又称

《日内瓦第一公约》)、《改善海上武装部队伤者病者及遇船难者境遇的日内瓦公约》(又称《日内瓦第二公约》)、《关于战俘待遇的日内瓦公约》(又称《日内瓦第三公约》)和《关于战时保护平民的日内瓦公约》(又称《日内瓦第四公约》)。1977年6月8日,又在日内瓦通过了两个附加议定书,即《1949年8月12日日内瓦四公约关于保护国际性武装冲突受难者的附加议定书》(又称《第一附加议定书》)和《1949年8月12日日内瓦四公约关于保护非国际性武装冲突受难者的附加议定书》(又称《第二附加议定书》)。根据上述公约及附加议定书的规定,严重违反公约和议定书的行为应视为战争犯罪,缔约国应相互合作并与联合国合作,对这种行为予以惩处。

除上述公约之外,国际社会在这一时期签订的涉及制裁国际犯罪的公约主要有:1956年《废止奴隶制、奴隶贩卖及类似奴隶制的制度与习俗补充公约》、1963年《关于在航空器内的犯罪和其他某些行为的公约》、1970年《关于制止非法劫持航空器的公约》、1971年《关于制止危害民用航空安全的非法行为的公约》、1971年《禁止并惩治种族隔离罪行国际公约》、1973年《关于防止和惩处侵害应受国际保护人员包括外交代表的罪行的公约》、1979年《反对劫持人质国际公约》、1980年《核材料实物保护公约》、1984年《禁止酷刑和其他残忍、不人道或有辱人格的待遇或处罚公约》、1988年《联合国禁止非法贩卖麻醉药品和精神药物公约》,等等。同时,欧洲理事会的成员国还签订了许多区际刑事司法协助方面的公约,如1957年《欧洲引渡罪犯公约》、1959年《欧洲刑事互助公约》、1970年《关于刑事判决的国际效力的欧洲公约》、1972年《关于刑事诉讼移转的欧洲公约》、1983年《关于被判刑人移转的欧洲公约》等。这些公约从不同的角度对国际犯罪的构成和追诉进行了规定,为国际社会惩治国际犯罪和加强国际刑事合作提供了法律依据。

这一时期,国际刑法的编纂工作也开始加快了步伐。1947年联合国大会要求"国际法法典化委员会"(Committee on the Codification of International Law),即"国际法委员会"(International Law Commission)的前身,开展以下工作:一是系统表述在《纽伦堡国际军事法庭宪章》以及该法庭判决中所认可的国际法原则;二是起草一份关于反和平及危害人类安全之罪行(offences)的治罪的法典草案。1950年国际法委员会完成了第一项工作,编纂了《纽伦堡宪章》和法庭判决中所适用的国际法原则,即"纽伦堡原则"。1954年国际法委员会草拟了《危害人类和平与安全非法行为法典草案》。1988年草案名称中的"offences"被修改为"crimes",以增强对犯罪行为严重程度的认识。1991

年《危害人类和平与安全罪法典草案》的正式文本完成,国际法委员会一读通过。1993 年联合国大会第六委员会对草案进行了审议,提出了许多修改意见。

与此同时,联合国也开始关注建立一个常设性国际刑事法院的问题。1948 年联合国大会要求国际法委员会下属的国际刑事司法协会拟定国际刑事法院规约。1951 年该协会制定了《国际刑事法院规约草案》,并于 1953 年进行了修订。

此外,国际刑法的民间编纂活动也是如火如荼地进行。1928 年国际刑法学会(International Association of Penal Law)起草了一项国际刑事法庭规约草案。1935 年时任会长 V. V. 佩拉完成了国际刑法典草案。1976 年国际刑法学会理事会委托秘书长巴西奥尼教授起草国际刑法典草案,并于 1979 年 7 月完成。草案经国际刑法学会理事会和国际刑法学高级研究院修改定稿后,于 1980 年公开出版,名为《国际刑法—国际刑法典草案》。1984 年国际刑法学高级研究院建议巴西奥尼教授拟定一部包括国际刑事法院规约在内的国际刑法典草案。1987 年 7 月修订的《国际刑法典和国际刑事法庭规约草案》正式出版。

3. 现代国际刑法的创新期(1991—至今)

冷战结束和苏联的解体导致国际关系在一定程度上得以缓和,但是国际社会并不太平,前南解体导致的武装冲突、日趋严重的跨国犯罪和经济犯罪、"9·11"事件等,对国际社会的共同利益和公共秩序提出了严重的挑战,从而再次推动国际刑法进一步发展。

前南在 1991 年开始的解体过程中,发生了不同国家和民族之间的激烈武装冲突,出现了严重违反战争法和国际人道主义法的罪行。1993 年 2 月 22 日,联合国安理会通过了第 808(1993)号决议,决定成立一个"起诉对 1991 年以来在前南境内所犯的严重违反国际人道主义法行为负责的人的国际法庭"(即"前南国际刑庭"[International Criminal Tribunal for the Former Yugoslavia, ICTY])。同年 6 月,联合国安理会第 827(1993)号决议通过了《前南国际刑庭规约》,法庭正式成立,法庭所在地设在荷兰的海牙。根据规约规定,法庭有权管辖的犯罪是 1991 年以来在前南境内发生的严重违反《日内瓦四公约》的犯罪、违反战争法规和惯例的犯罪、危害人类罪和种族灭绝罪。1994 年 7 月,法庭开始全面运作。截至 2012 年 7 月 31 日,法庭共对 161 个被告提出指控,其中 126 个已经定案,另有 1 个处于预审阶段,17 个正在审判分庭审理,17个正在上诉分庭审理。①

　　1994年,卢旺达境内的胡图族人和图西族人之间爆发了严重的武装冲突,冲突中发生了严重违反国际人道主义法、大规模屠杀平民的罪行。1994年11月8日,联合国安理会通过第995(1994)号决议,决定成立一个"起诉应对1994年1月1日至12月31日期间在卢旺达境内的种族灭绝和其他严重违反国际人道法行为负责者,以及应对这一期间邻国境内种族灭绝和其他这类违法行为负责的卢旺达公民的国际刑事法庭"(即"卢旺达国际刑庭"[International Criminal Tribunal for Rwanda,ICTR]),并通过了《卢旺达国际刑庭规约》。1995年2月22日,联合国通过第977(1995)号决议,决定法庭地址设在坦桑尼亚的阿鲁沙。法庭的职权是审判应对1994年1月1日至1994年12月31日期间在卢旺达境内所犯的灭绝种族罪和其他严重违反国际人道主义法的罪行负责的人,以及应对邻国所犯的灭绝种族罪和其他此类罪行负责的卢旺达公民。1996年9月,法庭开始正式运转。截至2012年8月1日,法庭共对88人提出指控,其中仅有1尚在审判分庭审理,上诉分庭对43人作出了判决。②

　　上述两个国际刑事法庭旨在对犯有国际罪行的个人行使刑事管辖权,反映了冷战后国际社会对打击严重国际犯罪的共识。两个法庭的建立和实践在程序法、实体法和国际刑事合作方面都有新的突破,对建立和完善国际刑法的直接实施机制进行了有益的尝试。前南国际刑庭和卢旺达国际刑庭的"司法实践和已决案例将成为整个国际社会的共同遗产,为其他的国际刑事审判机构,特别是国际刑事法院,以及世界各国的司法改革提供宝贵的经验与教训,并将有力地促进国际社会以及各个国家的法治建设。"③然而,这两个国际刑事法庭,特别是卢旺达国际刑庭在实际运作中出现太多的问题。为此,联合国加快了建立一个常设性国际刑事法院的步伐。1998年7月17日,在意大利罗马召开的联合国外交会议以120票赞成、21票弃权和7票反对的压倒性多数通过了《国际刑事法院规约》。2002年7月1日,规约开始生效,国际刑事法院(International Criminal Court,ICC)正式成立。2003年2月,第一届规约缔约国大会选举产生了国际刑事法院首任18位法官,全体法官于2003年

---

　　① UN A/67/214 - S/2012/592,Summary.

　　② UN A/67/253 - S/2012/594,Summary.

　　③ 刘大群.前南国际刑庭与卢旺达国际刑庭的历史回顾[J].武大国际法评论,2010(13):65.

3 月 11 日宣誓就职。2003 年 4 月,各缔约国选举阿根廷籍莫雷诺·奥坎波 (Moreno Ocampo)担任国际刑事法院的首任检察官。国际刑事法院的成立, 是国际社会长期努力的结果,反映了世界各国人民的共同价值和愿望,标志着 国际刑法在实体法和程序法方面日臻成熟,国际刑事司法进入一个新的历史 阶段。

这一时期,在联合国的主持下还签订了一些打击国际犯罪的公约,主要 是:1997 年《制止恐怖主义爆炸的国际公约》、1999 年《制止向恐怖主义提供资 助的国际公约》、2000 年《联合国打击跨国有组织犯罪国际公约》、2003 年《联 合国反腐败公约》和 2005 年《制止核恐怖主义行为的国际公约》等。这些公约 的制定,进一步加强了国际社会对恐怖主义犯罪、跨国有组织犯罪和经济犯 罪、贪污贿赂犯罪、洗钱犯罪等国际犯罪的打击力度。此外,国际刑法的编纂 工作也取得了重大的进展。1996 年国际法委员会二读通过了《危害人类和平 与安全罪法典草案》,标志着国际社会朝着制定国际刑法典的方向迈出了一 大步。

第二章　国际刑法的基本原则

国际刑法的基本原则,是指贯穿于国际刑法规范,体现国际刑事法治精神,为世界文明各国所普遍接受,具有全局性、根本性的准则和规则。国际刑法基本原则有三个,即合法性原则、保障人权原则和国际合作原则。合法性原则与国际刑事实体法相对应,保障人权原则与国际刑事程序法相对应,国际合作原则与国际刑事司法合作相对应。

第一节　合法性原则

一、合法性原则的基本含义

合法性原则,即罪刑法定原则。费尔巴哈在其 1810 年出版的《德国刑法教科书》中首次用拉丁法谚的形式作了如下经典表达,即"无法无刑(法无明文规定不处罚),无法无罪(法无明文规定不为罪),有罪必罚"。[①] 罪刑法定原则还有四个派生原则,即排斥习惯法、排斥绝对不定期刑、禁止有罪类推、禁止重法溯及既往。

罪刑法定原则在国际刑法中的确立,彰显了国际刑事法治的进步。自纽伦堡审判之后,一些国际法律文件相继规定了罪刑法定原则。如《世界人权宣言》第 11 条第 2 款规定:"任何人的作为或不作为,在其发生时依国内法或国

---

① 拉丁法谚为:Nulla poena sine lege, nulla poena sine crimine, nullum crimen sine poena. 安塞尔姆·里特尔·冯·费尔巴哈. 德国刑法教科书[M]. 徐久生, 译. 北京:中国方正出版社,2010:31.

际法均不构成刑事犯罪者,不得被判为犯有刑事犯罪。刑罚不得重于犯罪时适用的法律规定。"《欧洲人权公约》第 7 条第 1 项规定:"任何人的作为或不作为,在其发生时根据国内法或国际法并不构成刑事犯罪,不应认为犯有任何刑事犯罪。所判处的刑罚不得重于犯罪时所适用的刑罚。"《公民权利和政治权利国际公约》第 15 条第 1 款规定:"任何人之作为或不作为,于发生当时依国内法及国际法均不构成犯罪者,不为罪。刑罚不得重于犯罪时法律所规定。犯罪后之法律规定减科刑罚者,从有利于行为人之法律。"《罗马规约》第 22 条第 1 款亦规定:"只有当某人的有关行为在发生时构成本法院管辖权内的犯罪,该人才根据本规约负刑事责任。"

鉴于国际刑法与国内刑法在产生依据、法律渊源、执行方式等方面存在较大差异,因此,国际刑法框架下的合法性原则又具有独特的地方。具体表现为以下三个方面:[①](1)国际刑法中合法性原则对"法"的形式要求有别于国内刑法中罪刑法定原则下的"法"。罪刑法定原则中的"法定",要求限于成文法或者判例法,但排斥习惯法。合法性原则中的"法"却有着不同的渊源形式,包括国际条约、国际习惯法、一般法律原则,而司法判例只是作为确定国际刑法规范的证据,是辅助性渊源。(2)合法性原则中"法无明文不为罪"与"法无明文不处罚"的发展并不均衡。现有的国际刑法规范,在"法无明文不为罪"方面,即犯罪构成方面,发展得较为完善,对各种国际犯罪确定了详细的构成要件。但是,在"法无明文不处罚"方面,即刑罚配置方面,较为原则,存在很大的完善空间。(3)合法性原则在程序方面,还涉及对国际刑事审判机构合法性的考虑。在国内司法实践中,诉讼各方援引、适用罪刑法定原则时,很少涉及国内刑事司法机构成立的合法性问题。但在国际刑事司法实践中,国际刑事司法机构成立的合法性问题往往成为控辩双方争论的首要问题。这是因为,国际社会并不存在一个超主权的司法机构,因而国际刑事司法机构本身是否依法成立及是否具有管辖权,往往成为考察是否满足合法性要求的前提。

二、合法性原则的主要内容

(一)明确性原则

明确性原则,是指规定犯罪的法律条文必须清楚明晰,不存在歧义,精确

---

① 周露露. 当代国际刑法基本原则研究[M]. 北京:中国人民公安大学出版社,2009:57.

地表达构成要件的内容。明确性原则,旨在为公民提供一张清楚的罪刑价目表,保证公民对其行为的后果具有可预测性。

纽伦堡审判之前,国际刑法渊源主要表现为国际习惯法,在明确性方面具有其特殊性。一些国际条约仅仅规定了国际犯罪的概念,但很少明确其构成要件。《纽伦堡宪章》首次从实体方面对国际犯罪进行定义,其第6条明确规定了破坏和平罪、战争罪、违反人道罪的定义及其构成要件。纽伦堡法庭据此对有关战犯成功地进行了审判,这在当时具有划时代的意义。但从现代法治的要求来看,宪章的规定仍有其局限性,主要是所规定的犯罪均以"类罪名"的形式出现,在各类罪名的具体行为方式、犯罪构成要件等方面却不够详细。纽伦堡审判之后,越来越多的国际刑事法律文件开始从实体法方面对有关的国际犯罪进行规定,并力求做到犯罪定义清楚、构成要件明确。如《防止及惩治灭绝种族罪公约》第2条详细规定了灭绝种族罪的定义,《禁止酷刑和其他残忍、不人道或有辱人格的待遇或处罚公约》第1条详细规定了酷刑的定义。《前南国际刑庭规约》和《卢旺达国际刑庭规约》不仅明确规定了两个国际刑事法庭管辖的四种罪行(严重违反《日内瓦四公约》的行为、违反战争法规和惯例的行为、灭绝种族罪、危害人类罪),而且通过对条约和国际习惯的编纂,详细、明确列举了上述四种罪名下各种不同的具体行为方式和形态。如在危害人类罪的罪名下详细列举了谋杀、灭绝、奴役、驱逐出境、监禁、酷刑、强奸等具体行为方式。

《罗马规约》更是将明确性原则推至极致。它不仅规定了灭绝种族罪、危害人类罪、战争罪、侵略罪的罪名和定义,而且详细列举了各种罪名下的具体行为方式,并且对各种不同的行为方式的含义进行详细描述。如关于危害人类罪,规约不仅规定危害人类罪的具体行为方式包括谋杀、灭绝、奴役、驱逐出境、强行迁移人口、非法监禁、酷刑、强奸、性奴役、强迫怀孕、迫害、强迫人员失踪、种族隔离等,而且进一步阐释了"灭绝"、"奴役"、"驱逐出境"、"强行迁移人口"、"酷刑"、"强迫怀孕"、"迫害"、"强迫人员失踪"、"种族隔离"的具体含义。此外,《罗马规约》还规定了犯罪构成要件,如在第30条心理要件中明确规定,只有当事人在故意和明知的情况下实施的国际犯罪才可能为法院管辖。另外,根据《罗马规约》第9条的规定,缔约国大会另行制定《犯罪要件》,对每一项犯罪行为的构成要件进行详细规定。《罗马规约》不厌其烦、长篇累牍地规定每一项犯罪行为的构成要件并对有关术语进行详尽阐释,这种对明确性的刻意追求,不仅在国际刑法立法史上极为罕见,亦是国内刑法立法望尘莫及的。

(二)法不溯及既往原则

法不溯及既往原则,又称为禁止事后法,是指法律只能适用于其颁布施行之后的行为,而不能适用于其颁布施行之前的行为。在国内刑事司法活动中,无论是成文法国家还是判例法国家,由于法律产生和适用的时间都比较容易确定,由此判断司法活动是否违反法不溯及既往原则相对简单,因而该原则很少受到质疑。但在国际刑事司法活动中,由于国际刑法的法律渊源不仅多元而且复杂,尤其是对于国际习惯法和一般法律原则,很难判断其具体的形成时间,进而很难判断司法活动是否违反法不溯及既往原则,因此法不溯及既往问题往往是控辩双方争执的焦点。

纽伦堡审判之前,法不溯及既往原则常常成为被告方提出抗辩的主要武器。纽伦堡审判之后,随着合法性原则逐渐从单纯强调实质正义向实质正义和形式正义并重转变,因此,一些国际法律文件明确规定了法不溯及既往原则。如《前南国际刑庭规约》第1条规定:"国际法庭有权根据规约各条款,起诉应对1991年以来在前南境内所发生的严重违反国际人道主义法的行为负责的人。"《卢旺达国际刑庭规约》第1条规定:"卢旺达国际刑庭有权根据本规约各条款,起诉应对1994年1月1日至1994年12月31日期间在卢旺达境内发生的种族灭绝和其他严重违反国际人道主义法的行为负责的人……"《罗马规约》第24条规定:"个人不对本规约生效以前发生的行为负本规约规定的刑事责任。如果在最终判决以前,适用于某一案件的法律发生改变,应当适用对被调查、被起诉或被定罪的人较为有利的法律。"

案例 2-1 东京审判①

在东京审判中,被告及其辩护律师对检察官的指控表示异议,认为《东京宪章》是事后法,根据宪章对被告定罪和处罚不符合合法性原则;在法庭宪章颁布之前,国际法中并不存在"违反和平罪"和"违反人道罪"的罪名,因此,以这两项罪名对被告进行审判和处罚违反了法不溯及既往原则;虽然1928年《巴黎非战公约》谴责以战争作为推行国家政策的工具,但它并不足以使发动战争成为一种国际罪行,进而追究国家领导人的刑事责任。

对此,法庭认为,虽然法庭在这个问题上的论述不尽充分,甚至相当含糊,但事实上,即使根据当时的国际法,发动侵略战争也构成国际法上的犯罪,因

---

① 梅汝璈.远东国际军事法庭[M].北京:法律出版社,1988:19—20.

此,东京审判并不违反合法性原则。首先,违反和平罪是条约法上的犯罪。《巴黎非战公约》第 1 条规定:"缔约各方以它们各国人民的名义郑重声明,它们斥责用战争来解决国际纠纷,并在它们相互关系上,废弃战争作为实行国家政策的工具。"第 2 条规定,缔约各方同意,"它们之间可能发生的一切争端和冲突,不论其性质或起因如何,只能用和平方法加以处理或解决。"虽然公约没有明确谴责侵略战争是国际犯罪,但是,由于公约缔约国以其人民的名义郑重宣告:谴责以战争的方式解决国际争端,废除以战争作为实行国家政策的工具,所以,这样的承诺并不是空洞的言辞,而意味着其所宣布的是一项公认的基本原则,违反这一原则构成国际法上的罪行。纽伦堡法庭的判决书曾经指出:"依照本法庭之见解,郑重地斥责战争为推行国策之工具,其中必然包括承认战争在国际法上是违法的原则;且从事策划和执行这种产生不可避免的可怕结果的战争者,都应该视为犯罪行为。废弃为解决国际纠纷中推行国策工具的战争,其中必然包括侵略战争,因此,侵略战争是公约所视为违法的。"公约订于 1928 年,有 63 个国家批准和参加,其中包括德国和日本(日本于 1929 年 7 月 24 日加入)。自从公约签订之后,侵略战争在国际条约法上已经被视为是违法的,而且还是犯罪行为。其次,违反和平罪不仅是条约法上的犯罪,也是国际习惯法上的犯罪。在《巴黎非战公约》签订之前,已经有一系列国际文件宣布侵略战争构成违反国际法的罪行。如 1927 年 9 月 24 日国际联盟大会通过的决议指出:"侵略战争构成国际罪行。"1924 年《和平解决国际争端日内瓦议定书》在序言中明确宣告,侵略战争是对国际社会成员之间的团结的破坏,是一种国际性的犯罪。虽然该议定书最终未能生效,但可以被视为有意要把侵略战争标明为国际罪行的有力证据。此外,《凡尔赛和约》有关审判和惩罚德国皇帝威廉二世在内的德国战犯的规定也是侵略战争构成国际犯罪的明显证据。这些均是国际社会在一战结束以后,意图把侵略战争的发动者作为国际罪犯加以惩罚的尝试。再次,东京审判并未创设新的国际法规则,而只是宣示已有的国际法规则。在二战之前,发动侵略战争已经是国际法上的罪行,因此,《东京宪章》有关违反和平罪的规定不是突然地改变了原有的国际法规则,也不是为了惩罚日本战犯而特别创设的罪名,而是以国际法律文件的形式宣示已经形成的国际法规则,是对已有的国际法规则的编纂。东京审判之后,一些国际文件对侵略罪进行规定,即是明证。例如,1974 年联合国大会通过的《关于侵略定义的决议》,对侵略罪的定义进行了明确的界定。又如,1998 年《罗马规约》将侵略罪作为法院管辖之下的犯罪。

（三）禁止类推解释

类推解释，是指将刑法没有明文规定的行为，解释为"最相类似于某个刑法条文项下的行为"。类推解释违反合法性原则和禁止事后法原则，为现代刑事司法所严格禁止。合法性原则追求的是保障人权、自由和安全的价值，如果允许类推适用法律，则刑法必将成为悬在公民头上的"达摩克利斯之剑"。因此，禁止类推解释是合法性原则派生的又一原则。

在司法实践中，禁止类推解释主要体现在对法律解释的限制，即在刑法规范的内容含义不明、存在争议时，应采取严格解释的立场，选择对被告有利的解释。在国际刑法领域，明确规定禁止类推解释或有利于被告解释的法律文件较少。《罗马规约》是比较典型的一个，其第22条规定："犯罪定义应予以严格解释，不得类推延伸。含义不明时，对定义作出的解释应有利于被调查、被起诉或被定罪的人。"根据该条规定，法律存疑时应当坚持有利被告原则。这里的"含义不明"，是指法律规定"真存疑"，而不是"假存疑"——通过合理的解释可以明确法律含义的情形。在"假存疑"的情形下，自然不存在"法律存疑有利被告原则"的适用。此外，法官不得借解释之名行创设新罪之实，从而侵犯被告的合法权益。法官绝对不能创设新罪，如果要创设新罪，必须由缔约国大会以立法的形式来进行。这种对类推解释的明确禁止，体现了严格恪守合法性原则的精神，同时也体现维护国际刑事法院这一常设国际刑事司法机构的权威的意蕴。

（四）刑罚明确性原则

刑罚明确性原则，是指对某一犯罪判处何种刑罚、判处多重的刑罚，必须由法律明确加以规定。在国内刑法领域，绝大多数国家对犯罪通常配置相对确定的法定刑，框定了法官可以适用的刑种和刑度，基本实现了刑罚的明确性。但在国际刑法领域，刑罚明确性原则发展得不是很充分。这主要有两个方面的原因：一是从国际立法传统来看，国际法通常只对行为的违法性质作出判断，犯罪构成则由相应的国内法律作出规定，刑罚的配置、裁量亦均留给国内立法机构和司法机构去解决；二是从国内立法传统来看，由于各国的刑罚制度不同、价值观念不同、对犯罪危害性的认识不同，因而对国际犯罪配置刑罚时往往存在较大差异。这些因素决定了国际法律文件就刑罚问题仅作概括性或原则性的规定，甚至根本不予规定。

从国际刑法的发展来看，最早规定国际犯罪的刑罚问题的是《纽伦堡宪章》。该宪章第 27 条规定:"本法庭有权对认为有罪的被告宣判死刑或者其他与之相适应的刑罚"。《前南国际刑庭规约》在规定法庭适用的刑罚种类的同时,进一步提出了关于刑罚裁量的政策性指引。该规约第 24 条规定:"审判分庭有权对被定罪者适用监禁。审判分庭在量刑时应当考虑到罪行的严重性和被定罪者的个人情况等因素。"《卢旺达国际刑庭规约》也有类似的规定。与其他国际刑事法律文件相比,《罗马规约》在刑罚明确性方面是贯彻得最充分的一个,其对刑罚适用的一般原则、刑罚的种类、刑罚裁量、刑期折抵、数罪并罚、刑罚执行等均作了详细的规定。如根据规约第 23 条的规定,被法院定罪的人,只可能依照本规约受处罚。根据规约第 77 条的规定,除另有规定外,对于被判实施本规约所述某项犯罪的人,法院可以判处下列刑罚之一:①有期徒刑,最高刑期不能超过 30 年;②或无期徒刑,以犯罪极为严重和被定罪人的个人情况而证明有此必要的情形为限。除监禁外,法院还可以命令:①处以罚金,处罚标准由《程序和证据规则》规定;②没收直接或间接通过该犯罪行为得到的收益、财产和资产,但不妨害善意第三方的权利。根据《罗马规约》第 78 条的规定,量刑时,法院应依照《程序和证据规则》,考虑犯罪的严重程度和被定罪人的个人情况等因素。判处徒刑时,法院应扣减先前依照法院的命令受到羁押的任何时间。法院可以扣减因构成该犯罪的行为而受到羁押的任何其他时间。一人被判犯数罪时,法院应宣告每一项犯罪的刑期,再宣告合并执行的总刑期。总刑期应在数刑中最高刑期以上,但不能超过 30 年,或超过无期徒刑。

（五）国际刑事审判机构的合法性

经由一个依法设立的合格、独立、不偏不倚的法庭审理,这是被告的一项基本人权。根据正当程序原理,只有合法成立的法庭才能对被告进行审理;法庭也只有经过正当的法律程序,才能确定被告是否有罪。因此,法庭本身必须依法成立,这是其获取审理案件的资格的前提,也是保证判决公正的基础。与国内刑事审判不同的是,在国际刑事审判中,国际刑事审判机构的合法性问题常常面临着危机和挑战,被告方往往从法庭自身是否依法成立、是否具有管辖权切入,对法庭的审判权提出挑战。从纽伦堡和东京两个国际军事法庭,到前南和卢旺达两个特设国际刑事法庭,再到塞拉利昂特别刑事法庭,法庭的合法性问题都是控辩双方争论的焦点。这是因为,纽伦堡和东京两个国际军事法庭,开创了国际刑事审判的先河,实现真正意义上的由国际刑事审判机构追究个人的刑事责任。这种创举所带来的冲击,以及法庭法官全部来自战胜国的事实,是引起被告方不满和挑战法庭合法性的根本原因;前南和卢旺达两个国际刑庭,都是联合国安理会创设的,而安理会通常被认为是一个具有浓厚的政治色彩的机构,这是法庭的合法性受到被告方抨击的主要原因;塞拉利昂特别法庭是根据联合国和塞拉利昂政府之间的特别协议而成立的,这一协议与塞拉利昂冲突各方达成的和平协议中的赦免规定不尽一致,这是法庭的合法性受到被告方质疑的重要原因。但从实质上看,对严重的国际犯罪,根据普遍管辖原则,不仅国际刑事司法机构有权管辖,甚至国内刑事司法机构也有权管辖。因此,只要国际刑事法庭的创立遵循了有关程序、法庭的审判程序正当,法庭合法性问题就是不容置疑的。

《罗马规约》较好地解决了国际刑事法院的合法性问题。国际刑事法院是各缔约国以条约的形式决定成立的,具有明确的授权性;国际刑事法院的法官、检察官等司法人员来自不同法系、不同地域的国家,具有广泛的代表性。因此,国际刑事法院在合法性方面,具有相当程度的公信力。

案例 2-2　塔迪奇案[①]

达斯科·塔迪奇(Dusko Tadić)1995 年 10 月 1 日出生在科萨拉克的一个显赫的塞尔维亚人家族。塔迪奇是空手道高手,在各种比赛中多次获奖。他有着强烈的"大塞尔维亚"的理念,并于 1990 年加入了塞族民主党。1992 年 8 月 15 日,他被选举为塞族民主党地方委员会主席,并成为普里耶多尔议会的代表。1994 年 2 月,塔迪奇在慕尼黑被德国警方逮捕,并被指控犯有强奸、酷刑、谋杀、灭绝种族罪等 15 项罪行。11 月 8 日,前南国际刑庭向德国政府提出移送管辖的请求。1995 年 4 月,德国通过了一项关于"与前南国际刑庭合作的法律",并将案件移交给前南国际刑庭。9 月,前南国际刑庭对被告提出了 36 项指控,其中包括严重违反 1949 年《日内瓦四公约》的行为和严重违反战争法规和惯例的行为以及危害人类罪的行为。

本案是前南特设国际刑事法庭审理的第一个案例,该案刚开始审理就遇到了法庭的合法性问题。被告的辩护律师认为,由一个依法成立的法庭来审理的权利,是各文明国家共同承认的一般法律原则,也是国际法的重要组成部分。然而,前南国际刑庭对被告却不具有管辖权,主要理由为:第一,根据国际人权法和刑法公认的原则,法庭应当是一个依法成立的法庭。作为一个国际

---

① *Prosecutor v. Tadić*, Case No. IT-94-1-AR, Decision, 2 October 1995.

刑事司法机构,前南国际刑庭应当由国际社会的主权国家通过协商一致、制定国际条约或修改《联合国宪章》来建立,而不应仅仅以联合国安理会通过决议的方式来建立;第二,《联合国宪章》没有关于安理会可以根据宪章第七章来建立一个司法机构的明确规定,更不用说安理会拥有设立一个带有强制性质的刑事法庭的权力。

对这一质疑,前南国际刑庭检察官的意见是,法庭无权审查安理会成立国际刑事法庭是否合法的问题,因为法庭是根据《联合国宪章》第七章成立的,而对宪章的解释是一个不能裁判的"政治问题"。法庭成立的目的,也不是要审理联合国的行为,而是严格限定在法庭有权管辖的犯罪行为。对此意见,审判分庭予以认同。但上诉分庭却表示了不同意见,认为是否要对联合国安理会的决议进行审议,不是问题的关键,决定法庭是否对案件具有管辖权,才是问题的关键。基于这一目的,法庭可以行使审查安理会成立法庭是否合法这一附加权力。法庭的首要任务,是明确自己的职权。法庭的规约并没有限制法庭对自身的管辖权进行审议。因此,法庭有权审查基于安理会成立的法庭本身合法与否的问题。

上诉分庭经审理认为,《联合国宪章》第39条规定,安理会具有断定是否存在侵略行为、破坏和平或威胁和平行为的权力,以及建议或者决定采取本宪章第41条和42条规定的措施,以维护或恢复国际社会的和平与安全。第41条规定,安理会可以决定采取武力措施以外的其他措施,促请会员国采取包括完全或部分中止经济关系和铁路、海上、空中、邮政、电报、无线电和其他通信手段,以及断绝外交关系。这里的"包括"一词清楚地表明,这里所列举的措施是例证,而非全部,而建立国际刑事法庭又显然不属于"武力措施",因此,安理会根据宪章第41条的规定,完全具有设立国际刑事司法机构的权力。安理会设立前南国际刑庭,自然并不存在合法性问题。①

———————————

① 著名国际法学家、前南国际刑庭李浩培法官认为,法庭不应当审查法庭建立的合法性问题,而应驳回关于这个问题的上诉。他在关于该判决的个别意见中明确指出:"根据对管辖权的异议审查理论,该判决审查了安理会建立本法庭的决议的合法性。然而,所说的该理论,按照正确的理解,只允许本法庭审查和决定它自己的管辖权,但这里,它不适当地扩大到审查安理会是否有权作出建立本法庭的决议及该决议是否适当的问题。由于本法庭规约第1条只使本法庭'有权根据本规约起诉应对1991年以来前南斯拉夫境内所犯的严重违反国际人道主义法行为负责的人',并且联合国宪章也从未授予本法庭审查安理会决议合法性的权力,本法庭没有这种权力是非常清楚的,所以这个审查是越权的和非法的。"详见李浩培.对塔迪奇关于国际法庭管辖权动议的上诉案的个别意见[A]∥李浩培.李浩培文集.北京:法律出版社,2000:796.

第二节　保障人权原则

一、保障人权原则的基本含义

人权,是人之生存所必需的不可剥夺的基本权利。从形态上看,人权有应然权利和实然权利之分。应然权利,是指作为人应当享有的权利,这种权利不能为任何法律或政治权力所贬损或克减,是实然权利的依据。实然权利,是指法律赋予公民所享有的权利,是一种转化为法定权利的应然权利。保障人权原则中的"人权",主要是指实然意义上的人权。

保障人权原则,主要有两层含义:一是在国际刑事诉讼活动中,保障被告享有平等、人道和公正审判的权利;二是在国际刑事诉讼活动中,通过审判和处罚侵犯被害人生命、健康和安全的国际犯罪,以维护被害人应当享有的各项权利。

二、保障人权原则的主要内容

(一)无罪推定原则

无罪推定原则,是指凡受刑事控告者,在未经依法公开审判证实有罪之前,应当被假定为无罪。无罪推定原则是国际刑事司法的最低限度标准,也是刑事诉讼领域人权保障的核心内容。1948年《世界人权宣言》提出无罪推定原则之后,一系列国际刑事司法文件都规定了无罪推定原则,如《前南国际刑庭规约》第21条第3款和《卢旺达国际刑庭规约》第20条第3款。《罗马规约》更是专条规定了无罪推定原则。该规约第66条规定:"(1)任何人在本法院依照适用的法律证明有罪以前,应推定无罪。(2)证明被告有罪是检察官的责任。(3)判定被告有罪,本法院必须确信被告有罪已无合理怀疑。"根据这一规定,无罪推定原则包括以下三层意思:首先,被告在法院宣告其有罪以前,应推定为无罪。在法院以生效判决的方式确定被告有罪之前,其不应被作为罪犯来对待,而应享有普通公民所享有的基本权利。其次,检察官负有举证责任,即证明被告有罪的责任。检察官应当自行搜集能够证明被告有罪的证据,而不能强迫被告自证其罪。第三,只有在无任何合理怀疑的前提下,法院才可以作出有罪判决。如果对被告的行为是否构成犯罪存有怀疑,则应遵循疑罪从无原则,判决宣告被告无罪。

案例 2-3　米洛舍维奇案①

斯洛博丹·米洛舍维奇(Slobodan Milošević)系前塞尔维亚共和国总统(1989 年 3 月—1997 年 7 月)和前南斯拉夫联盟共和国总统(1997 年 7 月—2000 年 10 月)。2001 年 1 月 29 日,米洛舍维奇被塞尔维亚政府软禁在家中;4 月 1 日因涉嫌滥用职权、挪用公款等犯罪被塞尔维亚警方逮捕;6 月 28 日被引渡到前南国际刑庭,成为人类历史上第一位因战争罪被送上国际刑事法庭的前国家元首。2002 年 2 月 12 日,前南国际刑庭正式开庭审理米洛舍维奇一案。他被指控在科索沃、克罗地亚和波黑犯有"反人类罪"、"违反战争法和习惯法"和"基于政治、种族和宗教理由进行迫害"三大犯罪,共计 66 项罪行。具体为:在"科索沃案"(1999 年 1 月—6 月)中,作为时任南联盟总统、军队最高指挥官、最高国防委员会主席,米洛舍维奇被指控应对南联盟军队和塞尔维亚军队在科索沃的恐怖和暴力活动负责,共计 5 项罪行,其中包括 1 项违反战争法和习惯法(谋杀),4 项反人类罪(驱逐,谋杀,基于政治、宗教和种族原因的迫害);在"克罗地亚案"(1991 年 12 月—1992 年 6 月)中,他被指控负有个人刑事责任和上级刑事责任,共计 32 项罪行。其中包括 9 项违反 1949 年日内瓦公约(肆意杀戮、违法拘禁、酷刑、违法驱逐或转移、大规模破坏和占有财产、不正当的军事行动)、13 项违反战争法和习惯法(谋杀、酷刑、虐待、破坏村庄、并非军事需要的破坏、捣毁和任意破坏教育和宗教设施、掳掠公共和私人财产、攻击平民、捣毁或蓄意破坏历史遗迹、违法攻击民用目标)和 10 项反人类罪(基于政治、种族或宗教原因的迫害、谋杀、监禁、非人道行为、驱逐、非人道的强迫转移)。在"波黑案"(1992—1995 年)中,他被指控负有个人刑事责任和上级刑事责任,共计 29 项罪行。其中包括 2 项大屠杀和共谋屠杀罪、10 项反人类罪、8 项严重违反 1949 年维也纳公约(蓄意杀戮、违法拘禁、酷刑、违法驱逐和转移、大规模破坏和占有财产)和 8 项违反战争法和习惯法罪(攻击平民、非法破坏、掠夺财产)。

2006 年 3 月 11 日,米洛舍维奇被发现死在海牙羁留中心的监舍里。4 月,荷兰海牙地区检察机关公布了死因调查报告。报告排除了他杀,确认为自

---

① *Prosecutor v. Milošević*, Case No IT-02-54-T, Decision, 16 June 2004; Kevin Paker, *Report to the President Death of Slobodan Milošević*, 30 May 2006.

然死亡,死因是心肌梗死。本案中,米洛舍维奇虽然被指控犯有多项国际罪行,但因其在法庭作出最终裁决之前即已死亡,因而在法律上仍是"无罪之身"。

(二)一事不再理原则

一事不再理原则,是指任何人不得因同一犯罪行为而受到两次以上的追诉、审判和惩罚。一事不再理原则是世界各个法系国家普遍确认的刑事诉讼基本规则,有些国家甚至在宪法中加以明文规定。如《美国宪法》第5条规定:"任何人均不得因同一罪行而两次受到生命或身体上的危险。"在国际法律文件中,最早规定一事不再理原则的是《公民权利和政治权利国际公约》。其第14条第7款规定:"任何人依一国法律及刑事程序经终审判决判定有罪或无罪开释者,不得就同一罪名再予审判或科刑。"一般认为,该规定是针对各国诉讼制度提出的一项基本要求,主要强调一国的刑事审判中不应出现再次审理的现象,并未涉足国际刑事司法领域。就国际刑事领域而言,最早规定一事不再理原则的是《前南国际刑庭规约》。该规约第10条规定:"(1)凡犯有根据本规约构成严重违反国际人道法罪行并因此已被国际法庭审判的个人不得再因该罪行接受国内法庭的审判。(2)凡犯有构成严重违反国际人道法罪行并已被国内法庭审判的个人可以再交付国际法庭审判,前提条件是:①所受审判的罪行为普通罪行;或者②国内法庭的审判缺乏公正和独立,有意庇护被告的国际刑事责任,或者起诉不当。(3)在考虑对犯有本规约所定罪行的个人判处刑罚时,国际法庭应当考虑同一被告因同一犯罪事实已执行国内法庭所判处刑罚的程度。"《罗马规约》亦以专条的形式详细规定了这一原则。其第20条规定:"(一)除本规约规定的情况外,本法院不得就本法院已经据以判定某人有罪或无罪的行为审判该人。(二)对于第五条所述犯罪,已经被本法院判定有罪或无罪的人,不得因该犯罪再由另一法院审判。(三)对于第六条、第七条或第八条所列的行为,已经由另一法院审判的人,不得因同一行为受本法院审判,除非该另一法院的诉讼程序有下列情形之一:1.是为了包庇有关的人,使其免负本法院管辖权内的犯罪的刑事责任;或2.没有依照国际法承认的正当程序原则,以独立或公正的方式进行,而且根据实际情况,采用的方式不符合将有关的人绳之以法的目的。"应当指出的是,一事不再理原则,存在例外情形。就国内刑事司法而言,如果发现新的证据或者新的事实,足以影响案件处理结果的,或者由于被告的原因导致先前的诉讼程序存在重大缺陷,可能影响案件结果的,则可以基于实现正义的需要,对案件进行再次审理。就国际刑事司法而言,由于国际刑事司法机构通常都具有并行管辖权和优先管辖权,为了防止国内刑事司法机构袒护国际罪犯,有关国际法律文件均规定国际刑事司法机构在特定情形下可以对国际犯罪案件进行再次审理。例如,Tadič案就是遵循一事不再理原则的典范。在本案中,德国检察官基于普遍管辖原则对被告提出了指控,但德国法院尚未对本案进行实质性的审理。在前南国际刑庭提出移送要求后,德国政府作出积极响应,将案件移交给前南国际刑庭,并终止了自己的审理行为。

(三)迅速受审的权利

迅速受审的权利,是指犯罪嫌疑人、被告享有在合理时间内由有关刑事司法机构进行审理和裁判的权利。《公民权利和政治权利国际公约》第9条第3款规定:"任何因刑事指控被逮捕或拘禁的人,应被迅速带见审判官或其他经法律授权行使司法权力的官员,并有权在合理的时间内受到审判或被释放。等候审判的人受监禁不应作为一般原则,但可规定释放时应保证在司法程序的任何其他阶段出席审判,并在必要时报到听候执行判决。"迅速受审的权利包括以下三个方面的内容:一是凡被采取强制措施而限制人身自由的人,刑事诉讼必须及时进行;二是被限制人身自由的时间应当依法受到限制,并在合理的期限内接受审判或获得释放;三是如果释放时能够保证出席审判并随时能够听候执行判决,则不应适用监禁。迅速受审的权利,也是国际刑法的一项基本原则。《前南国际刑庭规约》第21条明确规定,被告应当"在没有不适当拖延的情况下受到审判"。迅速受审原则的重点是迅速审判,即尽可能在最短的时间内结束诉讼程序。但是,关于具体的开始时间和持续时间,国际法律文件都没有明确的规定。一般认为,从被告被限制人身自由之日起至法庭作出有效裁决之日止,国际刑事司法机构均应以合理的速度对案件进行调查、起诉和审理。由于国际刑事法庭审理的案件千头万绪,且往往在案件已经开始审理时,调查还没有结束,因此,检察官往往会提出延期的要求。对此,国际刑事法庭应当考虑延期的原因、延期的时间,被告是否要求迅速审判以及延期是否对被告造成不利影响等因素,作出准予延期或不准延期的决定。

(四)被害人权利保障

人权保障原则,不仅体现为对被告的权利保护,也体现为对被害人的权利保护。传统国际刑事司法对被害人的权利保护,主要是通过实体规范将侵犯被害人的生命权、健康权、自由权、平等权、免受酷刑权等各种行为规定为国际犯罪,并追究其刑事责任的方式来实现的。这种通过惩罚国际犯罪来保护被害人、实现社会正义的方式,实际上是一种间接保护。《罗马规约》在此基础上,又有新的突破,即通过程序规范和刑事赔偿等方式来实现对被害人的权利保护。具体为:一是规定被害人可以就检察官调查向预审分庭陈述意见。根据《罗马规约》第15条、第53条的规定,在检察官请求预审分庭授权调查时,被害人可以向预审分庭陈述意见,以支持检察官起诉,或者影响检察官放弃起诉。当被害人决定不继续诉讼程序时,如果有实质理由认为调查无助于实现公正,则检察官应当考虑犯罪的严重性和被害人利益等因素来作出这一决定。二是加强对被害人的保护。根据《罗马规约》第68条的规定,法院应采取适当措施,保护被害人和证人的安全、身心健康、尊严和隐私。在采取这些措施时,法院应考虑一切有关因素,包括年龄、性别、健康状况,以及犯罪性质,特别是在涉及性暴力或性别暴力或对儿童的暴力等犯罪方面。在对这种犯罪进行调查和起诉期间,检察官尤其应当采取这些措施。当然,这些措施不应损害或违反被告的权利和公平公正审判原则。作为公开审判原则的例外,为了保护被害人和证人或被告,法院的审判分庭可以不公开任何部分的诉讼程序,或者允许以电子方式或其他特别方式提出证据。法院应当准许被害人在其个人利益受到影响时,在法院认为适当的诉讼阶段发表意见。对于在审判开始前进行的任何诉讼程序,如果依照本规约规定披露证据或资料,可能使证人或其家属的安全受到严重威胁,检察官可以不公开这种证据或资料,而提交这些证据或资料的摘要。三是设立被害人和证人股。根据《罗马规约》第43条的规定,由书记官长设立被害人和证人股,对被害人和证人提供专门保护,包括向被害人、证人及因这些人的证言而面临危险的其他人提供保护和安全措施、辅导咨询和其他适当援助。四是规定被害人赔偿的一般原则。获得救济是被害人权利的一项基本内容。根据《罗马规约》第75条的规定,法院应当制定赔偿被害人或赔偿被害人方面的原则。在这个基础上,法院可以应请求,或在特殊情况下自行决定,在裁判中确定被害人或被害人方面所受的损害、损失和伤害的范围和程度,并说明其所依据的原则。法院可以直接向被定罪人发布命令,具体列明应向被害人或向被害人方面作出的适当赔偿,包括归还、补偿和恢复原状。法院可以酌情命令向信托基金交付判定的赔偿金。五是建立信托基金。根据《罗马规约》第79条的规定,应根据缔约国大会的决定,设立一个信托基金,用于援助法院管辖权内的犯罪的被害人及其家属。法院可以命令,将通过罚金或没收取得的财物转入信托基金。信托基金应根据缔约国大会决定的标准进行管理。

第三节　国际合作原则

一、国际合作原则的基本含义

国际合作原则,是指在追诉、审判国际犯罪的过程中,各国相互之间应当提供最大程度的实体方面和程序方面的协作和协助。国际刑法本身不能实现对国际犯罪的惩治,只有通过各国的充分合作才能惩治罪犯,维护世界和平与安宁。例如,在调查和起诉阶段,犯罪嫌疑人的国籍国、犯罪行为地国或犯罪行为的受害国以及发现犯罪嫌疑人的国家,如果不对犯罪嫌疑人采取临时性的强制措施,或者不将犯罪嫌疑人及有关证据材料等文件移交给国际刑事司法机构,则相应的审判活动势必陷入困境。在执行阶段,如果有关国家不承认或不执行国际刑事司法机构作出的生效判决,则该判决终将成为一纸空文。因此,各国之间的国际合作和司法协助对国际刑事审判活动的顺利进行具有决定性的意义。国际合作不仅包括有关国际条约的缔约国,而且也包括非缔约国。这是因为,国际条约规定的国际犯罪不仅与缔约国有关,而且与非缔约国也存在某些关联。对此,一些国际条约对国际合作的主体范围都未作限制。例如,《维也纳公约》第35条规定:"如条约当事国有意以条约之一项规定作为确立一项义务之方法,且该项义务经一第三国以书面明示接受,则该第三国即因此项规定而负有义务。"

二、国际合作原则的主要内容

根据国际条约和国际刑事司法实践,国际合作的主要内容有:(1)国际立法活动。各国之间为了预防和惩处国际犯罪而秉着合作的态度进行的各种国际立法活动,包括召开专门会议起草、缔结国际条约;在联合国框架内进行磋商,形成法律决议。(2)国际刑事司法协助,包括查明特定人员的身份或下落或物品的所在地,调查取证,讯问被调查人或被起诉人,送达文书,为证人或鉴定人出庭作证提供便利,临时移送人员,勘验有关地点或场所,搜查或扣押,提供记录和条件,保护被害人、证人和证据;查寻、扣押和冻结犯罪收益、财产资产及犯罪工具等。(3)引渡和移交逃犯。(4)承认和执行外国或国际刑事司法机构的判决。(5)刑事诉讼移管。对国际犯罪具有管辖权的国家,基于诉讼效益和司法公正的考虑,将已经或者将要进行管辖的案件移交给具有管辖权的国家或国际刑事司法机构管辖。(6)被判刑人移管。对已经判决生效并交付执行刑罚的人员,基于人道和刑罚效益的考虑,由执行国将其移交给被判刑人国籍国服刑。(7)在紧急情况下采取适当措施。当国际犯罪在本国领域内即将发生或已经发生时,各缔约国应当采取适当的一切措施,阻止犯罪的发生或者减少可能造成的损害,妥善处理犯罪涉及的事项,保护受害人员和受侵犯物体的安全及正常活动,及时逮捕罪犯,进行初步调查取证,没收和扣押犯罪工具及其他物品。(8)为国际刑事司法机构的司法人员和行政人员提供特权、豁免或者相应的便利。(9)交换情报、信息、法律资料等。

第三章　国际刑法的效力范围

　　国际刑法的效力,是指国际刑法适用的范围和方式,包括国际刑法的空间效力、时间效力和适用模式三个方面。国际刑法的空间效力,是指国际刑法在什么地方、对什么人有效;国际刑法的时间效力,是指国际刑法在什么期间具有效力;国际刑法的适用模式,是指国际刑法由哪个司法机构适用。国际刑法的空间效力和时间效力旨在明确国际刑法的刑事立法管辖权,国际刑法的适用模式则是在解决国际刑法的立法管辖的基础上,进一步明确国际刑法的适用方式。国际刑法具有"国际刑事冲突法"的特性,其效力问题的核心在于管辖权的确定。

第一节　国际刑法的管辖原则

一、国际刑法管辖的概念辨析

　　国际刑法管辖,是指对犯有国际罪行的人进行起诉、审判和惩罚的权力。具体包括三个方面的权力:一是立法管辖权,即立法机构针对某些行为或事项制定法律的权力;二是司法管辖权,即司法机构针对某些行为或事项提起诉讼和进行审判的权力;三是执行管辖权,即执行机构将特定法院的判决的内容付诸实践的权力。此外,还存在一种属时管辖权,即司法机构能否将立法机构制定的法律溯及既往地予以适用。

　　国际刑法管辖与国际刑法的空间效力、时间效力密切相关。与国内刑法相比,国际刑法的效力显得更加复杂。国内刑法是由一国的立法机关制定的,其效力范围取决于国家主权的范围。国际刑法是若干国家共同制定或认可的,涉及不同国家的主权,其效力范围往往取决于各国的让渡。从国际刑法的渊源来看,国际刑法的空间效力主要有两种形式:一是在全球范围内有效。主要是那些国际社会共同制定或认可的国际刑法规范,包括国际习惯和一些国际公约。二是在缔约国范围内有效。主要是那些对地效力仅限于缔约国领域及其国民的国际条约,包括所有的双边国际条约和绝大多数国际公约。

由于国际刑法渊源的多样性,国际刑法的生效方式也非常复杂。归纳起来,主要有两种基本情况:一是国际公约的时间效力。《维也纳条约法公约》第24条第1款规定:"条约生效之方式及日期,依条约规定或依谈判国之协议。"从实践来看,国际公约的生效有以下四种方式:①自全体缔约国批准或各缔约国明确表示承受公约拘束力之日生效。②自一定数目的国家交存批准书或加入书之日后若干时间生效。③自一定数目的国家,其中包括某些特定的国家提交批准书后生效。④以特定事件的发生为生效条件。二是国际习惯的时间效力。国际习惯的成立取决于国家的同意或国际社会的普遍认可,因此,国际习惯的时间效力为国际社会同意或普遍接受的时间。有观点认为,从国际刑法实施来看,国际犯罪不仅可以根据事前订立的国际条约来确认,也可以以事后国际社会根据国际习惯订立的国际条约来进行认定,而且,在极个别的情况下,通过国际社会公认,国际刑事法律规范对国际犯罪还可以有溯及既往的效力。[①] 笔者认为,这一观点是值得商榷的。由于国际犯罪是严重危害国际社会共同利益的行为,被控犯有国际罪行的行为人将面临极其不利的法律后果,因此,不管是国际公约还是国际习惯,都不应具有溯及既往的效力。纽伦堡审判和东京审判对一些战犯所适用的反人道罪,并不是两个法庭所新创设的,而是在二战发生之前即已被国际社会认可的国际罪行。因此,两个国际军事法庭以反人道罪追究有关战犯的刑事责任,并未违反法不溯及既往原则。

在管辖权确定的考量因素中,空间(属地)、国籍(属人)是两个最基本、最重要的联结因素。传统上,根据这两个因素,就能合乎逻辑地得出主权国家是否具有管辖权的结论。在现代国际刑法中,行为事项(属物)、时间(属时)以及其他因素(如联合国安理会的决定),也是公认的影响因素。

---

① 黄肇炯.国际刑法概论[M].成都:四川大学出版社,1992:59—60.

二、国际刑法的管辖原则

(一)属地原则

属地原则,又称领土原则,是指以地域为标准,凡是在本国领域内实施的犯罪行为,本国都有权管辖。属地原则是国家确立刑事管辖权的最基本的原则,也是最少发生争议的原则。其理论基础是国家主权论,即国家对其领土内的事项具有排他的管辖权。

按照国际法,国家的领土由领陆、领空、领水及其底土四个部分组成。根据属地原则,发生在上述领土范围内的所有犯罪行为,都处于国家的管辖之下。此外,在本国注册的船舶和航空器也被视为本国的领土(浮动领土),本国有权对在该船舶或航空器内发生的犯罪行为行使管辖权,即使该船舶或航空器处于他国领域内,或者处于公海及其上空。① 关于领陆、领空的管辖权的确定,较为明确。但对于领水的管辖权的确定,则较为复杂。根据《联合国海洋法公约》的规定,沿海国在内海、领海和毗连区方面的管辖权有所不同。内海是从一国领海基线向陆地延伸的海域,包括港口和河流入海口;领海则是从领海基线向外海方向延伸不超过 12 海里的海域;毗连区是从领海基线起向外海延伸不超过 24 海里的海域。沿海国在内海享有几乎不受任何限制的刑事管辖权;在领海行使刑事管辖权则应以犯罪行为已经扰乱了沿海国的社会秩序,或者是为了打击毒品交易,或者船旗国已经明示同意等为前提;在毗连区仅仅限于行使与沿海国的财政、卫生、移民等事项有关的行政管理权力。

属地原则的关键是确定犯罪行为地。在通常情况下,犯罪行为从开始到完成的整个过程都发生在一国领土范围内,犯罪行为地就是该国的领土,由该国行使管辖权一般不会引起争议。但在实践中,有些犯罪是跨国家的,特别是贩卖奴隶、劫持航空器等国际犯罪,犯罪行为从开始实施到最终完成往往涉及两个或者更多的国家,犯罪的行为地和结果地并不一致。对此,如何确定犯罪的管辖国家,则往往存在争议。从国际司法实践来看,确定这类案件管辖权的原则主要有两个:一是主观属地原则,又称行为地主义,即只要犯罪行为全部

---

① 根据 1982 年《联合国海洋法公约》第 27 条的规定,除特殊情形外,沿海国不应对通过领海的外国船舶行使刑事管辖权,以逮捕在该船通过期间与船上所犯任何罪行有关的任何人,或进行与该罪行有关的任何调查。根据 1963 年《关于在航空器内的犯罪和其他某些行为的公约》第 3 条的规定,航空器登记国有权对在该航空器内的违法犯罪行为行使管辖权。

或部分发生在本国领土内,本国就具有管辖权。二是客观属地原则,又称结果地主义,即只要犯罪结果全部或部分发生在本国领土内,本国就具有管辖权。目前,世界上绝大多数国家采取的是"行为或结果择一原则"。

属地原则不仅是各国对国内犯罪行使刑事管辖权的基本原则,而且也是各国对国际犯罪行使管辖权的基本原则。从国际公约的规定来看,一般都要求缔约国对在本国领域内发生的有关国际罪行行使刑事管辖权。对于只是部分发生在缔约国领域内的国际罪行,则要求缔约国根据主观属地原则或客观属地原则行使刑事管辖权。例如,《防止及惩治灭绝种族罪公约》第6条规定,任何被诉犯有种族灭绝罪者,应交由行为发生地国家之主管法院或缔约国接受其管辖权的国际刑事法庭审理。

案例 3-1 "荷花号"案①

1926 年 8 月 2 日,法国邮船荷花号(Lotus)与土耳其船舶博兹—库特号(Boz-kourt)在地中海的公海西格里岬以北五六海里处发生碰撞。碰撞结果,博兹—库特号沉没,8 名土耳其人死亡。次日,当荷花号到达君士坦丁堡(现称"伊斯坦布尔")时,土耳其当局对碰撞事件展开调查,并将荷花号上负责瞭望的法国海军上尉戴蒙和土耳其船长哈森·贝略一并以杀人罪诉于君士坦丁堡法院。法院依据《土耳其刑法》第6条的规定(该条规定:"任何外国人在国外犯下侵犯土耳其或土耳其臣民之罪行时,若土耳其法律规定该犯罪行为应受惩罚者,当此人在土耳其被捕,则应受惩办。")经审理,于 9 月 26 日判处戴蒙监禁 80 日和 22 镑的罚款,判处哈森·贝略重一点的刑罚。

法国政府对土耳其当局审判戴蒙提出抗议,认为碰撞发生在公海上,土耳其法院对戴蒙无权管辖,只有荷花号的船旗国——法国才有权对他进行审判。对此,土耳其表示愿意将争议提交常设国际法院解决。两国遂于 10 月 12 日签订特别协议,请求国际法院裁定以下两个问题:其一,土耳其对戴蒙行使刑事管辖权是否违反了国际法原则? 其二,如果违反的话,根据国际法对类似问题的处理,应如何给予戴蒙赔偿? 常设国际法院于 1927 年 9 月 7 日作出了判决,认为土耳其有权对法国船上的负责值班人员行使管辖,土耳其对戴蒙的刑事诉讼并未违反国际法原则,因此也就没必要考虑对其赔偿问题。

在诉讼中,根据 1923 年 7 月 24 日《洛桑和约》第 15 条的规定,"在土耳其

---

① 张爱宁.国际法原理与案例解析[M].北京:人民法院出版社,2000:97—99.

与其他缔约国之间有关管辖权方面的争端,应根据国际法原则解决",法国提出以下三项诉讼主张:(1)国际法不允许一个国家单纯以被害者具有其国籍为理由对外国人在国外所实施的犯罪行为进行惩罚;(2)国际法承认船旗国对船舶在公海上发生的一切事情有排他的管辖权;(3)上述原则特别适用于碰撞事件。

常设国际法院对法国的上述诉讼主张逐一驳回。法院认为,国际法并不存在一条禁止国家对外国人在国外所作的犯罪行为进行管辖的规则。相反,国际法不但没有禁止国家将其法律和法院的管辖权延伸适用于其领域之外的人、物和事,还在这方面给各国留下广泛的选择空间。虽然在任何法律制度中,刑法的属地性是一项基本的原则,但同时所有的或几乎所有的法律制度又都把各自的管辖权延伸至其领土之外的犯罪。因此,刑法的属地性不是国际法的一个绝对原则,也并不与领土主权完全一致。本案中,土耳其行使管辖权的合法性不是基于被害者的国籍,而是基于犯罪行为的结果产生在土耳其船舶上。公海自由的必然结果是把在公海上的船舶视为船旗国的领土,在该船舶上发生的一切如同发生在船旗国的领土上。如果公海上的犯罪行为的结果发生在一个国家的船舶上,则相当于发生在该船舶的船旗国的领土上。本案中的船舶发生碰撞时戴蒙在法国船舶上,但其杀人的结果发生在土耳其船舶上,因而相当于发生在土耳其领土上。国际法并不禁止犯罪结果发生地的船旗国对犯罪行使管辖权。法院也不认为,在碰撞事件中存在一个由船旗国行使专属管辖权的普遍国际法规则。在这方面,国内法院可资援引的判例很少,国际法庭也没有相关的判例。

(二)属人原则

属人原则,又称国籍原则,是指以国籍为标准,凡是具有本国国籍的人实施的犯罪行为,本国均有权管辖。国家对本国人在本国领域内实施的犯罪行为,完全可以根据属地原则行使管辖权,没有必要根据属人原则来确定管辖权。但对本国人在本国领域外实施的犯罪行为,则不能根据属地原则行使管辖权,必须求诸属人原则来行使管辖权。属人原则的确立,旨在解决国家对本国人在国外所犯罪行的管辖权问题,以弥补属地原则缺乏域外效力的不足。

属人原则的关键是确定犯罪行为人的国籍。根据国际法,国籍是指一个人属于某个国家的公民的法律资格,体现了个人与特定国家之间固定的法律联系。个人作为特定国家的公民,一方面享有国家法律保护的权利;另一方面也负有遵守国家法律的义务,其犯罪行为应受本国刑法的管辖。除自然人的犯罪行为外,国家根据属人原则行使管辖权的对象也包括法人的犯罪行为,而确定法人的国籍的根据主要是其注册地。根据属人原则确定管辖权时,可能存在以下疑难问题:犯罪行为人在实施犯罪行为时具有 A 国国籍,但在被追诉时已经加入 B 国国籍,则哪一国家具有管辖权？对此,通常认为 A 国和 B 国均有管辖权,以拓宽国家的管辖范围,避免处罚漏洞。此外,一些国家还根据犯罪行为人的住所或居所行使管辖权,而不仅仅局限于国籍,即对居住在本国的无国籍人在本国领域外实施的犯罪行为,也可以行使管辖权。

对于本国人在本国领域外实施的犯罪行为,如果本国根据属人原则行使管辖权,行为地国根据属地原则行使管辖权,则不可避免会产生管辖冲突。对此,一般处理原则是:如果本国人在外国实施犯罪后仍然处于外国的,通常由行为地国行使管辖权;如果本国人在外国实施犯罪后回到本国的,则由本国行使管辖权。在许多情况下,也可由本国和行为地国通过引渡条约或协商解决。

许多国家规定了属人管辖权。从适用前提来看,大陆法系国家通常只要求本国国民在国外实施的行为根据本国刑法构成了犯罪即可,而不问这些行为根据行为地国家的法律是否构成犯罪;普通法系国家则不仅要求本国国民在国外实施的行为根据本国刑法构成犯罪,还要求这些行为根据行为地国家的法律也构成犯罪。从适用范围来看,大陆法系国家通常主张对其国民实施的所有犯罪行为行使管辖权,普通法系国家对在外国的本国国民行使管辖权通常限于叛国罪、谋杀罪等严重犯罪。许多国际公约也有属人原则的规定,要求缔约国对犯有国际罪行的本国公民、在本国有惯常居住地或经常居住在本国领域内的无国籍人行使管辖权。例如,1963 年《关于在航空器内的犯罪和其他某些行为的公约》第 4 条规定:"非登记国的缔约国,不得为了对航空器内所犯的罪行行使其刑事管辖权而干预飞行中的航空器,但下列情况除外:……罪行是由该国国民或在该国有永久居所的人所犯。"

（三）被动属人原则

被动属人原则,又称被害人国籍原则,是指以被害人的国籍为标准,凡是犯罪行为的被害人具有本国国籍,本国都有权管辖。与属人原则一样,被动属人原则的确立也是为了弥补属地原则的效力局限,但其确立根据,不是犯罪行为人的国籍,而是犯罪被害人的国籍。简言之,被动属人原则,旨在将本国刑法适用于不具有本国国籍的人在本国领域外实施的犯罪行为。

关于国家能否根据被动属人原则行使管辖权,在理论上颇多争议。许多学者认为,被动属人原则违反国际习惯法,不具有合法性。但从国际司法实践来看,被动属人原则得到了越来越多的国家的接受和认可。一般认为,确立被动属人原则是基于以下两点考虑:一是为了保护居住或定居在国外的本国公民;二是对外国能否真正追诉在其领土上实施的危害本国国民的犯罪持怀疑态度。一些国际公约也确立了被动属人原则。例如,1979 年《反对劫持人质国际公约》第 5 条规定:"每一缔约国应采取必要的措施来确立该国对第 1 条所称任何罪行的管辖权,如果犯罪行为是:……(d)以该国国民为人质,而该国认为适当时。"

案例 3-2 尤尼斯案①

1985 年 6 月 11 日,黎巴嫩公民法瓦兹·尤尼斯(Fawaz Yunis)等人在贝鲁特机场劫持了一架约旦民航客机。劫机者要求飞机飞往突尼斯,以便与正在突尼斯举行会议的阿拉伯国家联盟的代表谈判,要求在黎巴嫩的所有巴勒斯坦人离开黎巴嫩。但是,由于突尼斯和叙利亚都不准被劫持的飞机在本国降落,最后飞机又返回贝鲁特机场。在释放所有人质后,劫机者随即炸毁飞机,逃之夭夭。

美国联邦调查局以被劫飞机中有两名乘客具有美国国籍为由,立即展开调查工作,并初步认定尤尼斯是整个事件的指挥者。1987 年 7 月,联邦调查局官员在地中海的国际水域逮捕了尤尼斯,并用海军船只和飞机将其带到美国。美国政府在哥伦比亚特区地方法院对尤尼斯提起诉讼,指控其犯有共谋、劫持人质、劫持飞机、对飞机上人员实施暴力、破坏飞机和在飞机上安装爆炸装置等 6 项罪行。陪审团裁定前 3 项罪名成立,法院分别判处其 5 年、30 年和 20 年有期徒刑。尤尼斯不服判决,提出上诉。1991 年 1 月 29 日,上诉法院裁决:维持原判。

在诉讼中,尤尼斯承认参加了在贝鲁特机场劫持飞机的行动,但同时认为美国法院对本案没有管辖权,因为他不具有美国国籍,劫机事件也不是发生在美国本土,而且根据国际法,劫持飞机的行为并不属于国家行使普遍管辖权的事项。此外,将他带到美国来的方式本身也不合法。对于尤尼斯的抗辩,法院在判决书中指出,习惯国际法并不排除国家对此类案件的管辖权。有关管辖

---

① *United States v. Fawaz Yunis*, 924 F. 2d 1086, No 89-3208, 288 US App DC 129, ILDC 1476 (US 1991).

权的两种理论,即普遍原则和被动属人原则,都支持美国对本案行使管辖权。按照普遍原则,对于国际社会普遍关注和认可的某些罪行,如海盗、贩卖奴隶、攻击或劫持航空器、灭绝种族、战争罪和恐怖主义行为,国家有权制定立法并行使管辖,即使国家与这些犯罪行为之间不存在特定的联系。而根据被动属人原则,如果国家对惩治犯罪具有十分重要的利益,国家可以惩罚外国人在本国领土之外实施的犯罪。美国的《劫持人质罪法》和《反劫持航空器罪法》与美国根据《反对劫持人质国际公约》、《关于制止非法劫持航空器的公约》和《关于制止危害民用航空安全的非法行为的公约》所承担的国际义务是一致的。这些立法无疑反映了国会的意图,即授权起诉那些在国外劫持美国公民作人质的人,无论犯罪行为发生在何处,或者罪犯是在何处被抓获的。

(四)保护原则

保护原则,是指以保护本国的利益为标准,凡是犯罪行为危害了国家安全或政府职能完整性,本国都可以行使管辖权。保护原则与被动属人原则的区别在于,前者的根据在于犯罪行为侵害了本国自身的利益;后者的根据在于犯罪行为侵害了本国人的利益。

保护原则仅仅是国家确定刑事管辖权的一个辅助原则。因为如果是犯罪发生在本国领域内,则无论犯罪行为人是本国人还是外国人或无国籍人,按照属地原则,本国均有权进行管辖;如果犯罪行为人是本国人,则无论犯罪发生在本国领域内还是本国领域外,按照属人原则,本国也有权进行管辖。但如果犯罪发生在本国领域外,犯罪行为人又是外国人或无国籍人,则无论根据属地原则,还是根据属人原则,本国均鞭长莫及,无法行使管辖权。为扩大国家的管辖权,就需要创设新的管辖原则。保护原则,就是对属地原则和属人原则的补充。

从创设过程来看,保护原则经历了一个从饱受非议到逐渐被人接受的过程。保护原则最早是大陆法系国家在 19 世纪确立的。基于保护国家利益的需要,普通法系国家也先后承认了保护原则。在国际公约中,保护原则也得到一定的体现。例如,1963 年《关于在航空器内的犯罪和其他某些行为的公约》第 4 条规定:"非登记国的缔约国除下列情况外,不得对飞行中的航空器进行干预以对航空器内的犯罪行使其刑事管辖权:……三、犯罪行为危及该国的安全。"

案例 3-3　乔伊斯案①

威廉·乔伊斯(William Joyce)1906 年出生于美国,具有美国国籍,3 岁时被带到爱尔兰,1921 年又来到英格兰。1933 年,他谎称自己出生于英格兰,并申请英国护照。英国政府颁发给他一本有效期为 5 年的护照,注明其是英国公民。1936 年护照期满后,他申请延期 1 年,并得到许可。1939 年 8 月 24 日,他又申请延期 1 年,同样得到了许可,其护照的有效期延至 1940 年 7 月 1 日。在两次申请延长护照期限时,他都声称自己是英国公民。1939 年 8 月,他离开英国,并于 9 月 18 日受雇于柏林的德国广播公司,主持英语广播节目。1940 年,他取得了德国国籍。在二战期间,他狂热地为纳粹德国进行反对英国、打击英军士气的战争宣传,其主持的英语节目在当时产生很大的影响。战争结束后,他被英国逮捕,并交由中央刑事法庭审判。陪审团裁定其叛国罪成立,1945 年 9 月 19 日,法庭判处其死刑。乔伊斯不服判决,向刑事上诉法院提出上诉。11 月 7 日,上诉法院驳回其上诉。他又向英国国会上议院提出上诉。1946 年 2 月,上议院裁定:驳回上诉,维持原判。

乔伊斯及其辩护律师提出的上诉理由主要有两点:①法院认为其对在外国实施的违反英国法律的行为具有审判管辖权的观点是错误的。除两种情况之外,英国法院对外国人在外国实施的任何犯罪行为都没有审判管辖权,这两种情况就是海盗罪和在英国船舶上发生的犯罪。英国 1351 年《叛国罪法》明确规定它只适用于在英国所犯的罪行。②当外国人位于英国领土上时,他对英国负有效忠的义务;当他离开英国以后,这种效忠义务即行终止,也不再受英国法院管辖。法院判处一个对英国不负有效忠义务的外国人犯叛国罪是不能成立的。虽然被告在 1940 年 7 月 1 日之前持有英国护照,但这并不足以说明他对英国仍然有效忠义务。

上议院在判决中指出,英国的《叛国罪法》是对叛国罪的宣示性规定,它适用于任何可能犯有此种罪行的人。没有一项原则要求国家应该忽视在其领土之外针对其实施的叛国罪;也没有一项国际法规则禁止本国法院对违反本国法律的外国人在外国的犯罪行为行使管辖权。任何英国臣民,不论他是在英国出生,还是经归化取得英国国籍的,均有效忠英国国王的义务;外国人从其进入英国领土的那一天起,也有这种效忠义务。一般而言,外国人离开英国后,则对英国不再负有效忠义务。但根据 1707 年法官作出的一项决定,行为

① 王铁崖.国际法[M].北京:法律出版社,1981:94.

人虽然离开英国,但其家庭仍然在英国并受到英国国王的保护的,则他仍然负有效忠义务。乔伊斯本人离开英国之后,不仅其家庭仍然在英国,而且他还持有英国护照。护照是经对国王负责的官员以主权者名义向特定个人签发的文件,其目的是向外国政府证明该人,并用作对他进行保护的依据。在 1940 年 7 月 1 日乔伊斯的英国护照有效期届满之前,英国仍然对他负有保护的义务,相应地,他仍负有效忠英国的义务。但他却为英国的敌人服务,积极从事反对英国政府的战争宣传,故其叛国罪名成立。

(五)普遍原则

普遍原则,是指根据国际法的规定,对于某些特定的国际罪行,任何国家均有权管辖。国家根据普遍原则行使管辖权,旨在保护国际社会的共同利益或普遍利益。

普遍原则适用的对象只能是国际犯罪,这是其与属地原则、属人原则、被动属人原则、保护原则等不同的地方,后者既可以适用于国际犯罪,也可以适用于国内犯罪。在现代国际法中,国际犯罪既包括由国际公约明确规定的犯罪,也包括依据国际习惯法确立的犯罪。一般认为,海盗罪和战争罪明确属于普遍管辖范围内的两类罪行。此外,笔者认为,危害人类罪、灭绝种族罪、贩卖奴隶罪等也应属于普遍管辖范围内的罪行。另外,如果对普遍原则作相对理解,不将"普遍"理解为"世界上所有国家",而是"绝大多数国家",则许多国际公约规定的犯罪,都属于普遍管辖范围的罪行。换言之,如果某一行为虽未构成国际习惯法上的罪行,但已被有关国际公约确定为国际犯罪,且该公约的缔约国包括世界上绝大多数国家,则各缔约国根据该公约规定对该犯罪进行管辖也可以视为一种普遍管辖,或者是"准普遍管辖"。

普遍原则将国际犯罪置于各国的管辖之下,使犯罪行为人无论在世界什么地方出现,都会受到刑事追究。根据属地原则、属人原则、被动属人原则、保护原则,国家可以根据一定的联结点对有关犯罪进行管辖。这些联结点是:犯罪行为发生地、犯罪行为人或被害人的国籍、犯罪侵害的国家利益或国民利益。但如果犯罪行为与国家之间不存在这些联结点,则国家对犯罪行为既没有管辖的权利,也没有管辖的义务。因此,如果犯罪行为人在某个国家实施犯罪之后逃跑到与犯罪地国、犯罪人国籍国、被害国或被害人国籍国都没有联系的另一国家,如果按照上述的刑事管辖原则,任何一个国家都不能追究其刑事责任,从而使其逍遥法外。为了有效打击国际犯罪,普遍原则授权国家在犯有国际罪行的嫌疑人在本国领土出现时,无论其所犯罪行是否与本国有联系,均可以依据本国法律对其进行起诉、审判和惩罚;如果国家决定不对其行使刑事管辖权,则有义务将其引渡给具有管辖权的其他任何国家。普遍管辖原则突破了各国适用刑法时在领土、国籍、利益等方面的限制,使罪犯面临来自世界各国的共同打击。虽然普遍原则并不以犯罪行为与国家之间存在联结点为前提,但在国际司法实践中,国家通常并不仅仅根据普遍原则对国际犯罪行为进行管辖,而是在综合考虑国家与犯罪行为之间的各种联结点及惩治犯罪的利益后,才会决定是否对犯罪行为进行管辖。

许多国际公约授权国家依照普遍原则对国际罪行行使管辖权,具体有以下三种方式:一是规定各国均可以对有关国际罪行行使管辖权。如《联合国海洋法公约》第 105 条规定:"在公海或在任何国家管辖范围以外的任何其他地方,每个国家均可扣押海盗船舶和飞机或为海盗所夺取并在其控制下的船舶或飞机,以及逮捕船舶或飞机上的人员并扣押船舶或飞机上的财物。扣押国的法院可对犯罪行为人判处相应的刑罚,并可决定对船舶、飞机或财产采取有关的处置措施,但不得损害善意第三人的权利。"二是规定缔约国依据"或引渡或起诉"原则对有关国际罪行行使管辖权。如《关于制止非法劫持航空器的公约》第 7 条规定:"在其境内发现被指控的罪犯的缔约国,如不将此人引渡,则不论罪行是否在其境内发生,应无例外地将此案件提交其主管当局以便起诉。该当局应按照本国法律以对待任何性质的普通罪行案件的同样方式作出决定。"三是规定缔约国依据本国法对国际罪行行使管辖权。如《制止危害海上航行安全非法行为的公约》第 6 条第 5 款规定:"本公约不排除按照国内法行使的任何刑事管辖权。"

案例 3-4　艾希曼案[①]

阿道夫·艾希曼(Adolf Eichmann)是纳粹德国战犯。1942 年,德国决定对犹太人实施"最后解决"计划,艾希曼负责执行这一计划,结果造成了数百万犹太人死亡。德国战败后,艾希曼被美国俘虏,但其真实身份并未暴露。1946年初,他逃出战俘营,在汉堡以南的一个地方当了四年伐木工人。1950 年 5月,在原德国党卫队成员的帮助下,艾希曼经奥地利逃往意大利,后又逃往阿根廷。在阿根廷,他化名里卡多·克莱蒙特,取得了身份证件和工作许可证。

[①]　马呈元.国际刑法论[M].北京:中国政法大学出版社,2013:257—259.

1952 年,艾希曼的妻子和三个孩子也来到阿根廷与其会合。同年,他在梅塞德斯·奔驰汽车公司得到一份稳定的工作。以色列情报机构经过多方查寻,获得其藏匿在阿根廷的确切消息。1960 年 5 月 11 日晚,艾希曼在下班回家的途中被绑架。5 月 20 晚,以色列情报机构将他伪装成生病的以色列政府官员,并用飞机送回以色列。

以色列总检察长就艾希曼所犯罪行向耶路撒冷地方法院提起诉讼,指控其犯有战争罪、反犹太人罪和违反人道罪,以及参加犯罪组织罪等 15 项罪名。具体包括杀害数百万犹太人;将数百万犹太人置于可能导致死亡的状态下;使犹太人的生理和心理遭受严重伤害;禁止和干扰犹太妇女生育和怀孕;基于种族、宗教和政治原因迫害犹太人;在屠杀时抢劫犹太人的财产;强迫数十万波兰人离开家园;从南斯拉夫驱逐 1.4 万名斯洛文尼亚人;将数以万计的吉普赛人送往奥斯维辛集中营;参加党卫队和秘密警察组织等。

耶路撒冷地方法院于 1961 年 4 月 11 日开庭审理此案,艾希曼首先对法院的管辖权提出异议。他指出:①以色列检察机关指控他的罪行是在以色列成立之前、在该国领域以外所犯的,而且被害人也不是以色列公民,因而以色列法院没有管辖权。②他在战争期间的行为是代表国家实施的,根据国际法,一国法院对外国的国家行为不能行使管辖权。③绑架行为违反国际法,对于被以非法方式带到法院的被告,法院不能进行审判和处罚。此外,对于被指控的犯罪,艾希曼认为自己只负有"协助和教唆"的责任,而从未实施过任何具体的犯罪行为。

1961 年 12 月 11 日,耶路撒冷地方法院宣布了对本案的判决,裁定指控的 15 项罪名全部成立,并判处被告死刑。法院在判决书中驳斥了被告关于法院管辖权的反对意见,认为无论是根据国际法还是以色列的国内法,法院对被告都有权进行审判和处罚。法院的判决指出:1951 年以色列《纳粹与纳粹合作者惩罚法》规定,纳粹分子及其合作者在二战期间在德国或其占领区所犯的战争罪、违反人道罪和灭绝种族罪(反犹太人罪),都属于应予以惩治的罪行。根据这项法律,法院对本案有管辖权。即使从国际法的角度来看,法院的管辖权也是没有疑义的。被告被指控的罪行不仅是以色列法律规定的罪行,而且是危害全人类和震撼各国人民良知的国际罪行。在国际社会尚不存在对这样的罪行行使管辖权的国际法院的情况下,国际法允许各国立法和司法机关采取措施制定法律,对罪犯进行审判和处罚。根据国际法,对此类犯罪进行审判的管辖权是普遍性的,而且这种由罪犯所在地国行使普遍管辖的权力在《查士丁尼法典》中已有规定,意大利北部的城邦在中世纪时即存在同样的实践,在现代更为各国的司法判例所接受。至于被告有关国家行为不受法院管辖的主张,则已被纽伦堡审判及其原则所否定。

就被告的第三点抗辩主张,法院认为:被告在阿根廷被逮捕并送回以色列后,阿根廷政府向以色列提出抗议,并且向联合国安理会进行申诉,认为以色列的行动侵犯了阿根廷的主权和领土完整。1960 年 6 月 23 日,安理会通过决议,认为以色列的行动侵犯了阿根廷的主权,并要求以色列政府根据国际法向阿根廷作出适当赔偿,以恢复两国的友好关系。1960 年 8 月 3 日,阿、以两国发表一项联合声明,以色列承认其行为损害了阿根廷的权益,并向阿根廷政府道歉。至此,两国在这个问题上的争端已经得到解决。需要强调的是,这个事件本身并不会影响法院对被告的管辖权。因为根据一项确立已久的法律原则,被控违反国家法律犯有罪行的人不能以对其逮捕或者将其带到国家管辖范围内的方式非法为由反对对其进行审判。

艾希曼不服判决,并向以色列最高法院提起上诉。1962 年 5 月 29 日,以色列最高法院作出维持原判的终审判决。同日,艾希曼向以色列总统本—茨维提出赦免的请求。5 月 31 日,总统驳回其请求。数小时后,艾希曼被执行绞刑。

(六)属时原则

属时原则,是指以法律的生效时间为标准,凡在法律生效之后发生的犯罪行为,国家均可以根据新颁布的法律对犯罪行为人行使管辖权;凡在法律生效之前发生的犯罪行为,则不得根据新颁布法律对犯罪行为人行使管辖权。

法不溯及既往,是各个文明国家所共同承认的最基本的法律制度。属时原则,实际上是这一法律制度的体现。从历史发展来看,与国内刑法相比,国际刑法的成文化程度较低,许多国际犯罪均来源于国际习惯法,因而在属时原则上具有自己的特色。但鉴于国际犯罪,特别是其中的核心罪行,是严重侵害国际社会共同利益、震撼人类良知的罪行,因此,绝不能以这些罪行未在有关的书面文本中出现而否定其在法律上的确定性。在这一点上,务必摒弃只有"成文法才是法律"的狭隘观点。

国际刑法发展至今,成文化程度大大提高,因此,属时原则更多地以国际公约对有关犯罪及其管辖予以明确规定的方式体现出来。例如,《卢旺达国际刑庭规约》明确将法庭的属时管辖确定为 1994 年 1 月 1 日起至 12 月 31 日止,《罗马规约》明确将法院的属时管辖确定为 2002 年 7 月 1 日起至联合国安理会确定的日期止。

三、国际刑事管辖权的冲突

有权对国际犯罪进行管辖的国家往往不止一个,不仅犯罪地国根据属地原则有权进行管辖,国籍国根据属人原则有权进行管辖,被害人的国籍国根据被动属人原则或保护原则有权进行管辖,而且在其领域内发现罪犯的国家根据普遍原则也可以进行管辖。当不同国家根据不同管辖原则主张对同一国际犯罪进行管辖时,或者不同国家根据普遍原则主张对同一国际犯罪进行管辖时,就会造成管辖权的冲突。

当发生管辖权冲突时,究竟由哪个国家优先行使管辖权,是一个迫切需要明确的问题。因为享有优先管辖权的国家,当国际罪犯在其实际控制之下时,可以直接对其提起诉讼;当国际罪犯不在其实际控制之下时,可以请求罪犯所在地国将其引渡给本国以便起诉。被请求国应当根据国际法的规定,首先考虑将国际罪犯引渡给享有优先管辖权的国家。只有当享有优先管辖权的国家放弃管辖时,才可以引渡给其他具有管辖权的国家。笔者认为,对于国际犯罪,具有管辖权的国家应当按照下列次序依次行使管辖权:首先,是根据属地原则取得管辖权的犯罪地国。属地管辖之所以是国家行使管辖的最主要原则,是因为其最能体现国家主权。民族国家的特色在于有固定的疆域,而主权最高原则必然要求民族国家对其境内发生的一切事项具有排他的管辖权。其次,是根据属人原则取得管辖权的国际罪犯的国籍国。当罪犯为无国籍人时,由罪犯的永久居所地国对其进行管辖。第三,是根据保护原则取得管辖权的国际犯罪的被害人国籍国。最后,是根据普遍原则取得管辖权的上述国家以外的在本国领域内发现被指控罪犯的国家。享有这种管辖权的国家,只有当享有优先管辖权的国家没有提出引渡的请求或者按照本国法律决定不将罪犯引渡给请求国时,才可以进行管辖。按照优先管辖原则处在同一管辖序列的国家如果不止一个、出现并行管辖时,则可以按照以下顺序确定管辖权:在属地管辖序列中,罪犯国籍国的犯罪地国应当优先于其他犯罪地国实施管辖,主要犯罪地国应当优先于次要犯罪地国实行管辖;在属人管辖序列中,罪犯的国籍国应当优先于其永久居所地国,主犯的国籍国应当优先于从犯的国籍国。在其领土内发现被指控的国际罪犯的国家,应当首先将罪犯引渡给享有优先管辖权并要求引渡的国家。

从国际公约的规定来看,虽然具体规定不尽一致,但通常对国际犯罪的管辖权是按照下列顺序授予的:①犯罪地国。犯罪全部发生在其领域内(包括悬挂本国国旗或在本国登记的船舶或航空器内)的缔约国,或者主要犯罪行为发生在其领域内的缔约国,或者犯罪部分地发生在其领域内的缔约国。②犯罪人国。犯罪人为其国民的缔约国,或者犯罪人的永久居所或主要营业地在本国的缔约国。③被害国。被害者为其国家或公民的缔约国。④在其领土内发现被指控的罪犯的其他国家。

案例 3-5　阿尔瓦雷斯—马钦案[①]

阿尔瓦雷斯—马钦(Alvarez-Machain)是一名墨西哥公民。美国政府认为其涉嫌在墨西哥谋杀一名美国毒品管理局官员,故指使数名墨西哥人于1990年4月2日将其绑架到美国得克萨斯州。

美国政府指控阿尔瓦雷斯—马钦犯有共谋、绑架和谋杀美国禁毒官员的罪行。阿尔瓦雷斯—马钦对法院的管辖权提出异议,认为指控的行为不是发生在美国,而且他是以非法的方式被带到美国本土的,因而美国法院不能对他进行审判和处罚。1991年,美国联邦第九巡回上诉法院作出判决,裁定美国法院对本案没有管辖权。理由主要是:第一,对被告的绑架违反国际法;第二,对被告的绑架违反美国与墨西哥的引渡条约。根据美国宪法,美国与外国签订的条约是联邦法律的一部分,违反条约将导致美国法院的管辖权无效。检方不服判决并向联邦最高法院提起上诉。1992年5月15日,联邦最高法院对本案作出终审判决,宣布撤销联邦第九巡回上诉法院的判决,确认美国法院对本案具有管辖权。

最高法院在判决中指出,尽管绑架被告的行为是令人震惊的,而且可能违反了一般国际法原则,但这种行为并未违反美国和墨西哥签订的引渡条约。"该条约并未规定美国和墨西哥不能相互在对方的领土上绑架对方的公民。"由于绑架被告的行为是行政机关实施的,如果这一行为违反了国际法的原则,损害了美国与墨西哥之间的关系,美国总统可以采取相应的措施,因为根据联邦宪法,总统在外交事务方面负有全面的责任,并享有相应的权力。作为条约以外的问题,即是否要把被告交还给墨西哥的决定,也应该由行政当局作出。但是,美国法院是否有权对被告行使管辖属于另一个问题。被告被绑架的事

---

① 马呈元.国际刑法论[M].北京:中国政法大学出版社,2013:264—265.

实并不能阻止法院对其审判,这与美国法中早已确立的科尔—弗莱斯比原则
(Doctrine of Ker-Frisbie)是一致的。根据该项规则,一个被以不正当的方式
逮捕的人可以被以正当的方式羁押并交付审判。同时,这与美国法院所作的
一系列判决也是一致的。根据这些判决,以违反美国刑法或联邦宪法第四修
正案的方式对被告进行逮捕的事实不能使法院的管辖权归于无效,被告也不
得以同样的理由要求得到释放。

第二节 国际刑法的直接适用

国际刑法有两种基本适用模式:直接适用和间接适用。国际刑法的直接
适用,是指由一个内部协调一致的国际刑事司法机构直接把国际刑法的制裁
性规范适用于国际犯罪主体。这样的机构既可能具有包括侦查、起诉、审判和
处罚的全部司法职能,也可能只具有其中的部分职能。欧洲国际军事法庭和
远东国际军事法庭代表着一种完整的综合职能。前南国际刑庭和卢旺达国际
刑庭则代表着一种不完整的部分职能。

一、国际军事法庭

(一)欧洲国际军事法庭

欧洲国际军事法庭(International Military Tribunal for the Major War
Criminals,Nuremberg,IMT),是二战结束以后为审判轴心国的首要战犯而
成立的。

1945 年 8 月 8 日美国、苏联、英国和法国缔结了《关于控诉及惩处欧洲轴
心国主要战犯协定》(又称《伦敦协定》)及其附件《纽伦堡宪章》,以审判和处罚
一切为轴心国利益而以个人或团体成员资格犯有国际罪行的人。欧洲国际军
事法庭由《伦敦协定》签字国各指派一名法官组成,同时各国还指派一名检察
官组成侦查和起诉委员会。1945 年 10 月 18 日该委员会对 6 个犯罪组织和
22 名德国首要战犯向法庭提起控诉。1946 年 9 月,法庭作出了判决,并于 9
月 30 日至 10 月 1 日宣布了判决书。判决书宣告纳粹党的领导集团、秘密警
察和保安勤务处、党卫军是犯罪组织,突击队、德国内阁、参谋本部和国防军最
高统帅部不是犯罪组织。戈林等 12 人被判处绞刑,赫斯等 3 人被判处无期徒

刑,舒拉赫等 4 人被判处 10 至 20 年不等的有期徒刑,沙赫拉等 3 人被判无罪。

在纽伦堡审判(即欧洲国际军事法庭)的同时,1945 年 12 月 20 日盟国管制委员会颁布了《关于惩处犯有战争罪、破坏和平罪和违反人道罪的个人的第 10 号法令》(简称《第 10 号法令》),授权同盟国在各自的占领区内审判德国战犯。根据该项法令,美国、苏联、英国和法国在各自的占领区内对德国战犯进行了审判。此外,比利时、荷兰、挪威、波兰、前捷克斯洛伐克等国家也各自设立法庭,对有关战犯进行了审判。

(二)远东国际军事法庭

远东国际军事法庭(International Military Tribunal for the Far East, Tokyo,IMTFE)),是二战结束以后为审判日本甲级战犯而成立的。

根据《开罗宣言》、《波茨坦公告》、《日本无条件投降书》等文件,远东盟军最高统帅麦克阿瑟于 1946 年 1 月 19 日颁布了《关于设置远东国际军事法庭的特别通告》及《东京宪章》,决定成立特别法庭,"负责审判被控以个人身份或团体成员身份,或同时以个人身份兼团体成员身份,犯有任何足以构成破坏和平之罪行者。"法庭由中国、美国、英国、法国、苏联、加拿大、澳大利亚、新西兰、荷兰、印度、菲律宾等 11 个国家各指派一名法官组成,远东盟军最高统帅指定其中 1 人为庭长。开庭的法定人数为 6 人。上述国家同时是远东国际军事法庭的原告,各指派 1 人担任检察官,组成国际检察处。检察长由远东盟军最高统帅任命,全面负责调查和起诉工作。根据《东京宪章》第 3 条的规定,法庭有权管辖的国际罪行为破坏和平罪、战争罪和违反人道罪。1946 年 4 月 29 日检察处正式向法庭递交了起诉书,控告东条英机等首批 28 名甲级战犯犯有破坏和平罪、战争罪和违反人道罪等罪行,列明的罪状达 55 项。1948 年 11 月 4 日法庭作出了判决,并于 12 日宣布了判决书。28 名被告中,除 2 名在审讯期间死亡、1 人患精神病中止审理外,其余被告全部被判有罪。其中,东条英机等 7 人被判处绞刑,荒木贞夫等 16 人被判处无期徒刑,重光葵等 2 人被判处 7 年和 20 年有期徒刑。

(三)国际军事法庭审判的意义

国际军事法庭对战犯的审判是人类历史上的一个创举,具有里程碑的意义。两个国际军事法庭宪章及其判决对国际刑法的发展具有非常重要的作用。法庭首次明确规定破坏和平罪、战争罪和违反人道罪是国际法上的罪行,犯有此等罪行的人,包括国家元首、政府首脑等,均应承担个人责任,从而确立了国际犯罪的个人责任原则。两大国际军事法庭的程序规定,包括法庭的组织、调查、起诉、审理等规则均具有先例的作用,极大地丰富了国际刑法的程序内容。此外,两个国际军事法庭对战犯的成功审判,表明由国际刑事司法机构直接实施国际刑法是可行的,从而一改国际刑法"软法"的形象。当然,白璧微瑕,两个军事法庭均是由战胜国的代表组成的,在法庭的广泛性方面略有欠缺。另外,法庭在诉讼规则方面,如纽伦堡审判允许缺席审判,也有待改进。

二、特设国际刑事法庭

(一)前南国际刑庭

前南国际刑庭,是根据联合国安理会的决议特别设立的一个临时性国际刑事法庭。

前南斯拉夫社会主义共和国联盟是一个联邦制国家,由塞尔维亚、黑山、克罗地亚、波斯尼亚和黑塞哥维那(以下简称"波黑")、斯洛文尼亚、马其顿六个共和国组成。1991年以来,受东欧剧变的影响,前南开始解体,克罗地亚、斯洛文尼亚、波黑和马其顿先后宣布独立。在此期间,在前南境内,特别是波黑和克罗地亚,发生了不同民族之间的大规模武装冲突。冲突期间,发生了严重的种族清洗事件,以及屠杀平民、强奸妇女、滥施酷刑、破坏文化遗产等事件。1992年2月,安理会决定向冲突地区派遣维和部队。1993年5月25日,安理会一致通过第827号决议,决定在荷兰海牙设立前南国际刑庭。

根据《前南国际刑庭规约》的规定,法庭由法官、检察官和书记处组成。法庭下设两个审判分庭和一个上诉分庭,共有11名法官。审判分庭各由3名法官组成,上诉分庭由5名法官组成。法官由联合国大会根据安理会提出的候选人名单选出,在大会表决中获绝对多数同意票者当选。在全体法官中,不得同时有任何两名法官具有同一国籍。法官任期4年,得连选连任。由全体法官选举1名法官担任庭长,庭长为上诉分庭的法官并主持上诉分庭的诉讼;每一审判分庭亦得选举1人担任分庭庭长,主持分庭的诉讼。法庭设检察官办公室,由检察官1人及有关工作人员组成,负责调查和起诉1991年1月以来在前南境内犯下严重违反国际人道主义法罪行的个人。检察官经联合国秘书长提名后由安理会任命,任期4年,可重新任命。法庭书记处由书记官1名及有关工作人员组成,负责法庭的行政和服务工作。书记官由联合国秘书长与法庭庭长协商后任命,任期 4 年。1993 年 9 月 15 日至 17 日,联合国大会选出前南国际刑庭首任 11 名法官;10 月 31 日,安理会任命委内瑞拉总检察长拉蒙·埃斯科瓦尔—萨洛姆为检察官。

根据《前南国际刑庭规约》的有关规定,法庭有权对 1991 年 1 月 1 日以后在前南境内发生的严重违反国际人道主义法的罪行行使管辖权。这些罪行包括:严重违反 1949 年各项《日内瓦公约》的情事;违反战争法和惯例的行为;灭绝种族罪;危害人类罪。法庭对犯有上述国际罪行的个人具有管辖权。国际法庭和国内法院对 1991 年 1 月 1 日以来在前南境内犯有严重违反国际人道主义法行为的人有并行管辖权。但是,国际法庭的管辖具有优先性。在诉讼的任何阶段,国际法庭均可以根据其《规约》和《程序及证据规则》,正式要求国内法院服从国际法庭的管辖。

前南国际刑庭审判分庭对被控犯有国际罪行的个人有权判处刑罚(仅限于监禁)。对于审判分庭的判决,被告和检察官均有权向上诉分庭提出上诉;上诉分庭有权作出维持、撤销或修正审判分庭的裁决。

(二)卢旺达国际刑庭

卢旺达国际刑庭,也是根据联合国安理会的决议特别设立的一个临时性国际刑事法庭。

卢旺达曾是德国的殖民地和比利时的托管领土,自 1962 年 7 月 1 日宣布独立后,其境内图西族和胡图族多次发生严重的武装冲突。1990 年 10 月,流亡在乌干达的图西族难民成立"卢旺达爱国阵线",向胡图族领导的政府军发动进攻。1994 年 4 月 8 日,卢旺达内战(又称卢旺达种族大屠杀)全面爆发。在这场内战中,共有 50 多万人死亡,200 多万人逃往国外。1994 年 11 月 8 日,联合国安理会通过第 955 号决议,决定在坦桑尼亚的阿鲁沙设立卢旺达国际刑庭。但因后勤、行政和财政等方面的原因,法庭直到 1996 年 9 月才真正开始运作。

根据《卢旺达国际刑庭规约》的规定,法庭由法官、检察官和书记处组成。法庭设有两个审判分庭和一个上诉分庭,共有法官 11 名。审判分庭各由 3 名法官组成,上诉分庭由 5 名法官组成。根据该规约第 12 条第 2 款的规定,前南国际刑庭上诉分庭的法官可以成为卢旺达国际刑庭上诉分庭的法官,因而两个法庭实际上共有一个上诉分庭。此外,两个法庭法官的任职资格和选举程序也完全相同。检察官是法庭的一个独立机构,负责调查和起诉工作。根据该规约第 15 条第 3 款的规定,前南国际刑庭的检察官可以为卢旺达法庭服务,因而两个法庭实际上共有一个检察机构。2003 年 8 月 28 日,安理会第 1503 号决议对该款作了修改,规定卢旺达国际刑庭应当设立独立的检察官。2003 年 9 月 15 日,安理会任命加纳的哈桑·布巴卡·加卢为卢旺达国际法庭检察官,任期 4 年。

根据《卢旺达国际刑庭规约》的有关规定,法庭有权对自 1994 年 1 月 1 日起至 12 月 31 日止发生在卢旺达境内及其邻国的严重违反国际人道主义法的罪行行使管辖权。这些罪行包括:灭绝种族罪、危害人类罪、违反《日内瓦公约》共同第 3 条及其议定书的行为。法庭对犯有上述国际罪行的个人具有管辖权。国际刑事法庭和卢旺达国内法院对规约所述罪行有并行管辖权,但国际刑事法庭的管辖优先于国内法庭。在诉讼的任何阶段,国际刑事法庭均可以根据其《规约》和《诉讼程序及证据规则》,正式要求国内法院服从其管辖。

卢旺达国际刑庭审判分庭有权对犯有规约所述罪行的被告判处刑罚(仅限于监禁)。审判分庭在决定监禁期限时,应考虑卢旺达国内法庭的惯例。由于卢旺达刑法存在死刑,在国内法庭受审所判处的刑罚可能较国际法庭更重,因而许多被告都申请到国际法庭受审。

(三)两个特设国际刑事法庭的异同

1.属物管辖不尽相同

从法庭对犯罪的管辖权来看,前南国际刑庭和卢旺达国际刑庭对灭绝种族罪和危害人类罪均具有管辖权。此外,前南国际刑庭对严重违反 1949 年各项《日内瓦公约》的情事和违反战争法和惯例的行为具有管辖权,而卢旺达国际刑庭对严重违反 1949 年《日内瓦公约》共同第 3 条及其 1977 年《第二附加议定书》的行为具有管辖权。这主要是因为前南境内发生的武装冲突大多为国际性武装冲突,因而应适用调整国际武装冲突的战争法规和国际人道法;而卢旺达境内的武装冲突发生在卢旺达政府军与图西族的"卢旺达爱国阵线"之间,属于国内武装冲突,因而应适用国内武装冲突所应遵守的国际人道法。

2.属地管辖范围不同

前南国际刑庭仅有权管辖在前南境内发生的国际犯罪;卢旺达国际刑庭不仅可以管辖任何人在卢旺达境内实施的国际罪行,而且可以管辖任何卢旺达公民在其邻国所实施的国际罪行,包括在卢旺达邻国的难民营里发生的严重违反国际人道法的罪行,以及使用移动的广播站从国外广播煽动大屠杀的罪行。

3. 属时管辖规定不同

前南国际刑庭的属时管辖只规定开始时间,而未确定终止时间。即自1991年1月1日起至联合国安理会认为合适的时间止。这是因为法庭成立时,前南境内的武装冲突仍在继续,规约无法规定法庭属时管辖权的截止时间。卢旺达国际刑庭的属时管辖有明确的时间限制,即审理发生在1994年这一年严重违反国际人道法的罪行。之所以不限定1994年4月至7月爆发的大屠杀中实施的罪行,主要是为了使这些罪行的策划者也能受到指控和审判。

(四)特设国际刑事法庭与国际军事法庭的异同

1. 建立方式不同

欧洲国际军事法庭和远东国际军事法庭是根据同盟国签订的国际协定建立的,只有协定的签字国才与法庭的工作有关;前南国际刑庭和卢旺达国际刑庭是根据安理会的决议成立的,是安理会根据《联合国宪章》采取的一种非武力执行行动,因而联合国的所有会员国均有义务与两个国际刑事法庭合作。

2. 性质意义不同

两个国际军事法庭是由战胜国设立的,在广泛性上有其历史局限性,法庭审理的罪行也仅限于战败国战犯的罪行,而未涉及同盟国方面。与两大国际军事法庭不同,两个特设国际刑事法庭是根据联合国安理会的决议建立的,具有广泛的代表性,而且法庭管辖下的个人也不限于冲突的任何一方,任何犯有法庭规约所规定罪行的个人都要承担刑事责任。

3. 适用法律不同

国际军事法庭适用的法律主要是国际习惯法,特别是违反人道罪,是法庭规章新设的罪名,因而存在违反法治原则的争议;特设国际刑事法庭适用的法律主要是国际公约,因而不存在违反法治原则之嫌。

4. 程序证据不同

特设国际刑事法庭在诉讼程序和证据规则方面较国际军事法庭更为进步和完善。以欧洲国际军事法庭和前南国际刑庭为例,二者存在以下区别:(1)前者允许缺席审判,后者禁止缺席审判;(2)前者辩护律师不能查看全部的法庭证据档案,后者则要求控辩双方必须在审判前将所有证据和文件向对方披露;(3)前者对无罪推定原则不置可否,后者明确规定无罪推定原则;(4)前者未明确规定一事不二审原则,后者明确禁止一事不二审原则;(5)前者不设上诉分庭,被告没有上诉权,后者设有上诉分庭,被告享有上诉权。

5.实施模式不同

国际军事法庭设在战败国,在侦查、起诉、审判和执行等环节均能独立行使职权,因而效率很高。特设国际刑事法庭没有设在犯罪地国,法庭成立之初,既没有专门场所,也没有法警和监狱,各项工作都有赖于有关国家的合作,因而效率较低。

(五)特设国际刑事法庭审判的意义

前南国际刑庭和卢旺达国际刑庭是继欧洲国际军事法庭和远东国际军事法庭之后,对犯有国际罪行的个人行使管辖权的新型国际司法机构,具有广泛的代表性。法庭的设立及其运作,推进了国际刑法的实施,伸张了社会正义,维护了国际和平与安全。法庭在制裁严重违反国际人道主义法的罪行方面取得了巨大成就,法庭规约、《诉讼程序和证据规则》以及法庭的审判实践极大地丰富了国际刑法的实体法和程序法两个方面的内容。但是,两个法庭也存在一些不足,特别是在效率方面差强人意。

三、混合型特别法庭

(一)东帝汶严重犯罪特别法庭

东帝汶严重犯罪特别法庭(Special Panels for Serious Crimes in East Timor,SPSC)是根据联合国东帝汶过渡行政当局发布的法令建立的一个混合型特别法庭。

东帝汶是位于东南亚努沙登加拉群岛最东端的一个岛国,曾是葡萄牙的殖民地,1975年11月28日宣布独立。同年12月7日,印度尼西亚对东帝汶发动大规模入侵行动。1976年7月15日,印度尼西亚议会通过一项特别法案,宣布东帝汶为印度尼西亚的第27个省。1999年1月,印度尼西亚同意给予东帝汶特别自治地位。同年8月30日,联合国东帝汶特派团就东帝汶应否独立组织了全民公决,结果78.5%的东帝汶人要求独立。在全民公决前后,亲印度尼西亚的武装人员和印度尼西亚军方在东帝汶制造了大规模的暴乱。据估计,约有2000多名东帝汶居民被杀害,80%的建筑物被烧毁,50万居民被迫逃离家园。同时9月20日,联合国派维和部队进驻东帝汶,恢复了社会秩序。同年10月22日,联合国安理会通过第1272(1999)号决议,决定设立"联合国东帝汶过渡行政当局",授权其在东帝汶全面行使立法、行政和司法等权力。

联合国东帝汶过渡行政管理局于 2000 年 6 月 6 日发布了 2000/15 号法令,决定在东帝汶首都帝力的地区法院和上诉法院中设立东帝汶严重犯罪特别法庭,主要对 1999 年 1 月 1 日至 1999 年 10 月 25 日期间在东帝汶发生的严重犯罪行使刑事管辖权。这里的"严重犯罪",包括灭绝种族罪、战争罪、危害人类罪、酷刑罪、谋杀罪和性犯罪。根据法令的规定,在帝力地区法院和上诉法院中分别设立严重犯罪特别法庭的审判庭和上诉庭,分别由 2 名国际法官和 1 名东帝汶法官组成。如果涉案罪行特别严重,则上诉庭由 3 名国际法官和 2 名东帝汶法官组成。特别法庭的法官拥有平等的投票权,法庭判决根据多数法官的意见作出。过渡行政当局同时发布了 2000/16 号法令,决定建立东帝汶检察署。检察署由总检察官办公室和地区检察官办公室组成。总检察官办公室负责检察署的全面工作,其下设的两名副总检察官分别负责严重犯罪和普通犯罪的调查和起诉。

从 2002 年至 2005 年,东帝汶严重犯罪特别法庭共签发了 285 份逮捕令,完成了 55 次审判,对 88 人提出指控。其中,84 人被判有罪,包括 24 人自愿认罪,分别被判处 3 至 25 年不等的有期徒刑;另有 4 人被判无罪。在特别法庭停止工作之时,有 514 起案件已经进行了调查,但尚未起诉;另有 50 起案件尚未进行调查。这些案件涉及 828 起谋杀罪、60 起强奸罪、超过 100 起酷刑罪和其他严重犯罪。[①]

(二)塞拉利昂特别法庭

塞拉利昂特别法庭(Special Court for Sierra Leone)是根据联合国和塞拉利昂政府签订的协定而成立的一个混合型特别法庭。

塞拉利昂是西非大西洋沿岸的一个国家,拥有丰富的矿产资源。1991 年 3 月,由福迪·桑科领导的"革命联合阵线"发动了反对塞拉利昂政府的武装斗争,将塞拉利昂拖入了十年内战。长期的内战使全国 25% 的人口沦为难民,大批平民因饥饿而死亡。1996 年,塞拉利昂举行了多党选举,艾哈迈德·泰詹·卡巴(Ahmad Tejan Kabbah)当选总统,并与桑科在科特迪瓦首都阿比让签署了和平协议。但墨迹未干,更大规模的武装冲突再次爆发。为此,西非经济共同体组成了以尼日利亚军队为主的维和部队,前往塞拉利昂,推翻了政

---

① *Special Panels of the Dili District Court*, https://en. wikipedia. orgwikiSpecial_Panels_of_the_Dili_District_Court (last visited 10 August 2016).

变上台的军政府。1998年3月10日,卡巴总统回国重新就职。1999年1月,革命联合阵线卷土重来,与西非维和部队发生了激烈的武装冲突。同年7月7日,在联合国的主持下,卡巴总统和桑科在多哥首都洛美签订了关于在塞拉利昂结束战争和分享权力的《洛美和平协定》。协议规定,尼日利亚军队全部撤出塞拉利昂,革命联合阵线放下武器,参加政府;对在战争中犯有罪行的人实行大赦。但联合阵线的武装人员并未真正放下武器。2000年5月,他们竟然绑架了500余名联合国维和人员。在国际社会的强大压力和英国伞兵部队采取突击行动的情况下,这些人质得以解救。

2000年8月14日,联合国安理会通过第1315号决议,要求联合国秘书长与塞拉利昂政府谈判,以达成一项设立一个独立的塞拉利昂特别法庭的协议。2002年1月26日,联合国和塞拉利昂政府签署了《关于建立塞拉利昂特别法庭的协定》,协定的附件是《塞拉利昂特别法庭规约》。法庭设立在塞拉利昂的首都弗里敦。

从技术上讲,塞拉利昂特别法庭既不是联合国的下属机构,也不是塞拉利昂司法体系内的法院,而是以条约为基础,自成一体的混合司法机构。根据相关规定,特别法庭由审判庭、上诉庭、检察官和书记官处组成。审判庭分为两个审判分庭,每个审判分庭由3名法官组成,其中2名由联合国秘书长任命,1名由塞拉利昂政府任命。上诉庭由5名法官组成,其中3名由联合国秘书长任命,2名由塞拉利昂政府任命。特别法庭设检察官1人,由联合国秘书长任命;设副检察官1人,由塞拉利昂政府任命。特别法庭设立书记官处,由书记官长和其他人员组成。书记官长由联合国秘书长在征求特别法庭庭长的意见后任命。根据《塞拉利昂特别法庭规约》第1—5条的规定,特别法庭对自1996年11月30日之后发生在塞拉利昂境内的严重违反国际人道主义法和塞拉利昂法律的行为行使刑事管辖权,对实施此等行为负有最大责任的人,包括威胁塞拉利昂和平进程的建立和推进的人,进行起诉和审判。法庭对下列罪行具有管辖权:危害人类罪、违反1949年《日内瓦公约》共同第3条及其《第二附加议定书》的行为、其他严重违反国际人道主义法以及违反塞拉利昂法律的行为。

案例 3-6　泰勒案[①]

查尔斯·泰勒(Charls Tailor)是利比里亚人。1989年底,他领导的利比

---

① *Prosecutor v. Taylor*, Case No. SCSL-03-01-T, Judgment, 26 April 2012; *Prosecutor v. Taylor*, Case No. SCSL-03-01-A, Judgment, 26 September 2013.

里亚"全国爱国阵线"开始了反政府的武装斗争,使利比里亚陷入长期内战之中。1997年,他当选利比里亚总统。在担任"全国爱国阵线"和利比里亚总统期间,泰勒积极支持塞拉利昂"革命联合阵线",并直接插手塞拉利昂内战。2003年7月,泰勒被迫下台,流亡尼日利亚。2006年3月,尼日利亚警察将其逮捕并遣送回国。随后,利比里亚政府将其移交给塞拉利昂特别法庭审判。

2003年6月4日,塞拉利昂特别法庭对泰勒提出起诉,指控其犯有危害人类罪、违反《日内瓦四公约》共同第3条和《第二附加议定书》的行为和其他严重违反国际人道主义法的行为,共17项罪行(后减为11项罪行)。2006年4月,法庭对其进行了首次庭审。后因担心引起骚乱,审判地点移至海牙。法庭共开庭420日,传唤115位证人,展示1522件证据,记录49622个事项,发布275个裁决。2012年4月26日,法庭判决指控的罪名全部成立,判处有期徒刑50年。对此判决,泰勒不服,提起上诉。2013年5月30日,上诉庭作出裁决,维持原判。泰勒是继二战之后,第一个被国际刑事法庭起诉、审判并被定罪的前国家元首,也是第一位被追究刑事责任的非洲前国家元首。

(三)科索沃特别法庭

科索沃特别法庭(Special Panels in the Courts of Kosovo)是根据联合国驻科索沃特派团(United Nations Mission in Kosovo,UNMIK)颁布的法令建立的一个混合型特别法庭。

科索沃原为前南塞尔维亚共和国的一个省,面积约1万平方公里,人口约210万人。其中,阿尔巴尼亚族占总人口的90%,塞尔维亚、克罗地亚等民族占10%。1991年,科索沃的阿尔巴尼亚人举行全民公决,决定成立"科索沃共和国",并于1992年举行了总统和议会选举。但塞尔维亚对此一直不予承认。于是,在科索沃境内同时出现了两个政府:塞尔维亚方面任命的政府和阿尔巴尼亚人选举的政府。1996年,由科索沃阿尔巴尼亚族激进分子组成的"科索沃解放军"开始进行反对塞尔维亚的武装斗争,时任南联盟总统米洛舍维奇派遣大批塞尔维亚军队和警察进驻科索沃,予以严厉镇压。不断升级的武装冲突造成大量人员伤亡,约30万人沦为难民。1999年3月,北大西洋公约组织开始对塞尔维亚发动大规模空中打击。同年6月,米洛舍维奇被迫接受由俄罗斯、芬兰和美国共同拟定的和平协议,科索沃战争结束。

1999年6月10日,联合国安理会通过第1244号决议,决定成立"联合国驻科索沃特派团",以维持当地的法律和秩序。2000年12月15日,特派团颁布第 2000/64 号法令,授权联合国秘书长代表处依据其职权任命国际法官和检察官组成科索沃特别法庭,以保证独立和公正地对有关罪犯进行起诉和审判。根据第 2000/64 号法令,在刑事诉讼的任何阶段,检察官、被告或其辩护人都可以向特派团司法事务部提出任命国际法官、国际检察官及改变审判地点的请求。司法事务部可以基于上述请求或者自行决定向联合国秘书长的特别代表提出相关建议。特别代表应对司法事务部的建议进行审查,并作出同意与否的决定。如果特别代表同意上述建议,司法事务部应尽快任命 1 名国际检察官、1 名国际调查法官,组建一个由 3 名法官组成的法庭。其中,至少有 2 名为国际法官,且其中 1 人应为庭长。根据司法事务部的安排,经任命的国际法官和检察官有权在科索沃全境执行职务。同时,经特别代表同意,司法事务部应尽快指定进行诉讼的新地点。

2000 年以来,国际法官和检察官分别参与了大量案件的起诉与审判工作,包括涉及战争罪、灭绝种族罪、谋杀、种族冲突中使用暴力等严重犯罪的案件。不过,这些案件中的大多数并不是科索沃特别法庭审理的,而是由国际法官和国际检察官参与的科索沃法庭审理的。实践中,特别法庭一般审理普通法庭作出判决的上诉案件。据司法事务部统计,截至 2007 年 4 月,特别法庭共受理 23 个案件。[①]

(四)柬埔寨特别法庭

柬埔寨特别法庭(Extraordinary Chambers in the Court of Cambodia, ECCC),是根据联合国和柬埔寨政府签订的协定而成立的一个混合型特别法庭。

柬埔寨,旧称高棉,是位于东南亚中南半岛的一个国家。1863 年柬埔寨是法国的被保护国。1940 年被日本占领,1945 年日本投降后复被法国占领。1953 年 11 月 9 日,宣布独立。1970 年首相朗诺等人发动政变,柬埔寨国王诺罗敦·西哈努克亲王流亡中国。同年 3 月 23 日,西哈努克亲王在北京宣布成立包括柬埔寨共产党(红色高棉)在内的民族统一阵线。1975 年 4 月,柬埔寨共产党的军队占领首都金边,建立红色高棉政权。1978 年 12 月 25 日,越南攻占金边,成立"柬埔寨人民共和国"。1989 年 1 月,越南宣布从柬埔寨撤军。1993 年 5 月,柬埔寨在联合国主持下举行了全国大选。5 月,柬埔寨颁布新宪

---

① *Regulation* 64 *for Panels in the Courts of Kosovo*, http://www.internationalcrimesdatabase.org/Courts/Hybrid#p3 (last visited 10 August 2016).

法,将国名重新改为"柬埔寨王国",恢复君主立宪制,西哈努克重登王位。同年11月,柬埔寨王国新政府成立。但是,红色高棉拒绝参加新政府,其残余势力直到1999年才向政府投降。

在1975年4月至1978年12月红色高棉统治柬埔寨期间,以波尔布特为首的柬共领导人信奉激进的社会主义,幻想一夜之间在柬埔寨实现共产主义。为此,红色高棉政权在国内取消货币、市场、私产,甚至取消家庭,要求国民必须集体劳动,集体食宿,实行按需分配和全民供给制。同时,强制疏散城市人口,强迫城市居民迁居农村劳动改造。此外,还取缔宗教活动、娱乐活动、广播电视节目,甚至取消书籍和邮政电信服务。为了清除异己和净化意识形态,红色高棉对所谓的"反革命分子"进行了大规模的政治清算,王室成员、前朗诺政权官员、公务员、军人和警察,以及商人、僧侣和知识分子等,都成为大屠杀的对象。在红色高棉执政期间,共有170万人因处决、酷刑、饥饿或过度劳累而死亡,占当时全国总人口的20%。

柬埔寨新政府成立之后,审判前红色高棉所犯严重罪行的问题被提上议事日程。1997年6月21日,柬埔寨政府正式要求联合国提供协助,以审判前红色高棉领导人在柬埔寨所犯的严重罪行。联合国专家评估小组建议成立一个国际法庭来审判这些国际罪行,因为柬埔寨司法系统腐败严重,难保公正审判。然而,柬埔寨政府不接受这一建议。最后,联合国同意根据柬埔寨的法律成立一个在柬埔寨控制之下、有国际参与的法庭。2003年6月6日,联合国和柬埔寨的代表签署了《关于根据柬埔寨法律起诉红色高棉时期所犯罪行的协定》。2004年10月27日,柬埔寨国会通过了《关于建立特别法庭的法律》,成立了柬埔寨特别法庭。

根据上述协定和法律,柬埔寨特别法庭由分庭、联合检察官、联合调查法官、管理处、辩护支持处、受害人支持处等组成。特别法庭的分庭由设在柬埔寨国内审判法院的预审分庭、审判分庭和设在柬埔寨最高法院的上诉分庭组成。预审分庭由3名柬埔寨法官和2名国际法官组成,庭长由柬埔寨法官担任。法庭的判决采取绝对多数原则(4/5),这意味着即使3名柬埔寨法官意见一致,至少还需要1名国际法官的同意票,判决才能生效。审判分庭负责案件的审理,其法官组成与预审分庭完全相同。上诉分庭是特别法庭的上诉和终审机构,由4名柬埔寨法官和3名国际法官组成,其中庭长也由柬埔寨法官担任。特别法庭设调查法官2人,分别由柬埔寨法律人士1人和国际法律人士1人担任,负责所有案件的调查工作。特别法庭设立联合检察官2名,亦分别由柬埔寨法律人士1人和国际法律人士1人担任,负责所有案件的起诉工作。特别法庭设立管理局,为各个分庭、联合调查法官和联合检察官提供服务。管理局主席由柬埔寨政府任命,副主席由联合国秘书长任命。管理局之下设立辩护支持处,负责为被告辩护提供支持。特别法庭还设立了受害人支持处,负责为被告参与诉讼和申请赔偿提供协助。

特别法庭对自1975年4月17日至1979年1月6日期间红色高棉的高级领导人和那些对严重违反柬埔寨刑法、国际人道主义法和习惯法,以及柬埔寨承认的条约的行为和犯罪负有最大责任的人具有管辖权,具体罪行为:(1)1956年《柬埔寨刑法典》规定的罪行,包括谋杀、酷刑和宗教迫害;(2)1948年《防止及惩治灭绝种族罪公约》规定的灭绝种族罪;(3)危害人类罪;(4)严重违反1949年《日内瓦四公约》共同第3条的行为;(5)严重违反1954年《关于发生武装冲突时保护文化财产的海牙公约》规定的破坏文化财产罪;(6)违反1961年《维也纳外交关系公约》规定的侵害应受国际保护人员罪。

案例3-7 红色高棉核心领导人案①

2007年,特别法庭联合检察官要求调查法官调查并起诉前红色高棉人民代表大会常务委员会委员长农谢、前国家主席团主席和政府总理乔森潘、前副总理兼外交部部长英萨利、前社会事务部长英蒂利和前S-21监狱监狱长康克由。其中,康克由案为001号案件,其他四人为002号案件。

2008年底,调查法官结束了对康克由案的调查,并将案件移交审判分庭。2009年2月17日,法庭开始了对该案的审理。康克由被指控在管理S-21监狱期间对被监禁者实施刑讯逼供和任意处决,造成1.4万多人死亡,因而犯有酷刑罪、谋杀罪和危害人类罪。2010年7月26日,审判分庭宣布指控罪名成立,判处35年监禁。对此判决,康克由和联合检察官均提起上诉。2012年2月3日,上诉分庭宣布终审判决,将35年监禁改判为终身监禁。

2010年,联合调查法官结束了对002号案件的调查。2011年1月13日,案件移交给审判分庭。4名被告被控犯有危害人类罪、灭绝种族罪和严重违反1949年《日内瓦四公约》的罪行。6月27日,审判分庭开始对案件初审。11月21日,法庭进入正式审理阶段。2013年3月14日,英萨利因病去世。

---

① 红色高棉前领导人被判无期徒刑[N].环球时报,2014-8-8(3);*Profile:Khmer Rouge leaders Nuon Chea and Khieu Samphan*,http://www.bbc.comnewsworld-asia-28654147(last visited 10 August 2016).

审理期间,英萨利的妻子英蒂迪因患有痴呆症未能出庭,后于 2015 年 8 月 22 日去世。2014 年 8 月 7 日,审判分庭宣布指控农谢和乔森潘的罪名成立,二人均被判处终身监禁。

(五)黎巴嫩特别法庭

黎巴嫩特别法庭(Specail Tribunal for Lebanon,STL),也是根据联合国和黎巴嫩政府签订的协定而成立的一个混合型特别法庭。

黎巴嫩位于亚洲西南部地中海东岸,东部和北部与叙利亚接壤,南部与巴勒斯坦、以色列为邻,面积约 1 万平方公里,人口约 42 万人。1943 年 11 月 22 日黎巴嫩脱离法国独立,成立黎巴嫩共和国。1975 年因巴勒斯坦难民问题,黎巴嫩基督教武装和穆斯林武装爆发了全面内战,至 1991 年才基本结束。这场长达 16 年之久的内战造成 15 万人死亡,20 万人受伤,数十万人流离失所。此后,以色列和叙利亚军队先后入侵黎巴嫩。这一时期,联合国曾多次在黎巴嫩开展维和行动和人道主义救援活动。2005 年 2 月 14 日,黎巴嫩首都贝鲁特发生了针对黎巴嫩前总理拉菲克·哈里里的汽车爆炸事件,哈里里和另外 22 人在爆炸中不幸遇难。哈里里是黎巴嫩著名的政治家和社会活动家,曾先后五次担任黎巴嫩政府总理,在黎巴嫩政界具有举足轻重的地位。

暗杀次日,联合国安理会发表主席声明,强烈谴责这一恐怖袭击事件,呼吁黎巴嫩政府尽快查获凶手,将其绳之以法。2006 年 3 月 29 日,联合国安理会通过第 1664(2006)号决议,建议成立一个基于刑事审判最高国际标准的具有国际因素的法庭。之后,联合国和黎巴嫩政府签署了《关于建立黎巴嫩特别法庭的协定》。2007 年 5 月 30 日,安理会通过第 1757(2007)号决议,决定《关于建立黎巴嫩特别法庭的协定》和《黎巴嫩特别法庭规约》于 6 月 10 日生效。同年 12 月 21 日,联合国与荷兰政府签署协定,确定法庭设在海牙。

根据相关文件规定,黎巴嫩特别法庭由分庭、检察官、书记官处和辩护办公室组成。分庭包括 1 名国际预审法官、一个由 2 名国际法官和 1 名黎巴嫩法官组成的审判分庭和一个由 3 名国际法官和 2 名黎巴嫩法官组成的上诉分庭。审判分庭和上诉分庭的法官分别选举主审法官 1 人,负责各自分庭的审判工作。上诉分庭的主审法官同时担任特别法庭的庭长。检察官由联合国秘书长和黎巴嫩政府协商后任命,负责调查和起诉对法庭管辖权下的犯罪负有责任的人。书记官处由 1 名书记官长和其他工作人员组成,负责法庭的行政服务工作。书记官长由联合国秘书长任命。辩护办公室由主任和数名律师组成,负责法律援助事务。主任由联合国秘书长和特别法庭庭长协商后任命。根据《黎巴嫩特别法规规约》第1条的规定,特别法庭对2005年2月14日导致黎巴嫩前总理哈里里死亡和其他人员伤亡的袭击事件负责的人具有管辖权。特别法庭是第一个只对国内法上的犯罪行使管辖权的国际性法庭,其属物管辖权仅限于黎巴嫩刑法规定的犯罪。对于规约规定的犯罪,特别法庭和黎巴嫩国内法院具有平行管辖权,但特别法庭的管辖权居于优先地位。特别法庭最具特色之处,是实行缺席审判制度。在被告明确以书面形式放弃出庭权利,有关国家当局未将被告移交法庭或者被告逃逸或下落不明的情况下,法官可以在确保被告知晓起诉通知和有律师辩护的前提下,进行缺席审判。

2009年3月1日,特别法庭正式开始工作。同年3月27日,预审法官要求黎巴嫩法院将有关哈里里的所有调查结果和法院记录移交特别法庭的检察官。2011年6月28日,特别法庭的检察官向预审法官提交了哈里里遇害案的正式起诉书,对4名黎巴嫩真主党成员提出指控。同年8月17日,特别法庭正式公布了起诉书,并要求国际刑警组织对4名被告发出全球通缉令。同年8月19日,预审法官裁定法庭对另外三起暗杀事件具有管辖权,并命令黎巴嫩司法当局将有关文件资料移交给特别法庭的检察官。该案目前尚在审理过程中。

(六)非洲特别法庭

非洲特别法庭(Extraordinary African Chambers,EAC),是根据非洲联邦和塞内加尔政府2012年8月22日签订的《关于在塞内加尔司法系统内建立一个包含国际成分的特别法庭的协定》而成立的一个混合型特别法庭。

根据《非洲特别法庭规约》的相关规定,法庭设立调查法官、审判分庭、上诉分庭、检察官和辩护办公室等。审判分庭和上诉分庭主要由塞内加尔籍法官组成,但庭长均应当由国际法官担任。法庭的属物管辖为以下四种罪行:种族灭绝罪、反人类罪、战争罪和酷刑罪。属时管辖为自1982年6月7日至1990年12月1日期间在乍得实施的严重罪行。如果认定被告犯罪成立,则应判处刑罚最低为30年有期徒刑,最高为终身监禁。

案例3-8 哈布雷案①

侯赛因·哈布雷(Hissène Habré),系乍得前总统。他1942年出生在乍

---

① *Hissene Habre:Chad's ex-ruler convicted of crimes against humanity*,http://www.bbc.co.uknewsworld-africa-36411466 (last visited 20 August 2016).

得北部博尔库省首府法亚拉尔久市,1971 年在法国巴黎获得政治学学士学位,并于同年回国,先后于 1978 年、1979 年担任乍得政府总理、国防部长等要职。1982 年 6 月,他发动政变上台,组阁新一届政府,并就任总统。1990 年 11 月,扎格哈瓦部落的军官伊德里斯·代比率军击败了哈布雷的军队,并包围了首府恩贾梅纳。同年 12 月 2 日,哈布雷政府被推翻。哈布雷先是逃往喀麦隆,后又流亡到塞内加尔。乍得官方调查团指控哈布雷在执政期间杀害 4 万名政治犯。

2000 年,哈布雷在塞内加尔遭到起诉,但受理法院最终以"无权审理哈布雷在其他国家实施的犯罪"为由将其释放。2005 年 9 月,比利时司法部以涉嫌犯有严重反人权罪、反人类罪和滥用私刑罪,对在塞内加尔流亡的哈布雷发出国际逮捕令,要求将他引渡到比利时受审。2006 年 3 月 17 日,欧洲议会要求塞内加尔将哈布雷引渡至比利时受审,但遭到塞内加尔拒绝。2009 年 2 月 19 日,比利时将塞内加尔诉至国际法院,指控它对哈布雷既不起诉也不引渡的做法违反了《禁止酷刑和其他残忍、不人道或有辱人格的待遇或处罚公约》的规定。国际法院裁决塞内加尔败诉,要求它必须履行国际条约义务。2012 年 8 月,塞内加尔和非洲联邦达成协议,决定成立一个特别法庭来追诉哈布雷执政期间的严重罪行。

2013 年 6 月 30 日,哈布雷在其位于达喀尔的寓所中被塞内加尔宪兵逮捕。2015 年 7 月 20 日,该案在达喀尔正式开庭。2016 年 5 月 30 日,法庭宣布哈布雷犯有战争罪、反人类罪、强奸罪、性侵罪和故意杀人罪等罪行,且情节"极为严重",故判处其终身监禁。

(七)混合型特别法庭审判的意义

各种混合型特别法庭的设立动因、组织机构、行使职权、管辖范围等都不尽相同,但都具有国际和国内两种因素。这些法庭均设立在犯罪地国家,这不仅有利于提高工作效率,而且也有利于促进民族和解。法庭的经费通常来源于各国、国际组织及社会捐款,且一般要在所筹经费足够法庭运转三年时,法庭才成立,这就避免了法庭运转中可能出现的财政危机。不过,这些特别法庭也有其缺陷:一方面,国际方面和国内方面往往基于各自的利益考量,都想掌握法庭的控制权,造成组建法庭的协议极难达成;另一方面,涉案国家的司法系统往往遭受严重的破坏,法律人才奇缺,挑选胜任的法官非常困难。这些缺陷,都在一定程度上影响了法庭的有效运转。

四、国际刑事法院

（一）国际刑事法院的建立

国际刑事法院，是根据 1998 年 7 月 17 日通过的《罗马规约》而成立的一个常设性的国际刑事司法机构。

一战结束后，国际联盟开始寻求建立一个常设性国际刑事法院。1934 年 12 月，国际联盟行政院任命了一个"反恐怖主义委员会"，负责研究恐怖主义问题，并起草专门的国际条约。1937 年 4 月，反恐怖主义委员会召开最后一次会议，通过了《防止和惩治恐怖主义公约》和《建立国际刑事法院公约》。按照《建立国际刑事法院公约》的规定，国际刑事法院的任务是审判和惩罚被控犯有《防止和惩治恐怖主义公约》所称恐怖主义罪行的罪犯。后因二战爆发，《建立国际刑事法院公约》因为未得到任何国家的批准而未能生效，国际联盟建立国际刑事法院的努力也未取得实际成果。

二战以后，在纽伦堡和东京审判的成功经验的基础上，联合国开始了编纂国际罪行和起草国际刑事法院规约的尝试。1950 年 12 月 13 日，联合国大会决定成立一个专家委员会，负责拟定《国际刑事法院规约草案》。1951 年，该委员会完成规约草案的起草工作。由于各国对该规约草案的意见分歧很大，联合国大会决定重新建立一个专家委员会，对草案进行修订。1953 年，该委员会完成修订工作。但此后近三十年，联合国在建立国际刑事法院方面没有采取任何实质性的措施。

1989 年，联合国大会举行了一次有关禁止贩卖毒品的特别会议。在会上，特立尼达和多巴哥建议设立一个国际刑事法院，以制裁贩卖毒品的犯罪。联合国大会要求国际法委员会起草建立国际刑事法院的报告。1990 年，国际法委员会完成了报告的起草，但内容并未局限于惩治毒品问题。在联合国大会的支持下，国际法委员会分别于 1993 年和 1994 年两次向大会提出了国际刑事法院的规约草案。

20 世纪 90 年代初期，国际关系中的若干重大事件，特别是前南和卢旺达境内发生的严重违反国际人道主义法的事件，催生了国际刑事法院的诞生。前南国际刑庭和卢旺达国际刑庭得到国际社会的普遍支持，但两个法庭运转中产生的管理、财政等问题，促使联合国安理会倾向于不再设立临时性的国际刑事司法机构，而致力于建立一个常设性的国际刑事法院。之后，联合国加快了建立国际刑事法院的步伐。1994 年 12 月 9 日,联合国大会通过决议,设立一个特设委员会,负责审议《国际刑事法院规约草案》有关的实质问题和行政管理问题。1995 年,在该委员会的基础上成立了国际刑事法院成立筹备委员会,继续进行规约草案的起草及有关工作。1998 年 3 月 6 日,筹备委员会通过了拟向罗马外交大会提交的《罗马规约》草案和联合国建立国际刑事法院全权代表外交大会最后文件草案、程序规则草案及工作日程草案。

1998 年 6 月 15 日,来自 160 个国家、17 个政府间国际组织、14 个联合国专门机构和联合国基金以及 124 个非政府组织的代表团参加了在罗马召开的外交大会。经过五周的艰苦谈判,大会于 1998 年 7 月 17 日以 120 票赞成,21 票弃权和 7 票反对的压倒性多数表决通过了《罗马规约》。根据规约第 126 条规定,规约应在第 60 份批准书、接受书、核准书或加入书交存联合国秘书长之日起 60 日后的第一个月的第一日开始生效。2002 年 4 月 11 日,罗马尼亚、保加利亚、柬埔寨、玻利维亚等 9 个国家向联合国秘书长递交批准书,使规约的批准国达到了 66 个。2002 年 7 月 1 日,《罗马规约》正式生效。2003 年 2 月 4 日至 7 日,《罗马规约》缔约国大会选举产生了国际刑事法院首任 18 名法官,其中男性 10 名,女性 8 名。同年 3 月 11 日,全体法官在法院所在地海牙宣誓就职。截至 2016 年 3 月 3 日,共有 124 个国家和地区批准了该规约。其中,非洲地区 34 个,亚太地区 19 个,东欧地区 18 个,拉美和加勒比海地区 28 个,欧洲和其他地区 25 个。[①]

（二）国际刑事法院的组成

根据《罗马规约》第 34 条的规定,国际刑事法院由四个机关组成：

1. 院长会议

院长会议由院长、第一副院长和第二副院长组成,负责管理法院除检察官办公室以外的工作和履行法院规约所赋予的其他职能。院长、第一副院长和第二副院长由法官绝对多数选出,任期 3 年,可连任一次。

2. 上诉分庭、审判分庭和预审分庭

法院在法官选举产生后,组成上诉分庭、审判分庭和预审分庭三个法庭。上诉分庭由院长和 4 名其他法官组成,审判分庭和预审分庭分别由至少 6 名

---

① *The States Parties to the Rome Statute*，http://www.icc-cpi.int/en_menus/asp/states（last visited 20 August 2016）.

法官组成。上诉分庭职能由该庭全体法官履行,审判分庭职能由该庭 3 名法官履行,预审分庭职能由该庭 3 名法官或者 1 名法官履行。根据《罗马规约》第 39 条的规定,指派各庭法官时,应以各庭所需履行职能的性质以及当选法官的资格和经验为依据,以使各庭在刑法、刑事诉讼法和国际法方面的专长搭配得当。法院共有法官 18 名,由缔约国大会以无记名投票方式选举产生,由出席并参加表决的缔约国的 2/3 多数票者当选,但任何两名法官不得为同一国籍。法官任期 9 年,不得连任。

3. 检察官办公室

检察官办公室是法院的一个独立机关,负责接受和审查提交的情势,并对关于法院管辖权内犯罪的任何有事实根据的资料进行调查并起诉。办公室由检察官负责领导,并由 1 名或多名副检察官协助检察官工作。检察官由缔约国大会成员以无记名投票方式选举,获绝对多数票者当选;副检察官应以同样方式,从检察官提出的候选人名单中选出。

4. 书记官处

书记官处负责法院的行政管理和服务工作。书记官长为法院主要行政官员,负责书记官处的工作,并接受法院院长的领导。书记官长由法院法官以无记名投票方式选举,获绝对多数票者当选。必要时,经书记官长建议,法官得以同样方式选出副书记官长一名。

(三)国际刑事法院的管辖权

1. 属时管辖权

根据《罗马规约》第 11 条的规定,法院只对规约生效以后实施的犯罪具有管辖权;对于在规约生效后成为缔约国的国家,法院只对规约对该国生效后实施的犯罪行使管辖权。

2. 属人管辖权

根据《罗马规约》第 1 条和第 25 条的规定,法院对个人具有管辖权。这意味着,任何国家、组织和法人均不受法院管辖。另外,根据第 26 条的规定,对于实施犯罪时不满 18 周岁的个人,法院不具有管辖权。

3. 属物管辖权

根据《罗马规约》第 5—8 条的规定,法院有权管辖的犯罪属于整个国际社会关注的最严重的犯罪,包括灭绝种族罪、危害人类罪、战争罪和侵略罪。其中,除侵略罪的定义和法院对侵略罪行使管辖权的条件尚待规约生效后由缔约国大会共同拟定以外,规约对其他国际犯罪的构成要素均作了明确规定。

(四)国际刑事法院行使管辖权的原则

1.罪刑法定原则

根据《罗马规约》第 22 条和第 23 条的规定,只有当某人的有关行为在发生时构成本法院管辖权内的犯罪,该人才根据本规约负刑事责任。犯罪定义应予以严格解释,不得类推延伸。含义不明时,对定义作出的解释应有利于被调查、被起诉或被定罪的人。对于被国际刑事法院宣告有罪的人,只能依照本规约处罚。

2.不溯及既往原则

根据《罗马规约》第 24 条的规定,任何人,对本规约生效前的行为,不应依照本规约承担刑事责任;在最后判决之前适用于特定案件的法律发生变化的情况下,应适用对被调查、起诉、宣判的人更为有利的法律。

3.个人刑事责任原则

根据《罗马规约》第 25 条的规定,国际刑事法院依照本规约对自然人行使管辖权;实施本规约的管辖范围内的犯罪的人应当自己承担刑事责任,并接受处罚。本规约有关个人刑事责任的规定不影响国家依照国际法应当承担的责任。

4.官方身份无关性原则

根据《罗马规约》第 27 条的规定,本规约对任何人一律平等适用,不得因官方身份而差别适用。特别是作为国家元首或政府首脑、政府成员或议会议员、选任代表或政府官员的官方身份,在任何情况下都不得免除个人根据本规约所负的刑事责任,其本身也不得构成减轻刑罚的理由。根据国内法或国际法可能赋予某人官方身份的豁免或特别程序规则,不妨碍本法院对该人行使管辖权。

5.上级责任原则

根据《罗马规约》第 28 条的规定,军事指挥官或以军事指挥官身份有效行事的人,如果未对在其有效指挥和控制下的部队,或在其有效管辖和控制下的部队适当行使控制,在下列情况下,应对这些部队实施的本法院管辖权内的犯罪负刑事责任:(1)该军事指挥官或该人知道,或者由于当时的情况理应知道,部队正在实施或即将实施这些犯罪;(2)该军事指挥官或该人未采取在其权力范围内的一切必要而合理的措施,防止或制止这些犯罪的实施,或报请主管当局就此事进行调查和起诉。军事指挥官以外的上级人员如果未对在其有效管辖或控制下的下级人员适当行使控制,在下列情况下,应对这些下级人员实施的本法院管辖权内的犯罪负刑事责任:(1)该上级人员知道下级人员正在实施或即将实施这些犯罪,或故意不理会明确反映这一情况的情报;(2)犯罪涉及该上级人员有效负责和控制的活动;(3)该上级人员未采取在其权力范围内的一切必要而合理的措施,防止或制止这些犯罪的实施,或报请主管当局就此事进行调查和起诉。

6.不适用时效原则

根据《罗马规约》第 29 条的规定,国际刑事法院管辖权内的犯罪不适用任何时效。

(五)国际刑事法院的启动机制

《罗马规约》第 13 条规定:"在下列情况下,本法院可以依照本规约的规定,就第 5 条所述犯罪行使管辖权:(1)缔约国依照第 14 条的规定,向检察官提交一项或多项犯罪已经发生的情势;(2)安全理事会根据《联合国宪章》第七章行事,向检察官提交显示一项或多项犯罪已经发生的情势;(3)检察官依照第 15 条开始调查一项犯罪。"

缔约国可以向检察官提交显示犯罪已经发生的情势,请检察官进行调查,以便确定是否应指控某个人或某些人实施了犯罪。缔约国提交情势时,应尽可能说明具体情况,并附上国家所掌握的任何辅助文件。与缔约国提交情势的情形有所不同,安理会向国际刑事法院提交显示一项或多项犯罪已经发生的情势并不需要以有关国家是规约缔约国为条件。也就是说,即使非缔约国存在涉嫌国际刑事法院管辖权下的犯罪行为,安理会也可将其提交国际刑事法院处理。此外,检察官也可以根据有关犯罪的资料自行开始调查,并可以要求国家、联合国机构、政府间和非政府间组织或其他适当的可靠来源提供进一步资料,也可以在国际刑事法院所在地接受书面和口头证言。如果检察官认为进行调查有合理根据,应请求预审法庭授权调查。预审法庭对检察官的请求和所附材料进行审查后,如认为案件属于法院的受案范围,且有合理根据,则应授权检察官开始调查;如预审法庭拒绝授权调查,检察官仍可根据新的证据或事实就同一情势再次请求授权调查。

（六）国际刑事法院案件的可受理性

国际刑事法院对有关罪行行使管辖权，是以有关当事国认可为前提的。根据《罗马规约》第12条的规定，一个国家成为规约的缔约国，即接受了法院对有关国际罪行的管辖权。在缔约国提交显示一项或多项犯罪已经发生或检察官开始调查一项犯罪的情况下，如果下列一个或多个国家是规约缔约国，法院即可行使管辖权：（1）有关行为在其境内发生的国家；如果犯罪发生在船舶或航空器上，该船舶或航空器的注册国。（2）被指控者的国籍国。

但是，由于国际刑事法院的管辖权是对缔约国管辖权的补充，因此，只有在缔约国不能管辖或者不愿管辖时，法院方可对有关犯罪行使管辖权。如果缔约国法院能够或正在行使管辖权，国际刑事法院则不能再予管辖。根据《罗马规约》第20条的规定，对于规约所述犯罪，已经被国际刑事法院判定有罪或无罪之人，不得因该犯罪再受另一法院的审判；已经由另一法院审判之人，不得因同一行为再受国际刑事法院的审判，除非该另一法院的诉讼程序是为了包庇有关人使其免负国际刑事法院管辖权内犯罪的刑事责任，或者该另一法院没有按照国际承认的正当程序原则，以独立或公正的方式进行审判。此外，如果为了管辖规约所述罪行需要得到某个非规约缔约国接受法院的管辖权，该国可以向法院书记官处提交声明，接受法院对有关犯罪行使管辖权。在这种情况下，该国应不拖延和无例外地与法院合作。可见，非缔约国可以在遵循自愿原则的基础上，与国际刑事法院进行合作。

根据《罗马规约》第17条的规定，在下列情况下，法院应断定有关案件不可受理：（1）对案件有管辖权的国家正在对该案件进行调查或起诉，除非该国不愿意或不能够切实进行调查或起诉；（2）对案件有管辖权的国家已经对该案件进行调查，而且该国已经决定不对有关人员进行起诉，除非做出这项决定是由于该国不愿意或不能够切实进行起诉；（3）有关人员已经由于作为控告理由的行为受到审判，根据一罪不二审原则，法院不得进行审判；（4）案件缺乏足够的严重程度，法院没有采取进一步行动的充分理由。为了确定某一案件中是否有不愿意的问题，法院应根据国际法承认的正当程序原则，酌情考虑是否存在下列一种或多种情况：（1）已经或正在进行的诉讼程序，或一国所作出的决定，是为了包庇有关的人，使其免负第5条所述的本法院管辖权内的犯罪的刑事责任；（2）诉讼程序发生不当延误，而根据实际情况，这种延误不符合将有关的人绳之以法的目的；（3）已经或正在进行的诉讼程序，没有以独立或公正的方式进行,而根据实际情况,采用的方式不符合将有关的人绳之以法的目的。为了确定某一案件中是否有不能够的问题,法院应考虑,一国是否由于本国司法系统完全瓦解,或实际上瓦解或者并不存在,因而无法拘捕被告或取得必要的证据和证言,或在其他方面不能进行本国的诉讼程序。

根据《罗马规约》第 19 条的规定,被告或已对其发出逮捕证或出庭传票的人、对有关案件正在或已经进行调查或起诉的有管辖权的国家,以及根据规约第 12 条需要接受法院管辖权的国家,都可以对法院的管辖权和案件的可受理性提出质疑。质疑原则上只能提出一次,且应在审判开始前或开始时提出;在特殊情况下,法院可以允许多次提出质疑,或者在审判开始后提出质疑。检察官可以请求法院就管辖权或可受理性问题作出裁定。如果质疑是在确认指控之前提出的,应提交预审分庭;如果是在确认指控之后提出的,则应提交审判分庭。对于预审分庭或审判分庭作出的裁定,可以向上诉分庭提出上诉。如果质疑是由国家提出的,则在法院作出裁定之前,检察官应暂停调查。但是,在法院作出裁定之前,检察官可以请求法院授权作为例外,采取必要的调查步骤,录取证人的陈述或证言或完成在提出质疑前已经开始的证据收集和审查工作,以及与有关国家合作,防止检察官已对其发出逮捕证的人潜逃。此外,提出质疑并不影响检察官在此之前采取的任何行动或法院在此之前发出的命令或逮捕证的有效性。如果法院决定某一案件不可受理,检察官在确信发现了新的事实足以否定法院的决定时,可以请求法院对该决定进行复议。

(七)请求权的竞合

请求竞合,是指缔约国在接到国际刑事法院提出的关于移交某人的请求时,同时接到其他国家要求引渡同一人的请求。根据《罗马规约》第 90 条的规定,发生请求竞合时,国际刑事法院享有优先权。具体规定如下:

(1)缔约国在接到国际刑事法院关于移交某人的请求时,如果另外接到任何其他国家的请求,针对构成国际刑事法院要求移交该人所依据的犯罪之基础的同一行为要求引渡同一人,该缔约国应将此情况通知国际刑事法院和请求国。

(2)如果请求国是缔约国,在下列情况下,被请求国应优先考虑国际刑事法院的请求:①国际刑事法院断定,移交请求所涉及的案件可予受理,而且这一断定考虑到请求国已就其引渡请求进行的调查或起诉;②在国际刑事法院作出断定以前,被请求国可以酌情着手处理请求国提出的引渡请求,但在本法院断定案件不可受理以前,不得引渡该人。

(3)如果请求国是非本规约缔约国的国家,被请求国又没有向请求国引渡该人的国际义务,则在国际刑事法院断定案件可予受理的情况下,被请求国应优先考虑本法院提出的移交请求。如果国际刑事法院断定案件不可受理,被请求国可以酌情着手处理请求国提出的引渡请求。如果被请求国有向非本规约缔约国的请求国引渡该人的现行国际义务,被请求国应决定向本法院移交该人,还是向请求国引渡该人。作出决定时,被请求国应考虑所有相关因素,除其他外,包括:①各项请求的日期;②请求国的权益,根据情况包括犯罪是否在其境内实施、被害人的国籍和被要求引渡的人的国籍;③国际刑事法院与请求国此后相互移交该人的可能性。

(4)缔约国接到国际刑事法院的移交请求时,如果另外接到任何其他国家的请求,针对构成国际刑事法院要求移交该人所依据的犯罪之基础的行为以外的其他行为要求引渡同一人:①在被请求国没有向请求国引渡该人的现行国际义务时,被请求国应优先考虑国际刑事法院的请求;②在被请求国有向请求国引渡该人的现行国际义务时,被请求国应决定向国际刑事法院移交该人,还是向请求国引渡该人。作出决定时,被请求国应考虑所有相关因素,特别是所涉行为的相对性质和严重程度。

(八)建立国际刑事法院的意义

国际刑事法院的成立,彰显了国际刑法进一步成熟,在国际刑法发展史上具有极其重要的意义。正如巴西奥尼教授所言,联合国外交大会最后文件的通过和《国际刑事法院规约》的开放签署,标志着始于一战的历史进程的结束和国际刑法历史发展新阶段的开始。国际刑事法院象征和蕴含着世界所有人民共有的某些基本价值和期望,因此,它的建立是世界所有人民的胜利。国际刑事法院的建立提醒各国政府:把司法正义作为政治解决办法祭坛上的祀物将不再被接受;对犯有灭绝种族罪、危害人类罪和战争罪的行为人免除责任将不再被容许。在这个意义上,它实现了先知穆罕默德"有罪必罚"的格言。国际刑事法院强调:司法正义是和平不可分割的组成部分……国际刑事法院不是包治世间百病的灵丹妙药。它不能消除冲突,不能使死者生还,不能使幸存者恢复原有的健康状况,也不能将所有的罪犯绳之以法,但是,它可以避免某些冲突的发生,防止某些人成为被害者,并将某些罪犯绳之以法。国际刑事法院通过其工作,有助于强化世界秩序,维护世界和平与安全。国际刑事法院必将和其他国际、国内司法机构一样，为世界文明的人道主义化作出自己的贡献。①

案例 3-9　卢班加案②

刚果(金)是处于非洲腹地的一个非洲大国，在整个非洲国家事务中扮演着重要角色。"大非洲战争"(Great War of Africa)就是以刚果(金)为中心展开的。战争最初由这一地区的胡图族和图西族之间的冲突开始(1994年卢旺达大屠杀也是在这两个族群之间展开)，后来逐渐地将所有的邻国都卷入。虽然到2002年，这一战争已经通过签订停战协定而基本停止，但是在一些地区还是经常爆发局部的武装冲突。

托马斯·卢班加·迪伊洛 (Thomas Lubanga Dyilo) 是成立于2000年9月的"刚果爱国者联盟"(UPC)的创始人和首领，并曾在2002年9月至2003年底担任该组织军事分支"刚果爱国解放组织"(FPLC)的总指挥官。这两个组织活跃在刚果(金)东部的伊图里地区。从1999年夏季开始，该地区因为土地和自然资源的分配而发生争端，并爆发了从2002年9月持续到2003年12月的武装冲突。上述两个组织的不同武装团体以及刚果(金)的邻国都卷入了这场冲突。

2004年，国际刑事法院检察官办公室收到刚果民主共和国[即刚果(金)]政府提交的犯罪情势并展开调查。卢班加被指控犯有战争罪，主要是在武装冲突中非法征募不满15岁的儿童以及利用他们积极参加敌对行动，从而犯下了《罗马规约》第8(2)(b)(ⅹⅹⅵ)条和第8(2)(e)(ⅶ)条项下的罪行。2007年6月，案件完成预审程序。预审分庭确认，有实质理由相信，在2002—2003年12月的冲突中，上述两个组织的指挥官在伊图里强行招募儿童入伍，其中包括不满15岁的儿童；另有一些15岁以下的儿童自愿加入或由其父母送入上述两个组织。这些被招募的儿童接受高强度的军事训练后被送到前线战斗，有些在战斗中丧生；未满15岁的儿童也被用来作为保镖，由刚果爱国解放组织的指挥官使用。预审分庭还认为，凭借上述两个组织领导人的地位，卢班加对这两个组织的政策和做法有事实上的控制权。基于以上认定，预审分庭最后确定，有实质的理由相信卢班加犯下了检察官所指控的国际罪行，因而将

---

① M. Cherif Bassiouni, *Introduction to International Criminal Law*, Transnational PublishersInc., 2003, p. 493.

② *Prosecutor v. Lubanga*, ICC-01/04—01/06, Judgment, 14 March 2012.

案件移交给了审判分庭进行审判。

国际刑事法院审判分庭前后共组织了 54 次"情况会商",以商讨包括证据开示等各种事宜。2009 年 1 月,审判分庭第一次开庭,检察官和被告方的律师以及被害人代表均作了开庭陈述。之后的审判,控辩双方均传唤了大量的证人,提交了大量的证据。到庭审结束之时,控方传唤了 36 名证人,包括 3 名专家证人,提交了 368 项证据;辩方传唤了 24 名证人,提交了 992 项证据。同时审判分庭传唤了 4 名专家证人。一共有 129 名被害人参加了诉讼程序,3 名被害人出庭表达了自己的意见,被害人还提交了 13 项证据。到 2012 年 3 月 14 日判决以前,审判分庭一共开庭 204 天,作出了 275 个书面决定、命令以及 347 个口头决定。2012 年 3 月 14 日,审判分庭认定,卢班加是刚果爱国者联盟和刚果爱国解放组织的首领,并且有证据表明他也同时担任其军队的总指挥官和政治领导人。他在上述两个组织的所有行动中扮演着全盘的协调角色。他对刚果爱国解放组织的行动有着非常实质且不间断的了解。他参与了对军事行动的计划并且在提供物质和装备支持上发挥了重要作用。他密切地参与了制定征募士兵的政策并且积极支持了征募士兵的行动,包括在当地发表演讲。最后,审判分庭裁定,卢班加征募未满 15 岁的未成年人和利用他们积极参加敌对行动的行为构成《罗马规约》第 8(2)(e)(ⅶ)条项下的罪行,其战争罪名成立,并需为此承担个人刑事责任。

卢班加案是国际刑事法院成立近十年来第一次作出的被告有罪的判决,对于保障儿童权益、维护国际社会秩序、提升国际刑事法院形象等均有重要意义,因而又被称为"国际刑事法院第一案"。

第三节 国际刑法的间接适用

国际刑法的间接适用,是指由国内司法机构将国际刑法的制裁性规范适用于实施国际犯罪的主体。国际刑法在国际社会具有普遍适用的效力,但要将这种立法效力转化为执法效力,则一般需要通过各国立法和司法机构的媒介和转换作用,将其适用于实施国际犯罪的主体。

一、国际刑法的国内法化

根据主权理论,一个国家的司法机构只适用该国制定的法律,而不适用其他国家制定的法律,也不适用国际法律规范。因此,如果国内司法机构要适用国际刑法,首先必须将国际刑法国内化,将国际刑法规范确认为国内刑法规范,然后再加以适用。根据国际社会的具体实践,国际条约的确认主要有两种方式:一是纳入;二是转化。

纳入,是指只要国际条约的签订是符合缔约国法定的签署和批准程序的,则无须再经过任何国内立法程序即成为国内法的一部分并对该国生效。瑞士是采用纳入模式的典型。根据瑞士宪法,条约的缔结权属于联邦政府(联邦委员会),条约的核准权属于联邦大会。对"行政条约",联邦委员会可以在联邦大会事先授权的情况下予以缔结;对一些重要的条约,则应提交联邦大会核准。一项由联邦大会核准的无期限和不得废弃的规定参加国际组织或有关多边造法性的条约,如果有 5 万个公民或 8 个州提出要求,则必须提交公民投票。其他需要提交公民投票的条约由联邦议会两院(联邦大会和各州委员会)决定。条约一旦对瑞士生效,即成为瑞士法律的一部分,不需正式的并入程序。① 转化,是指条约经缔约国签订和批准之后并不当然具有国内法律效力,还需经过特定的国内立法程序将条约的规定转变为国内法才能对该国生效。英国是实行转化模式的代表。根据英国宪法,条约的缔结权属于英国国王,而立法权则属于英国议会。条约一经英国国王批准,即对英国具有拘束力,但该条约能否为英国法院适用,则取决于英国议会的批准。条约对国家的效力与条约在国内法上的适用是独立存在的两个不同问题,因此,"在国际法上对联合王国有拘束力的条约本身并不影响本国法律或形成本国法律的一部分。"② 如果议会通过法案,批准或同意条约在国内法上生效,则国内法院可以适用;否则不能适用。条约的任何规定都不具有国内法效力,除非立法已经作出这样的规定。立法可以采取以下三种形式:一是由议会的一项法令将条约并入英国法律。二是由议会的一项法令赋予履行将来条约义务的所有必要权力。三是由议会的一项法令规定一个框架,在该框架之内可以制定二级立法赋予某类条约(通常是双边条约)以国内法效力。③ 例如,为履行《罗马规约》承担

---

① 安托尼·奥斯特.现代条约法与实践[M].江国青译.北京:中国人民大学出版社,2005:146—147.

② 詹宁斯,瓦茨.奥本海国际法(第1卷第1分册)[M].王铁崖,等,译.北京:中国大百科全书出版社,1995:35.

③ 安托尼·奥斯特.现代条约法与实践[M].江国青,译.北京:中国人民大学出版社,2005:148—151.

的义务，英国下议院于 2001 年 4 月 3 日通过了《国际刑事法院法》，将规约规定的罪行规定为英国国内法上的犯罪。

　　纳入模式和转化模式的区别在于，缔约国对条约的接受是由宪法或宪法性文件作出概括的承认，还是由立法机关经过专门的立法程序作出具体的承认。如果是前者，则为转化模式；如果是后者，则为纳入模式。区分二者的意义在于：依据纳入模式，缔约国在国内适用国际法律规范的有关规定时，所依据的是条约，而不是国内法；依据转化模式，缔约国在国内适用国际法律规范的有关规定时，所依据的是国内法，而不是条约。因而，纳入模式更能反映国家主权的有限性，转化模式则更能体现国家主权的独立性。然而，这一区分的意义更多的是形式上的，而非实质上的。这是因为，一方面，无论哪种模式，缔约国都负有将条约的规定付诸实施的义务，否则就要承担有约不守的国际法律责任；另一方面，无论哪种模式，缔约国都不能绝对排斥补充立法，将条约的规定进行具体规范，以便在国内予以适用。对绝大多数采用纳入模式的国家而言，补充性立法也是需要的，不需要的仅仅是自执行条约。[1] 例如，一般认为美国是采用纳入模式的国家，但其也通过大量的关于适用条约的补充性立法。1787 年美国宪法第 6 条第 2 款规定：“本宪法与依照本宪法所制定的合众国法律，及以合众国的权力所缔结或将缔结的条约，均为全国的最高法律。即使与任何州的宪法或法律有抵触，各州法官均应遵守。”这一规定显然是直接将条约接受为国内法，无须转变。但是，按照美国的实践，在国内适用条约时，往往需要补充性立法或履行相关的立法程序。

　　就国际公约而言，绝大多数公约不仅没有规定具体的罚则，而且也没有规定具体的罪名及其构成要件，因而难以直接适用，属于“非自执行条约”，客观上需要各国立法机关予以确认和补充。非但如此，绝大多数国际公约本身也要求，各国立法机关应采取措施，将公约的原则性规定予以细化，以便国内司法机构遵照适用。因此，对绝大多数国际公约而言，国内司法机构如果要适用，首先要将其转化为国内刑法规范，而这正是国内立法机构的职责。例如，2000 年德国联邦议会通过了《批准罗马规约法》，并在其生效之前对基本法作出修正，允许德国政府向国际刑事法院和其他欧洲联盟成员国引渡德国公民。2002 年联邦议会又通过《国际刑法典》，对《罗马规约》规定的犯罪以及其他国际犯罪进行了全面的规定。

----

　　① 安托尼·奥斯特.现代条约法与实践[M].江国青，译.北京：中国人民大学出版社，2005：144.

二、间接适用模式的意义

间接适用模式是目前世界各国适用国际刑法的主要模式。一方面,国际刑法规定的国际犯罪都是危害世界秩序和各国共同利益的行为,各国均有惩治国际犯罪的利益需求。国际刑法规范,特别是国际公约,是各缔约国在平等协商的基础上制定的,反映了各缔约国的共同利益。各缔约国不仅有义务,而且有动力将国际刑法规范作为本国法律制度的组成部分,并由国内司法机构适用于国际犯罪。"客观而言,没有哪一个国家愿意容忍自己国内出现严重罪行泛滥、社会秩序遭到严重破坏、经济停滞不前的现象,也不可能对国际犯罪分子一概庇护,将本国变为国际罪犯逍遥法外的'避风港'。"①另一方面,国内刑事司法对惩治处于其领域内的国际罪犯也具有非常优越的条件。属地原则,不仅是确定司法机构有无管辖权的基本原则,也是确保司法机构切实地行使管辖权的主要原则。由国内司法机构根据属地原则,对国际犯罪进行惩处,有利于保障管辖的有效实施以及诉讼的顺利进行。

不过,间接适用模式,也存在一些不足。根据巴西奥尼教授的归纳,间接适用模式的缺陷主要有以下几点:(1)将按条约义务行动的全部责任归诸各国;(2)对各国遵守条约义务没有规定权威性监督;(3)没有为各国之间发生的冲突提供解决办法;(4)对作为各国合作事项的客体的个人没有规定保护措施;(5)缺乏全面的综合的体系结构;(6)没有提供草拟具体规范的标准或一般规则;(7)没有适用于特定违反行为的专门条款的统一标准或一般规则;(8)没有犯罪学政策;(9)没有一套保证执行机构遵守的制度;(10)适用和执行不稳定,并且执行机构易受其国内政治因素的影响。②

从制度设计上看,由一个超国家的国际刑事司法机构来统一适用一部综合的国际刑法典,应当是国际刑法最理想的适用模式。但从现实情况来看,国际刑法规范散见于各个国际条约中,其内容繁杂,罪名众多,如果都由国际刑事法院行使管辖权,必然将使其不堪重负,最终陷于瘫痪。鉴于国际司法资源的有限性,直接适用和间接适用并重的模式仍然是最适宜的。换言之,国际刑事法院主要管辖核心罪行,国内刑事司法机构主要管辖其他国际犯罪。因此,大量的国际刑法规范,仍将依赖于国内司法机构的间接适用。

---

① 贾宇.国际刑法学[M].北京:中国政法大学出版社,2004:78.

② M. Cherif Bassiouni, *International Criminal Law: A Draft International Criminal Code*, Sijthoff & Noordhoff International Publishers, 1980, p. 23.

第四章　国际犯罪的概念和构成

国际犯罪是国际刑法中一个非常重要的概念,从某种意义上说,国际刑法就是规定国际犯罪及其责任的法律规范。因此,研究国际刑法,离不开对国际犯罪的概念及其构成特征的考察。

第一节　国际犯罪的概念

一、国际犯罪的定义:国际共同利益

"国际犯罪"(international crime)这个术语早在 17 世纪就出现在有关出版物中,但对于什么是国际犯罪、国际犯罪有哪些种类等问题,理论界一直存在争议。尽管如此,厘清国际犯罪这一概念的内涵,对于学科构建而言,其重要性是毋庸置疑的。

国际犯罪在国际社会的存在是一个客观事实。然而,由于国际社会尚不存在一部国际刑法典,而有关国际公约都是针对具体的国际犯罪作出个别规定,对其行为方式予以列举,描述其具体的行为类型。因而,在规范的层面,缺乏关于国际犯罪的统一定义。

与国际公约立足于对具体的国际犯罪作出界定不同,学者们倾向于对国际犯罪作出统一定义。然而,由于对国际犯罪的理解不同,所下的定义也不尽相同。巴西奥尼教授认为:"国际犯罪,是指根据国际法的规定,国家负有将其犯罪化的国际义务,将有关行为人予以起诉或引渡,从而使其最终受到惩罚的

行为。"①这一定义将重点放在制裁国际犯罪的国际合作方面,强调国际犯罪是国家根据国际法的规定将其作为国内法上的犯罪并予以惩处的行为,有其合理之处,但它未揭示出国际犯罪的本质特征,不完全符合国际刑法的现实立法状况。

卡塞斯教授认为,国际犯罪的定义包含以下内容:"(1)国际犯罪是违反国际习惯法规则的行为,而这样的习惯法规则旨在保护整个国际社会的利益,并因此而约束所有的国家和个人;(2)由于制裁这些犯罪具有普遍的利益,因此,根据国际法,被指控的行为人可以被任何国家起诉和惩罚,无论犯罪行为发生在何地,行为人或受害人具有何国国籍;(3)即使行为人是以官方身份行事的,即行为人在法律上或事实上是国家官员,所代表的国家也不得主张其应享有外国民事或刑事管辖的豁免,即使这种豁免根据习惯法是国家官员执行职务时应该享有的。"②这一定义,不仅说明了国际犯罪的概念,而且指出了国际犯罪的特征,较为全面。但这一定义将国际犯罪仅限于违反国际习惯法规则的行为,而不包括违反国际条约的行为,不当地缩小了国际犯罪的范围。

笔者认为,在给国际犯罪下定义时,应当注意以下两点:一是要明确国际犯罪的界定要素;二是要坚持形式和实质相统一原则。关于第一点,学者之间存在不同的观点。巴西奥尼教授认为,国际法尚不存在一种理论基础作为界定国际犯罪的标准。但是,有两个要素可以作为确定国际犯罪的参考标准:(1)某项行为具有国际或跨国要素;(2)该行为侵犯了国际社会的利益或者影响到一个以上国家的利益。③ 然而,事实上,犯罪行为是否具有国际或跨国要素,不应是国际犯罪的界定标准。有些犯罪行为虽然仅仅发生在一国国境之内,但由于其严重的社会危害性,国际社会普遍认为构成国际犯罪,如灭绝种族罪、酷刑罪等;有些犯罪虽然具有跨国要素,涉及不同国家,但也仅仅构成普通刑事犯罪,如走私罪、信用证诈骗罪等。也有学者认为,从国际犯罪的进化过程来看,通过对其类型的分析,犯罪行为至少需要具备以下三个要素之一,才能认定为国际犯罪:国际性、跨国性或国际必要性。国际犯罪的进化过程始终受到两个截然不同的利益的引导:一是原则;二是政策。在"原则"引导下的

---

① M. Cherif Bassiouni, *International Criminal Law: A Draft International Criminal Code and Draft Statute for An International Criminal Tribunal*, Martinus Nijhoff Publishers, 1987, p.55.

② Antonio Cassese, *International Law*, Oxford University Press, 2001, p.246.

③ M. Cherif Bassiouni, *The Penal Characteristics of Conventional International Criminal Law*, 15 Case Western Reserve Journal of International Law 27, 32-33(1983).

犯罪,旨在维护国际社会的共同利益,一般是具有国际性要素的"国家犯罪",即所涉及的国际犯罪在某种程度上与国家有关,主要是指涉及国家或政府政策支持的犯罪,如战争罪、危害人类罪、侵略罪等。在"政策"引导下的犯罪,旨在维护国际社会的公共秩序,主要是具有跨国要素或国际必要性的"个人犯罪",即个人在没有国家介入的情况下实施的犯罪,如伪造货币罪、劫持航空器罪、破坏环境罪等。[1] 这种观点将国际犯罪的界定要素确定为国际性、跨国性或国际必要性,并将国际犯罪区分为原则引导下的国际犯罪和政策引导下的国际犯罪,不无新意。但是,原则与政策的区分往往相当微妙和模糊,因而这一标准的可操作性极低。罗杰·奥基夫(Roger O'keefe)教授认为,国际刑法的界定要素只有一个,即国际法的规定。行为后果的极端严重性、破坏秩序的国际性、国际刑庭的审判等都不是国际刑法的界定要素。[2] 这一观点相当鲜明,所提出的判断标准也非常明确,但在判断路径上又有循环论证的问题。

笔者认为,国际犯罪的界定要素只有一个,即危害国际社会的共同利益或公共秩序。这是国际社会在决定是否将某一危害行为确定为国际犯罪时要考虑的唯一要素。另外,国际犯罪的形式定义和实质定义各有优劣。形式定义能够充分展现国际犯罪的法律特征,但却不利于明确其本质内涵;实质定义有利于说明国际犯罪的本质特征,但却不利于司法操作。因此,在给国际犯罪下定义时,应当兼顾形式与实质,既要揭示其本质特征,也要反映其法律特征。综上,所谓国际犯罪,是指违反国际条约法、习惯法或基本法律原则,严重危害国际社会的共同利益或公共秩序,应受刑事制裁的行为。

二、国际犯罪的特征:国际性

根据国际犯罪的上述定义,可以将其基本特征概括如下:

(一)国际危害性

国际危害性,是指国际犯罪是危害国际社会共同利益的行为。这是国际犯罪的本质特征。任何法律的目的都是维护社会的共同利益和公共秩序,任何犯罪都是对社会的共同利益和公共秩序的严重侵害。国内犯罪是对特定国家的社会共同利益的侵害,国际犯罪则是对整个国际社会共同利益的侵害。

---

[1]　Barbara Yarnold, *Doctrinal Basis For the International Criminalization Process*, 8 Temple International and Comparative Law Journal 85, 87(1994).

[2]　Roger O'keefe, *International Criminal Law*, Oxford University Press, 2015, pp.56-61.

正是行为的国际危害性,国际社会才对其普遍予以谴责和关注,并予以刑事制裁。国际危害性是国际社会确认某一行为属于国际犯罪的根本原因,也是国际犯罪区别于国内犯罪的最主要特征。

国际犯罪对国际社会共同利益的侵害,体现在各个方面。如侵略罪、战争罪和种族灭绝罪是对国际和平与安全的侵害;种族隔离罪、奴役罪和酷刑罪是对国际基本人权和自由的侵害;海盗罪、劫持航空器罪、资助恐怖主义罪是对国际公共秩序的侵害。各个国际犯罪直接侵害的具体利益不尽相同,但都涉及国际社会的共同利益。国际犯罪的国际危害性与该行为的国内危害性并不完全一致。有些国际犯罪在危害国际社会利益的同时,也对有关国家的国内利益构成侵害,如毒品犯罪、伪造货币罪等。由于存在利益的一致性,各国对于制裁此类国际犯罪具有很高的积极性,通常会在国内刑法中将此类行为规定为犯罪。有些犯罪虽然危害国际社会的利益,但并不危害甚至可能符合国家利益,如侵略罪、种族灭绝罪等。这类犯罪往往是国家推行某项政策的结果,因而通常不会在国内法中作出规定。

国际危害性,并不意味着国际犯罪的危害必然比国内犯罪更为严重。例如,战争中非法拘禁平民没有国内法中的谋杀罪严重。又如,枪杀一个战俘也没有在超级商场朝着数十个顾客扫射严重。换言之,严重程度并非国际犯罪的独有特征,也不能决定一个国内犯罪转换为国际犯罪。"严重程度不可能成为国际犯罪定义的有效标准,因为在理论上根本无法确定,一个犯罪的危害性要达到多高的严重程度才能被规定为国际犯罪。"①当然,从国际刑事审判史来看,被追究刑事责任的,都是最严重的国际罪犯。然而,这并不能推出国际犯罪必然具有重于国内犯罪的危害特性。

(二)国际违法性

国际违法性,是指国际犯罪是违反国际刑法的行为。这是国际犯罪的形式特征。如果某一行为具有危害国际社会共同利益的社会属性,则可能被视为国际犯罪。所以,判断某一犯罪是国内犯罪还是国际犯罪,不能考察该行为的危害程度,而要视其是否在国际刑法中被规定。

国际刑法的法律渊源是国际条约、国际习惯和一般法律原则。国际条约,是判断某一行为是否构成国际犯罪的最重要的法律渊源。条约是成文法,以

---

① Roger O'keefe, *International Criminal Law*, Oxford University Press, 2015, p. 58.

条约形式规定国际犯罪具有便于适用的特点,符合世界各国刑法奉行的罪刑法定原则。在现代社会,绝大多数国际犯罪被规定在国际条约中。这些国际条约规定其所禁止的行为构成犯罪,要求缔约国承担国际义务,采取有效措施予以防止和惩治。当这些国际条约得到相当数量的国家的签署和批准后,就成为有约束力的法律规则。国际习惯,是判断某一行为是否构成国际犯罪的最古老的法律渊源。随着国际条约的兴盛,国际习惯的重要性有所降低,但在确定国际犯罪方面仍然发挥着补充作用。国际习惯具有普遍义务的性质,一些国际条约规定的内容,如果被认定为构成国际习惯,则不仅可以约束缔约国,而且可以约束整个国际社会。一般法律原则,也是判断某一行为是否构成国际犯罪的法律渊源。但与国际条约、国际习惯相比,一般法律原则在实践中适用较少。

（三）刑事制裁性

刑事制裁性,是指国际犯罪是应当受到刑罚处罚的行为。这是国际犯罪的后果特征。国际犯罪,首先是"犯罪",而任何犯罪都具有刑罚当罚性,其法律后果必定是监禁、罚金、剥夺资格等刑罚。传统国际法并不承认国家刑事责任,国际犯罪这一概念则意味着个人要为相关不法行为承担刑事责任。事实上,个人刑事责任是国际刑法与国际人道法相区分的重要标志。在许多方面,二者是有重叠的,但是,违反国际刑法的行为必然要承担个人刑事责任,而违反国际人道法的行为并不必然导致个人责任,更多的只是国家责任。值得一提的是,应受刑罚处罚与实际受到刑罚处罚是不同的。这一点,对国际犯罪而言,尤为明显。例如,对于国家这一国际犯罪主体,无疑也应予以相应的刑罚处罚,但实际上更多的是表现为对其行为的否定评价、政治谴责和非刑事制裁。

与国内刑法一罪一刑的立法模式不同,国际刑法对国际犯罪的刑罚配置有其特殊性。绝大多数有关国际犯罪的国际条约通常只规定犯罪的构成要件,不规定犯罪的法律后果,而是要求缔约国把国际条约规定的犯罪作为国内法上的犯罪并配置相应的刑罚,通过国内司法程序对实施犯罪的人提出指控,并对被判有罪的人实施刑罚处罚,即采用"定性＋不定罚"的立法模式。从世界范围来看,与制裁国内犯罪相比,这种模式赋予各国在刑罚配置方面更多的自主决定权,从而也使刑罚具有更多的不平衡性。除此之外,有些国际条约既对某一行为是否构成国际犯罪作出定性规定,又对国际犯罪配置相应的刑罚,采用"定性＋定罚"的立法模式,这有利于实现量刑均衡,如《罗马规约》对灭绝种族罪、危害人类罪、战争罪的规定即属于此类。

刑事制裁性,通常表现为由国际刑事审判机构来追究国际犯罪的刑事责任。但应注意,由国际刑事审判机构审理并非是国际犯罪的决定因素。这是因为,一方面,国际刑事审判机构的管辖范围取决于其设立规约或协定的具体规定,并不局限于国际犯罪。一些纯粹的国内犯罪,也完全可以归其管辖,前提是相关国际主体的约定。例如,塞拉利昂特别法庭就管辖了部分国内犯罪,黎巴嫩特别法庭的管辖范围则完全是国内犯罪。另一方面,国内刑事审判机构也可以通过将国际犯罪转化为国内犯罪,或者根据国际条约的约定或普遍管辖原则,对一些国际犯罪予以审理。

第二节　国际犯罪的构成

一、国际犯罪构成概述

国际犯罪构成,是指国际刑法规定的、决定某一行为对国际社会的严重危害性而为该行为成立国际犯罪所必须具备的主客观要件的有机整体。国际犯罪的构成与国际犯罪的概念具有密切的联系,二者是抽象和具体的关系。国际犯罪概念是从宏观上回答什么是国际犯罪的问题;国际犯罪构成是在国际犯罪概念的基础上,从微观角度进一步解决国际刑法规定的成立国际犯罪必须具备的主观要件和客观要件,以此作为决定某一行为是否构成国际犯罪、构成何种国际犯罪及其危害程度的规格问题。

由于各个法系的国家都有自己的一套犯罪构成理论,而国际刑法学者又倾向于站在自己国家所属法系的立场阐述国际犯罪构成理论,从而使国际犯罪构成理论较之国内犯罪构成理论更为复杂。大陆法系国家的学者认为,国际犯罪构成包括构成要件符合性、违法性和有责性三个要件;英美法系国家的学者认为,国际犯罪构成包括客观要件和主观要件。巴西奥尼教授认为,构成国际犯罪一般应包括四个要件,即实质要件、心理要件、因果要件和危害要件。实质要件,又称行为要件,是指构成国际犯罪的任何自愿的作为或不作为;心理要件,是指罪犯在实施犯罪行为时的心理状态,包括故意、明知和轻率;因果要件,是指当某一行为构成某一结果的前提,并且没有这一前提该结果就不会出现，或者该结果是这一行为可预见的后果时，这一行为即为该结果的原因。至于危害要件，则应按照有关犯罪的定义确定。如果犯罪定义中没有要求必须存在物质性危害后果，则危害就不是犯罪构成的必要要件。[1] 在上述四要件中，除心理要件属于主观要件，其他三个要件均属于客观要件，而且在这三个要件中，行为要件是最重要的要件，是必备要件，而物质性的危害结果、危害结果和危害行为之间的因果关系则是选择要件。可见，巴西奥尼的观点实际上也是二要件说，这与他所擅长的英美法系国家的刑法理论是一致的。

鉴于国际刑法的实践品性及其所受英美法系刑法理论的重大影响，本书基本赞同英美法系国家学者的观点，认为国际犯罪包括客观构成要件和主观构成要件两大部分。任何一种行为，都必须同时具备客观构成要件和主观构成要件，才能成立国际犯罪。

二、国际犯罪的客观构成要件

国际犯罪的客观构成要件，是指国际刑法所禁止的危害国际社会利益的危害行为、危害结果、行为方式、特定时空等客观事实要素。不同的国际犯罪，其客观构成要件的具体要素并不完全相同。其中，危害行为是任何国际犯罪构成的必备要素，危害结果、行为方式、特定时空等则是选择要素。从国际条约的规定来看，国际犯罪的客观构成要件主要有以下构成要素。

（一）作为

同国内犯罪类似，国际犯罪的危害行为也有作为和不作为两种基本类型。其中，作为的表现形式有实行行为、胁迫行为、预备行为、共谋行为、煽动行为、参与行为等。与国内犯罪不同的是，国际犯罪的危害行为具有以下两个特点：一是国际性或系统性，即这些犯罪无论是私人实施或代表国家的政府官员实施，都与国家推行的政治政策、意识形态等因素密切相关。二是双重性，即绝大多数国家犯罪不仅在国际法上是严重的犯罪行为，在国内法上也是严重的犯罪行为。[2] 当然，也有些犯罪行为本身即表明其国际罪责性，即使在国内法上未规定为犯罪。例如，在战争中非法使用化学武器。

① M. Cherif Bassiouni, *International Criminal Law: A Draft International Criminal Code and Draft Statute for An International Criminal Tribunal*, Martinus Nijhoff Publishers, 1987, pp. 100-101.

② Antonio Cassese, *International Criminal Law*, 2nd ed., Oxford University Press, 2008, pp. 53-54.

1.实行行为

实行行为,是指行为人直接实施严重危害国际社会共同利益的行为。实行行为是国际犯罪的最基本行为方式,有关国际犯罪的国际条约都对国际犯罪的实行行为作出明确规定。例如,《防止及惩治灭绝种族公约》第1条规定:"灭绝种族系指蓄意全部或局部消灭某一民族、人种、种族或宗教团体,犯有下列行为之一者:(1)杀害该团体的成员;(2)致使该团体的成员在身体上或精神上遭受严重伤害;……"

2.胁迫行为

胁迫行为,是指行为人使用武力威胁或其他恐吓手段迫使特定国家、其他组织或者个人违背意愿从事特定活动的行为。例如,《反对劫持人质国际公约》第1条规定:"任何人如劫持或扣押并以杀死、伤害或继续扣押另一个人为威胁,以迫使第三方,即某个国家、某个国际政府间组织、某个自然人或法人或某一群人,实施或不实施某种行为,作为释放人质的明示或暗示条件,即为犯有本公约意义范围内的劫持人质罪行。"

3.预备行为

预备行为,是指为实行犯罪而进行各种准备的行为。在各国的国内刑法中,预备行为通常是不可罚的。但是,鉴于国际犯罪的影响范围广泛,因而许多国际公约也将预备行为规定为犯罪,予以刑罚处罚。例如,《核材料实物保护公约》第7条规定,图谋偷窃或抢劫核材料,盗取或以欺骗手段取得核材料以及以武力威胁或使用武力或任何其他恐吓手段取得核材料,均为公约规定的犯罪。

4.共谋行为

共谋行为,是指数人共同策划如何实施危害社会共同利益的行为。共谋行为之所以是一项可罚的不完整罪,关键在于共谋的过程,而不在于共谋的结果。许多国际公约将共谋规定为犯罪。例如,《防止及惩治灭绝种族罪公约》第3条规定,共谋灭绝种族为应予惩治的行为。

5.煽动行为

煽动行为,是指直接、公开地鼓动、引诱、怂恿、劝说他人实施危害国际社会共同利益的行为。煽动是否具有公开性,应当根据煽动发生的地点以及是否具有针对性来确定;煽动是否具有直接性,应当根据煽动是否特意挑拨他人实施犯罪来确定。许多国际公约也将煽动行为规定为犯罪。例如,《防止及惩治灭绝种族罪公约》在犯罪定义之外另行规定,直接公然煽动灭绝种族为应予惩治的行为。

6.参与行为

参与行为,是指为其他犯罪主体的实行行为提供协助或帮助的行为。虽然参与行为不是国际犯罪中的主要行为,甚至不是直接实施国际犯罪的行为,但由于对国际犯罪的实施和完成具有促进作用,因而也被视为犯罪。例如,《联合国禁止非法贩运麻醉药品和精神药物公约》第3条规定,对于明知财产来自非法贩运麻醉药品或精神药物的行为,为了隐瞒或掩饰该财产的非法来源,或为了协助任何涉及此种犯罪的人逃避其行为的法律后果而转换或转让该财产,隐瞒或掩饰该财产的真实性质、来源、所在地、处置、转移相关的权利或所有权,以及帮助、教唆、便利和参与进行非法贩运麻醉药品或精神药物的行为,缔约国均应将其确定为国内法的犯罪。

(二)不作为

不作为,是指能够履行法定义务而消极地不予履行的行为。不作为的成立,以实施积极的作为义务为前提。在国际刑法中,不作为主要体现在缺乏人道主义关怀和怠于履行职责方面。例如,《前南国际刑庭规约》第7条第3款规定:"如果下级犯有本《规约》第2条至第5条所指的任何行为,而其上级知道或者应当知道下级将要实施或者已经实施这种犯罪行为,却不采取合理的必要措施予以阻止或者处罚,则不能免除该上级的刑事责任。"

(三)危害结果

危害结果,是指危害行为对行为对象所造成的物质性损害结果。对于犯罪定义中包含危害结果的国际犯罪而言,危害结果是构成犯罪的必备要素,且危害行为与危害结果之间必须存在因果关系。例如,《禁止酷刑和其他残忍、不人道或有辱人格的待遇或处罚公约》第1条规定:"'酷刑',系指为了向某人或第三者取得情报或供状,为了他或第三者所作或被怀疑所作的行为对他加以处罚,或为了恐吓或威胁他或第三者,或为了基于任何一种歧视的任何理由,蓄意使某人在肉体或精神上遭受剧烈疼痛或痛苦的任何行为,而这种疼痛或痛苦又是在公职人员或以官方身份行使职权的其他人所造成或在其唆使、同意或默许下造成的。纯因法律制裁而引起或法律制裁所固有或随附的疼痛或痛苦则不包括在内。"根据这一规定,对行为人加以威胁或处罚的行为,只有造成受害人身体或精神遭受剧烈疼痛或痛苦等危害结果,才能构成酷刑罪。

（四）附随要素

任何犯罪行为都是在一定的时空条件下，采用一定的方式，针对一定的对象进行的，因此，危害行为的时间、地点、方式、对象等通常不是犯罪构成方面的必备要素。但是，有些国际条约关于具体犯罪的定义中包含这些限制性要素。如果不具备这些要素，则不构成犯罪。因此，对这些国际犯罪而言，上述要素则成为犯罪构成客观方面的必备要素。这些要素可以是任何相关的事实要素，包括实行犯或共犯的身份、地位，特定的被害人，以及犯罪的时间、地点或手段等。[①] 例如，《关于制止非法劫持航空器的公约》第1条规定："凡在飞行中的航空器内的任何人：（1）用暴力或用暴力威胁，或用任何其他恐吓方式，非法劫持或控制该航空器，或企图从事任何这种行为，或（2）是从事或企图从事任何这种行为的人的同犯，即是犯有罪行。"根据这一规定，如果劫机行为不是在"飞行中"，或者不是采用"暴力或用暴力威胁，或用任何其他恐吓方式"，都不构成公约规定的犯罪。

三、国际犯罪的主观构成要件

国际犯罪的主观构成要件，是指国际犯罪主体在实施危害国际社会共同利益的危害行为时的心理状态，包括犯罪故意、犯罪过失、犯罪目的、犯罪动机等要素。其中，犯罪故意和犯罪过失是必备要素，犯罪目的和犯罪动机是选择要素。从国际公约的规定来看，国际犯罪的主观构成要件主要有以下构成要素。

（一）犯罪故意

犯罪故意，是指明知行为会发生危害社会的结果，而希望这种结果发生的一种心理状态。

国际条约规定的国际犯罪绝大多数都要求主观方面必须出自故意。例如，《罗马规约》第30条第1款规定："除另有规定外，只有当某人在故意和明知的情况下实施犯罪的实质要件，该人才对本法院管辖权内的犯罪负刑事责任，并受到处罚。"国际刑法中绝大多数犯罪均要求故意，过失通常不能成立。不过，这里的"除另有规定外"，却留下解释的极大空间。不少学者认为，如果

---

① A. Eser, *Mental Element—Mistake of Fact and Mistake of Law*, in Antonio Cassese, Paola Gaeta & John Jones, *The Rome Statute of the International Criminal Court: A Commentary*, Vol. I, Oxford Universitiy Press, 2002, p. 919.

《罗马规约》及其《犯罪构成要件》关于具体犯罪的主观要件另有规定的,则轻率也可能成立。另外,国际习惯法,如前南国际刑庭和卢旺达国际刑庭在许多案例中裁定,轻率也满足一些国际犯罪的主观要件的要求。[①]

故意的结构,包括认识因素和意志因素两个组成部分。认识因素,是指行为人认识到自己实施的行为的性质、结果,以及行为和结果之间的因果关系。意志因素,是指行为人主观上积极追求危害结果的发生。故意的认定,通常采用推定,主要依靠经验法则,但允许反证推翻。"明知"和"故意"的关系,是一个非常复杂的问题。在大陆法系中,"明知"被认为是"故意"的认识因素,然而在英美法系中,"明知"既可能是"故意"的构成因素,也可能是与"故意"并列的一种罪过类型。在国际犯罪中,"明知"存在以下三种类型:一是"明知"作为"故意"的构成部分,即指认识到必备构成事实。例如,根据《第一附加议定书》第85条第3款第5项的规定,违反本项规定的行为,必须是"故意实施""造成死亡或者严重的身体伤害"以及"明知攻击的对象是丧失战斗力的人员"。二是"明知"相当于轻率的意思,即指认识到行为可能造成相应的危害结果。例如,根据《第一附加议定书》第85条第3款第2项的规定,违反本项规定的行为,必须是"发动针对平民或民用物体的不加区别的攻击"和"明知这种攻击会给平民或民用物体造成过分的伤亡或损害"。三是"明知"作为一种独立的主观要素。例如,反人类罪要求行为人"知道存在针对任何平民的广泛和系统的攻击"。这里,并不要求行为人故意使平民成为攻击的对象,也不要求他应当知道平民有被攻击的危险,而仅要求其知道这一攻击的事实即可。

案例 4-1　埃尼斯特案[②]

这是二战结束后德国特拉维夫地区法院审关于犯罪故意的一个著名案例。耶海兹克尔·本·阿利什·埃尼斯特(Yehezkel Ben Alish Enigster)是犹太人,纳粹将其关押在一个集中营里,并让他帮助监管同监犯。他被指控对同监犯实施了暴力伤害,触犯反人类罪。在调查他对一个名叫施魏策尔(Schweizer)的犯人实施伤害的事实时,法庭认为必须查清所有的构成事实。为此,法庭不断检视,本案中是否存在反人类罪要求的"故意"。对此,法庭发现没有任何证人可以证明。因此,法庭必须自己作出判断。法庭认为:"就'故

---

① Gerhard Werle, *Principles of International Criminal Law*, T. M. C. Asser Press, 2005, p. 116.

② *Attorney General of the State of Israel v. Yehezkel Ben Alish Enigster*, 18 ILR 540 (Tel Aviv Dist. Ct. 1952).

意'认定而言,有一个公认的规则,即任何一个心理正常的人,对自己行为的自然结果都持一种故意的态度。本案中,被告击打所造成的严重后果表明,这些击打的力度相当强烈。基于这一点,除非有证据证明被告实施这些打击不是出于其自由意志,否则,就必然会得出这一结论——被告的心理态度就是要故意造成被害人严重伤害。"

故意的形成,只要求在实施行为时存在即可,如果在实施行为之前即已存在,则构成"预谋"。预谋和英美法中的共谋有时会发生重合,但共谋是一种犯罪行为,有独立的构成要件和行为类型。在国际刑法中,预谋通常属于加重情节,对量刑具有重要意义。成立预谋,必须具备两个要素:一是时间要素,即在犯罪故意形成和行为实施之间必须存在一定的时间间隔;二是心理要素,即在犯罪故意形成开始至行为实施为止犯罪故意一直存在。

(二)犯罪目的

犯罪目的,是指犯罪主体在实施犯罪行为时所追求的特别目标。犯罪目的不同于犯罪行为本身造成或可能造成的结果,而是超出其范围之外的一种结果。如杀人行为的结果是被害人死亡,但仅仅是追求这一结果尚不能成为灭绝种族罪,行为人必须是通过这一杀人行为追求灭绝特定种族这一更严重的目的。

在国际刑法中,一些国际犯罪的成立,不仅需要具有犯罪故意,还需要具有特定的目的。例如,《罗马规约》第 6 条规定:"为了本公约的目的,'灭绝种族罪',是指蓄意全部或局部消灭某一民族、族裔、种族或宗教团体而实施的下列任何一种行为……"根据这一规定,灭绝种族罪的成立,要求行为人必须具有"蓄意全部或局部消灭某一民族、族裔、种族或宗教团体"的目的。因此,行为人故意杀死,或者引起严重的身体伤害,或者有意给一个团体带来严重不利和歧视性的生活条件,或者强迫把儿童从一个团体转移到另一个团体,等等,都是不够的,还必须要证明,行为人是基于毁灭这个团体的目的而实施这些行为的。

案例 4-2 约尔吉奇案[①]

本案是波斯尼亚种族大屠杀系列案之一。尼古拉·约尔吉奇(Nikola

---

① *Prosecution v. Jorgić*, Case No. 2 StE 8/96, Higher Regional Court (Oberlandesgericht) of Düsseldorf, Judgment, 26 September 1997; *Prosecution v. Jorgić*, Case No. 3 StR 215/98, Federal Court of Justice (Bundesgerichtshof), Judgment, 30 April 1999; *Jorgić v. Germany*, Case No. 2 BvR 1290/99, Federal Constitutional Court (Bundesverfassungsgericht), Decision, 12 December 2000; *Jorgic v. Germany*, European Court of Human Rights, Judgment, 12 July 2007.

Jorgić)是波斯尼亚和塞尔维亚的多博伊地区一个准军事武装的指挥官。他因在波斯尼亚和黑塞哥维那犯有种族灭绝罪被德国杜塞尔多夫地区高等法院判处终身监禁。该案经过地区高等法院、联邦最高法院、联邦宪法法院和欧盟人权法院等多级法院审理,影响极大。其中,德国联邦最高法院认为,在灭绝种族罪中,单独一人也可以成为本罪的攻击对象:"不是因为被害人是一个独立的个体,而是因为其是行为人意图消灭其存在的社会群体的一员……这种特别不人道的动机,使其区别于谋杀罪,因为行为人甚至不把被害人当人看,而仅仅视为一个需要根除的群体中的一员。"欧洲人权法院驳回了被告的上诉,维持了德国法院的判决,认为德国法院的裁决与《防止和惩治灭绝种族罪公约》的解释是一致的,而后者被告在实施犯罪行为时应当知道。欧洲人权法院特别指出,德国法院根据德国国内法对灭绝种族罪的解释方法,是一种扩张解释的立场。

《德国刑法典》第 220a 条规定的灭绝种族罪的范围,在理论上存在两种不同的意见。一种意见采取限制解释的立场,认为灭绝种族罪必须以对特定群体造成身体或生物方面的灭绝为前提;另一种意见采取扩张解释的立场,认为灭绝种族罪并不限于对此,还包括使特定群体不再作为一种独立的社会团体而存在的情形。对此,欧洲人权法院指出:"大多数学者认为,塞尔维亚武装在波斯尼亚和黑塞哥维那进行的种族清洗,其目的是将穆斯林和克罗地亚人驱离其家园,因而不构成种族灭绝罪。但是,也有相当多的学者认为,这一行为构成了种族灭绝罪。"通过参照一些国际案例的裁决,欧洲人权法院认为,"德国法院关于'意图灭绝一个群体'并不限于身体的或生物的侵害,符合《德国刑法典》灭绝种族罪条文的文义范围、文本语境,亦为许多学者所赞同,因而是合理的。"因此,"考虑到这一发展,虽然许多学者坚持对灭绝种族罪限制解释,但也有许多学者赞同德国法院的扩张解释。在这种情况下,通过律师的帮助,被告完全可以合理地预见,其在 1992 年实施的行为可能被起诉和裁定为灭绝种族罪。"基于这一点,欧洲人权法院驳回了被告关于德国法院违反《欧洲人权公约》第 7 条之"罪刑法定原则"的指控。

(三)轻率

轻率,是指已经预见到自己的行为可能发生危害社会的结果,却仍冒险实施这一行为,不顾危害结果是否发生的一种心理状态。轻率是没有正当理由的冒险,因而与故意相比,其可谴责性程度要低。在故意的情况下,行为人积极追求确定的危害结果,并且知道自己的行为会实现这一结果;在轻率的情况下,行为人仅仅意识到结果可能发生或很可能发生,并且有意冒险,但并不希望这一结果发生。

一般认为,构成轻率,必须满足两个条件:一是行为人是否已经预见到结果发生的可能性;二是冒险行为是否正当和合理。其中,第一个条件立足于行为人的主观认识,必须考察其本人的内心活动。第二条件立足于社会公众的共同认识,必须考察一般的价值评判。在司法实践中,对于轻率的认定,关键要把握以下几点:第一,行为人是否构成轻率,不取决于其对该危害后果发生的可能性程度的认识,而取决于冒险行为本身是否具有合理性,只有不合理的冒险行为才能构成轻率;第二,这里的"合理"的标准是客观的,而不以行为人本人对其冒险的合理性的主观判断为标准;第三,行为人对危害后果的发生既可能持漠不关心的态度,也可能希望该危害后果不发生,甚至采取一定的预防危害后果发生的措施,或者仅凭一种侥幸心理希望危害后果不发生,但是,只要其意识到自己正在冒险,且这种冒险是不合理的,便构成轻率。① 这一轻率的定义与大陆法系的间接故意概念极为接近,在国际刑法中往往也不作区分。

在国际刑事审判实践中,轻率的概念也得到了适用。如上级责任原则规定,如果上级"有意地漠视"其下属将要实施或者已经实施犯罪行为的明确信息,就要对下级的犯罪行为承担刑事责任。在这种情况下,上级知道自己的下属可能实施或正在实施犯罪行为,还要冒这种风险,就应受到惩罚。在 Tadić 一案中,前南国际刑庭指出:"如果被告知道其行为将导致战争犯罪,或者意图导致这一结果,或者对这一结果的发生听之任之,则构成共犯。"②

案例 4-3　斯泰基克案③

1992 年 4 月 29 日,塞尔维亚民主党在波斯尼亚和黑塞哥维那的普里耶多尔市发动了一场政变,"以最终建立一个纯正的塞尔维亚人组成的城市"。在数个月的时间内,众多非塞尔维亚人被杀害和灭绝,诸如全市的穆斯林村庄被毁,在奥马尔斯卡、科拉特姆、诺波尔耶等集中营发生严重的拷打、性侵害、暴打、杀害等暴行,在弗勒迪克山区大约 200 人被处决。米洛米尔·斯泰基克

---

① R. A. Duff, *Recklessness*, Criminal Law Review 282, 282-283 (1980); Cath Crosby, *Recklessness-the Continuing Search for a Definition*, 72 Journal of Criminal Law 313, 328-334 (2008)

② *Prosecutor v. Tadić*, Case No. IT-94-1, Judgment, 7 May 1997, p. 687.

③ *Prosecutor v. Stakić*, Case No. IT-97-24-A, Judgment, 22 March 2006.

(Milomir Stakić)是名医生,也是普里耶多尔市塞尔维亚民主党的领导人。在政变发生后至 1993 年 1 月止,他一直担任市议会主席和危机应对机构总指挥等要职。

2001 年 3 月 23 日,斯泰基克被捕。前南国际刑事法庭的检察官对其提出 8 项指控,包括《前南国际刑事法庭规约》第 4 条规定的灭绝种族罪和共谋灭绝种族罪,第 5 条规定的谋杀、绝育、迫害、驱逐、其他不人道行为(强行迁移),第 3 条规定的一种违反战争法规的谋杀。

2003 年 7 月 31 日,初审法庭作出了判决。法庭认为,被告在普里耶多尔市的军队、警察和市政府共同实施的迫害行动中起了非常关键的作用,因而被判犯有反人类罪项下灭绝罪的共同正犯,犯有违反战争法的谋杀罪,反人类罪项下的迫害罪(合并了谋杀和驱逐)。但是,法庭无法认定被告及其属下具备灭绝种族罪所要求的特别故意,因而判定关于灭绝种族罪和灭绝种族罪的共犯不成立。法庭还判定关于"其他不人道行为"(强行迁移)的指控不成立,因为"其他不人道行为"缺乏明确性,强迫转移除非能以驱逐论处外,不得追究刑事责任。最后,法庭判处其终身监禁(附 20 年后复审)。

检察官对初审判决不服,提起了抗诉,主要理由为:第一,法庭错误地认为灭绝种族罪的"目标群体"不能以否定的方式来界定,即"非塞尔维亚人"不构成目标群体;第二,法庭错误地认为被告不具备灭绝种族罪的特别故意;第三,法庭在累积定罪方面适用法律错误。被告亦对判决不服,提起了上诉,主要理由如下:第一,法庭不当地根据起诉书提供的范围之外的证据作出裁决;第二,法庭拒绝了被告传唤证人的要求,检察院违反了信息披露义务;第三,法庭作出错误的事实推理,导致判决错误;第四,法庭在关于《前南国际刑庭规约》第 5 条规定的危害人类罪的"广泛的"和"系统的"以及灭绝、迫害和驱逐等认定方面适用法律错误;第五,法庭根据《前南国际刑庭规约》第 3 条规定认定被告的行为和武装冲突存在相关性,存在适用法律错误;第六,法庭对被告的量刑错误;第七,法庭对被告的累积定罪错误。

上诉法庭经审理,维持了初审法庭关于被告不构成灭绝种族罪和灭绝种族罪共犯的裁决,以及关于被告构成反人类罪项下灭绝罪和迫害罪、违反战争法的谋杀罪的裁决。此外,上诉法庭还裁定,被告构成反人类罪项下的"其他不人道"(强行迁移)的犯罪。最后,上诉法庭对被告"整体量刑",判处其 40 年监禁。

本案是首例运用间接故意理论定罪的国际刑事案件。初审法院认为:"无论是直接故意还是间接故意,均完全满足《前南国际刑事法庭规约》第3条规定的谋杀罪的主观要件。""大规模屠杀,在美国法上被归类为轻率,在大陆法上则满足间接故意的认定标准。"不过,初审法庭强调,疏忽并不满足战争法规定的谋杀罪的要件,同样,反人类罪项下的灭绝罪至少应当具备间接故意——这是最低标准。对此,上诉法庭作了补充,指出"关于被告是否通过实施第4条第1项规定的每个具体的灭绝行为来消灭某一群体,初审法院不应当孤立地判断,而应明确地将所有的证据综合考虑,以判定被告是否具有灭绝种族的主观心态。"

(四)重大过失

过失,是指应当预见到自己的行为可能发生危害社会的结果,因为疏忽而没有预见,或者已经预见但轻信能够避免,以致发生这种结果的一种心理状态。在国际犯罪的罪过类型中,过失位于罪过的最低等级,通常不足以引起刑事责任。但是,如果存在重大过失或者过失达到可谴责的程度,则过失将成为一种责任的认定标准。过失主要有以下三种情形:第一,行为人应当或者需要遵守任何理性人都会遵守的行为标准和预防措施而没有遵守;第二,行为人无视这些行为标准和预防措施;第三,行为人已经认识到危害发生的风险,但相信所采取的措施可以避免风险,因而甘冒这个风险。在上述情形下,如果过失行为侵害的法益相当重要,或者过失行为本身极其严重,则具备对其归责的基础。

在国际刑法中,过失的概念在立法中也有体现,并在实践中得到适用。例如,1998年欧洲理事会通过的《通过刑法保护环境公约》第3条"过失犯罪"规定:"(1)每个缔约国应当采取适当的必要措施,在国内法中将因过失犯有第2条所列举的5项罪行列为刑事犯罪;(2)任何一国都可以在签字或提交批准、接受、同意、加入文件时向欧洲理事会秘书长递交声明,宣布本条第(1)款的规定只部分或全部适用于严重的过失犯罪。"

案例4-4 辛塞尔曼案①

本案是英国法院1947年在德国英国占领区审理的一起刑事案件。初审法庭裁定汉斯·辛塞尔曼(Hans Hinselmann)等数名德国医生、警察犯有《第10号法令》规定的反人类罪。法庭经调查确认,这些人在1944—1945年期间

① Antonio Cassese, *International Criminal Law*, 2nd ed., Oxford University Press, 2008, pp. 71-73.

针对吉普赛人执行了"绝育行动"。其中，三名警官威逼被害人签署同意接受绝育手术的协议，两名医生直接实施了绝育手术。被告冈瑟（Günther）的律师争辩道，没有证据证明冈瑟知道吉普赛人之所以被施行绝育手术是因为其种族的原因。冈瑟充其量只具备疏忽，而疏忽并不构成《第10号法令》规定的犯罪，因为这一犯罪要求行为人必须具有特别重大的过失。如果冈瑟最终被定罪，其也只可构成《德国刑法典》第230条规定的过失伤害罪。检察官反驳道，冈瑟应当知道绝育的正规程序，但他却没有进行必要的询问，也没有查看有关的文件。

上诉法庭认为，被告的行为构成过失。根据1933年德国相关法律的规定，绝育手术是违法的，除非具有以下情形之一：（1）实施手术是为了避免对被害人造成死亡或者严重的身体伤害；（2）根据优生法庭的裁决实施手术的。而在本案中，这两种情形均不存在。然而，问题的关键是，疏忽是否满足反人类罪的主观要件。上诉法庭认为，本案中没有证据表明手术是残酷地实施的，现在的证据也不足以证明被告的过失达到了反人类罪所要求的程度。因此，上诉法庭将被告的量刑由2年监禁降为6个月监禁。

这一裁决表明，在上诉法庭看来，反人类罪也可能由过失构成，当然，这一过失必须属于重大过失。

第三节　国际犯罪的分类

一、国际犯罪的条约罪名

国际犯罪的罪名，与对国际犯罪的概念的理解有很大的关系。关于国际犯罪的概念，理论界主要有狭义的国际犯罪和广义的国际犯罪两种理解。狭义的国际犯罪，是指违反国际习惯法规则、侵犯国际社会的最重要的价值和利益的行为。根据这种认识，国际犯罪的罪名仅指战争罪、危害人类罪、种族灭绝罪、酷刑罪、侵略罪、恐怖主义活动罪。广义的国际犯罪，是指现有的国际刑法规范规定的、严重侵犯国际社会重大利益的行为。根据这种认识，国际犯罪的罪名既包括国际习惯法上的罪名，也包括国际条约法上的罪名。

绝大多数学者赞同广义的国际犯罪概念。在现代国际刑法中，国际习惯法上的犯罪通常也以国际条约的形式表现出来，因此，要确定国际犯罪的罪名,应当对国际条约进行研究。但由于绝大多数国际条约只涉及少量罪名或者个别罪名,且彼此时有重复,又缺乏统一的国际刑法典,因此,要准确地确定国际犯罪的罪名,殊不容易。

巴西奥尼教授在对 281 个国际公约进行分析之后,归纳出 28 种国际罪行,它们是:(1)侵略罪;(2)灭绝种族罪;(3)危害人类罪;(4)战争罪;(5)非法持有、使用或者储存武器罪;(6)盗窃核材料罪;(7)充当外国雇佣军罪;(8)种族隔离罪;(9)奴役及与奴役相关的犯罪;(10)酷刑及其他残忍、不人道或有辱人格的待遇或处罚罪;(11)非法人体实验罪;(12)海盗罪;(13)劫持航空器及危害国际航空安全罪;(14)危害航海安全及公海固定平台安全罪;(15)对应受国际保护人员使用武力或威胁使用武力罪;(16)侵害联合国人员及有关人员罪;(17)劫持人质罪;(18)非法使用邮件罪;(19)使用爆炸物罪;(20)资助恐怖主义罪;(21)非法贩运毒品及与毒品相关的犯罪;(22)有组织犯罪;(23)损毁、盗窃国家文物罪;(24)危害国际环境罪;(25)国际贩运淫秽物品罪;(26)伪造、变造货币罪;(27)非法干扰国际海底电缆罪;(28)贿赂外国官员罪。[①] 笔者认为,巴西奥尼根据国际条约的规定对国际犯罪的罪名作了全面的概括,意义重大,但其所列举的罪名却不乏商榷之处。例如,有组织犯罪,实际上是所有国际犯罪都可能采取的一种实施方式,因而不宜作为单独的罪名。另外,随着《联合国反腐败公约》的签订,仍将贿赂行为仅限于贿赂外国官员,其外延显然过于狭窄。因为根据公约规定,贿赂本国公职人员,贿赂外国公职人员或者国际组织人员,公职人员贪污、挪用或者以其他方式侵占财产,影响力交易,滥用职权,资产非法增加,私营部门内的贿赂,侵吞财产等都构成国际犯罪。

综合有关国际条约、国际习惯以及学者的解释,笔者认为,国际犯罪的罪名有 28 种,具体为:(1)侵略罪;(2)灭绝种族罪;(3)危害人类罪;(4)战争罪;(5)非法持有、使用、储存武器罪;(6)盗窃核材料罪;(7)充当外国雇佣军罪;(8)种族隔离罪;(9)奴役罪;(10)酷刑罪;(11)非法人体实验罪;(12)海盗罪;(13)危害民用航空安全罪;(14)危害航海安全罪;(15)危害大陆架固定平台安全罪;(16)侵害应受国际保护人员罪;(17)侵害联合国人员及有关人员罪;(18)劫持人质罪;(19)非法使用邮件罪;(20)恐怖主义爆炸罪;(21)资助恐怖主义罪;(22)毒品犯罪;(23)损毁、盗窃、贩运国家文物罪;(24)危害国际环境罪;(25)贩

---

① M. Cherif Bassiouni, *Introduction to International Criminal Law*, Transnational Publishers Inc., 2003, pp. 116-117.

运淫秽物品罪;(26)伪造货币罪;(27)非法干扰海底电缆罪;(28)腐败犯罪。

二、国际犯罪的学理分类

根据不同的标准,可以对国际犯罪进行以下不同的分类。

1. 国际法规定的犯罪和国际法要求的犯罪

国际法规定的犯罪(crimes under international law),是指国际法本身条文明确规定的应受刑罚处罚的不法行为。国际法要求的犯罪(crimes pursuant to international law),是指国际法本身未明确规定,但要求有关国家的国内法将不法行为犯罪化的情形。这种区分的动机在于,对于国际法规定的犯罪,国家当然享有法定普遍管辖权,无论其国内法有无将这种行为犯罪化,如危害人类罪;对于国际法要求的犯罪,国际法允许国家行使普遍管辖权,但前提是国内法先将这种行为犯罪化,如海盗罪。

实践中,一般对国际犯罪作广义理解,即认为国际犯罪包括国际法规定的犯罪和国际法要求的犯罪。但也有人狭义地理解国际犯罪,即认为国际犯罪就是国际法规定的犯罪,而将国际法要求的犯罪视为国内犯罪。例如,在逮捕令(arrest warrant)一案中,多数意见认为,许多国际条约规定的国际犯罪并不必然产生刑事责任,而是要求有关国家在国内法中将这些行为犯罪化。[1]范登·温加尔(Vanden Wyngaert)法官发表的异议意见指出,虽然《关于制止非法劫持航空器的公约》和《禁止酷刑公约》都将相关的行为规定为"国际犯罪",但根据前者行为人可能承担也可能不承担刑事责任,而根据后者则肯定不需要承担刑事责任。[2] 客观地说,这一分类的实践意义是比较有限的。一方面,区分某个国际犯罪是国际法规定的还是国际法要求的,其标准相当困难;另一方面,即使能够作出这种区分,也没有实际的价值,因为无论这一犯罪的刑事责任是国际法规定的还是国际法要求的,与行为的危害性和管辖的必要性等无必然的联系。

2. 习惯法上的国际犯罪和条约法上的国际犯罪

根据国际犯罪的法律渊源的不同,可以将其分为习惯法上的国际犯罪和

---

[1] *Arrest Warrant of 11 April* 2000(*Congo v. Belgium*),Judgment,14 Febrary 2002,ICJ Reports 2002,pp. 20-39.

[2] *Arrest Warrant of 11 April* 2000(*Congo v. Belgium*),Judgment,14 Febrary 2002,ICJ Reports 2002, pp. 60-62.

条约法上的国际犯罪。习惯法上的国际犯罪,是指国际习惯法规定的国际犯罪;条约法上的国际犯罪,是指国际条约规定的国际犯罪。虽然在现代社会,习惯法规定的国际犯罪,都已经被充分吸收到条约中,但是,由于这两类犯罪具有不同的适用范围,因而这种划分仍然具有一定的实践价值。

3. 核心犯罪和非核心犯罪

根据国际犯罪的等级和严重性的不同,可以将其分为核心犯罪(罪名)和非核心犯罪(罪名)。

核心罪名(core crimes),是指国际社会关注的最严重的罪行,通常是指《罗马规约》或《危害人类和平与安全罪法典草案》中规定的罪行。非核心罪名(non-core crimes),是指核心罪名以外的其他罪行。这一分类最早来自德国的沃勒教授。无独有偶,巴西奥尼教授根据国际犯罪的严重性提出"强行法上的国际犯罪"(jus cogens international crimes)的概念,意指违反国际强行法的犯罪;与此相对应的,则应是"非强行法上的国际犯罪"。强行法的基本含义,是指"强制的法"。在所有的规范和原则中,强行法规范具有最高的等级。强行法规范被视为"命令性"的,且不得减损。然而,如何判断一个特定的国际犯罪达到强行法的地位,则存在分歧。对此,巴西奥尼教授认为,以下国际犯罪达到了强行法的标准:侵略罪、灭绝种族罪、危害人类罪、战争罪、海盗罪、奴役罪、酷刑罪。他指出,将这些犯罪视为强行法上的犯罪,是有充分的法律根据的。这些法律根据包括:(1)反映这些犯罪被视为一般性习惯法的国际声明或者国际法律意见;(2)表明这些犯罪在国际法中具有更高地位的条约序言或者相关条款;(3)批准与这些犯罪有关的条约的国家众多;(4)对实施这些犯罪的行为人进行特别的国际调查与起诉。①

4. 危害人类和平与安全的犯罪、危害基本人权和自由的犯罪、危害国际公共秩序的犯罪和危害国际公共利益的犯罪

根据国际犯罪所侵害的国际社会共同利益的不同,可以将国际犯罪分为危害人类和平与安全的犯罪、危害基本人权和自由的犯罪、危害国际公共秩序的犯罪和危害国际公共利益的犯罪四种。危害人类和平与安全的犯罪有侵略罪,灭绝种族罪,危害人类罪,战争罪,充当外国雇佣军罪,盗窃核材料罪和非法持有、使用、储存武器罪等 7 个罪名;危害基本人权和自由

---

① M. Cherif Bassiouni, *Introduction to International Criminal Law*, Transnational Publishers Inc., 2003, pp. 172-178.

的犯罪有种族隔离罪、奴役罪、酷刑罪、非法人体实验罪、侵害应受国际保护人员罪、侵害联合国人员及有关人员罪、劫持人质罪等7个罪名;危害国际公共秩序的犯罪有海盗罪、危害民用航空安全罪、危害航海安全罪、危害大陆架固定平台安全罪、非法使用邮件罪、恐怖主义爆炸罪、资助恐怖主义罪等7个罪名;危害国际公共利益的犯罪有毒品犯罪,损毁、盗窃、贩运国家文物罪,危害国际环境罪,贩运淫秽物品罪,伪造货币罪,非法干扰海底电缆罪,腐败犯罪等7个罪名。

5.国家的国际犯罪、法人的国际犯罪和个人的国际犯罪

根据国际犯罪行为主体身份的不同,可以将国际犯罪分为国家的国际犯罪、法人的国际犯罪和个人的国际犯罪。国家的国际犯罪,是指经国家授权或以国家名义实施的国际犯罪。这类犯罪往往是以特定国家的集体决定、政策、活动或命令为前提,由代表国家的个人以国家名义实施的,或者是为了推行国家政策而实施的。法人的国际犯罪,又叫团体的国际犯罪、组织的国际犯罪,是指法人(团体或组织)成员代表法人(团体或组织)实施的国际犯罪。这类犯罪是以法人(团体或组织)的名义实施的,目的是获取法人(团体或组织)的利益。个人的国际犯罪,是指由个人实施的、与国家政策和法人无关的国际犯罪。这类国际犯罪是个人在其本人意志的支配下实施的,因而只能归责于有关个人,不能同时归责于国家或法人。

6.国际司法机构管辖的国际犯罪和国内法院管辖的国际犯罪

根据国际犯罪管辖法院的不同,可以将其分为国际司法机构管辖的国际犯罪和国内法院管辖的国际犯罪。这种分类有利于明确有关司法机构的管辖分工,保证及时有效地行使对国际犯罪的管辖权。

第五章　国际刑法的核心罪名

核心罪名，是指违反国际社会最基本的价值观念、震撼人类良知并受到国际社会广泛关注的最严重的国际犯罪。一般认为，国际刑事法院有权管辖的国际犯罪，均属于核心罪名。《罗马规约》第 5 条第 1 款规定："本法院的管辖权限于整个国际社会关注的最严重的犯罪。本法院根据本规约，对下列犯罪具有管辖权：(1)灭绝种族罪；(2)危害人类罪；(3)战争罪；(4)侵略罪。"

第一节　灭绝种族罪

一、灭绝种族罪概述

灭绝种族(genocide)一词，由古希腊语"genos"与拉丁语"cide"两个词组合而成。1944 年，波兰法学家拉斐尔·莱姆金(Raphael Lemkin)教授在《轴心国在沦陷欧洲的统治》(*Axis Rule in Occupied Europe*)一书中首先使用"灭绝种族"一词，以描述二战期间德国纳粹分子在占领区内滥杀一个国家平民或者族裔的罪行，并且极力主张将这种行为予以犯罪化。他认为，"灭绝种族罪"定义的关键是存在一个构成摧毁某一团体生命的必要基础的计划，目的是消灭这一团体。他指出："这一计划的目的是瓦解一个民族团体的政治和社会结构，瓦解其文化、语言、民族感情、宗教和经济基础，并摧毁属于该民族团体的个人的安全、自由、健康、尊严，甚至生命。灭绝种族是对作为一个整体的民族团体的犯罪，而且也涉及直接指向个人的行为。但是，这种指向个人的行为不是基于其身份，而是基于其属于这个民族团体的成员。"①

"灭绝种族罪"的概念在法律上首次使用是在纽伦堡审判中。之后，同盟国根据《第 10 号法令》，在各自的占领区内对其他纳粹战犯进行审判的过程中，也多次使用了这一概念。1946 年联合国大会第 96(1)号决议宣布灭绝种族罪是国际法上的一种罪行，并要求经济及社会理事会起草一个关于禁止实施灭绝种族行为的国际公约。1948 年联合国大会一致通过了《防止及惩治灭绝种族罪公约》。该公约第 1 条规定："缔约国确认灭绝种族行为，不论发生于平时或战时，均系国际法上的一种罪行，承允防止并惩治之。"第 2 条规定，灭绝种族罪系指蓄意全部或局部消灭某一民族、人种、种族或宗教团体，犯有下列行为之一者：(1)杀害该团体的成员；(2)致使该团体成员在身体上或精神上遭受严重伤害；(3)故意使该团体处于某种生活状态下，以毁灭其全部或局部生命；(4)强制施行办法，意图防止该团体内的生育；(5)强迫转移该团体的儿童至另一团体。第 3 条规定，凡灭绝种族、直接公然煽动灭绝种族、意图灭绝种族和共谋灭绝种族的行为，均为应惩处的罪行。1951 年国际法院在"关于《防止及惩治灭绝种族罪公约》的保留问题的咨询意见"中指出，该公约所体现的原则是文明国家公认的有拘束力的原则，不仅对公约的缔约国，而且对非缔约国也具有法律效力。

《防止及惩治灭绝种族罪公约》关于灭绝种族罪的概念为这一罪行的界定提供了一个基本模式。在现代国际刑法中，防止及惩治灭绝种族罪的规则已成为国际习惯法的组成部分，而且属于 1969 年《维也纳条约法公约》第 53 条所称的国际强行法规范。正基于此，《防止及惩治灭绝种族罪公约》缔结以后，联合国虽然也制定一些涉及灭绝种族罪的国际法律文件，但都是对灭绝种族罪的习惯法规则进行编纂，而未创设新的规则。《前南国际刑庭规约》第 4 条、《卢旺达国际刑庭规约》第 2 条、《危害人类和平及安全治罪法草案》第 17 条和《罗马规约》第 6 条，除个别措辞有所不同外，均未对《防止及惩治灭绝种族罪公约》的内容作实质性的修改。

---

① Raphael Lemkin, *Axis Rule in Occupied Europe: Laws of Occupation-Analysis of Government-Proposals for Redress* (Carnegie Endowment for International Peace, 1944) 19.

二、灭绝种族罪的概念和构成

(一)灭绝种族罪的概念

《罗马规约》第 6 条规定:"'灭绝种族罪'是指蓄意全部或局部消灭某一民族、族裔、种族或宗教团体而实施的下列任何一种行为:(1)杀害该团体的成员;(2)致使该团体的成员在身体上或精神上遭受严重伤害;(3)故意使该团体处于某种生活状况下,毁灭其全部或局部的生命;(4)强制施行办法,意图防止该团体内的生育;(5)强迫转移该团体的儿童至另一团体。"根据这一规定,灭绝种族罪,是指蓄意全部或局部消灭某一民族、族裔、种族或宗教团体而对其任何成员实施的有计划、有系统的侵害行为。

(二)灭绝种族罪的构成

1. 客观构成要件:五种危害行为十四类受保护团体

本罪在客观方面,表现为实施了灭绝种族的上述《罗马规约》第 6 条中的五种行为。灭绝种族的被害人,必须是某一民族、族裔、种族或某一宗教团体的成员。这四类团体的共同特点是:团体成员的资格具有稳定性和永久性。这些成员通过出生或者某种持续、不可逆转的方式,永久地归属于某个团体。因此,那些成员自由加入而组成的团体,如政治、经济或专业的团体,因其具有变动性和不稳定性,而被排除在四类团体之外。另外,文化性团体也不包括在内,因为灭绝种族主要是对一个团体的人身消灭,而不是对其文化特征的消除。1946 年联合国大会第 96(1)号决议中,曾将消灭某一种族、宗教、政治以及其他团体的事件都纳入关注的范畴。但在制定《防止及惩治灭绝种族罪公约》的过程中,各代表团对受保护的团体应否包括政治团体的问题进行了激烈的辩论。最终在正式文本中,受保护的团体不包括政治团体,也不包括经济、社会等其他团体。民族,是指居住在某一国家或某一地点的居民群体,具有自己的种族、宗教、语言和传统。族裔,又称人种,是指团体成员共同使用同一语言和文化而联系在一起的群体,是一种文化上的区分。种族,是指基于相同的遗传的身体特征而联系在一起的群体。宗教团体,是指基于相同的宗教信仰而联系在一起的群体。应当指出,这四类团体是相当模糊的概念。相对而言,人种和种族是人生而具有并且相对固定的,民族和宗教团体在历史上则是经常变化的。形象地说，《防止及惩治灭绝种族罪公约》所列举的四类团体，就像一个正方形的四边，界定出受公约保护的范围。[①] 从逻辑来看，这四类团体的内涵和外延难免相互重叠交错，但从效果来看却能起到相互补充和相互界定的作用。

实践中，在判断被害人是否属于这四类团体的成员时，应当综合全案具体分析。例如，在 Rutaganda 一案中，卢旺达国际刑庭指出："如同上文关于法律适用的讨论所表明的，本庭认为，在认定某一团体是否属于灭绝种族罪所指的团体时，必须进行个案具体判断，综合考虑相关证据以及政治、社会和文化背景等。""本庭同意 Akayesu 案的判决意见，即图西族(Tutsi)人和其他卢旺达人具有相同的语言和文化。但是，本庭发现，有许多客观因素可以区别这一群体。1994 年以前，每个卢旺达公民都被要求随身携带一个身份卡，以表明自己属于胡图族（Hutu）、图西族或特佤族(Twa)。1994 年，当时的卢旺达宪法和法律，也是根据人种对卢旺达人作出分类。而且，当时还存在根据父系关系决定人种的习惯。可见，将卢旺达人分别归属于胡图族、图西族或特佤族，是卢旺达的一种文化。根据《灭绝种族罪公约》的立法背景，在卢旺达和国际社会看来，这些划分出来的人种群体完全是一种稳定、永久的团体。在 1994 年的卢旺达，图西族已经成为一个族裔。"[②]

本罪并不要求行为人实际上灭绝了某个团体，只要实施公约禁止的任何一种行为，即可构成。这种行为通常表现为作为，在特定情形下，也可以表现为不作为。对本罪的指控也不需要提供被害人的精确数字，但必须证明，被告意图杀害的是众多团体成员，而不仅仅是个别成员或数名成员。本罪既可能发生在战时，也可能发生在平时。

2. 主观构成要件：蓄意消灭特定团体

本罪在主观方面，必须具有灭绝种族的故意，即蓄意全部或局部消灭某一民族、族裔、种族或宗教团体。"蓄意"一词，清楚地表明行为人具有灭绝种族的特定目的；"全部或局部消灭"，意味着行为人意图在数量或者质

---

①　李世光，刘大群，凌岩. 国际刑事法院罗马规约评释（上册）[M]. 北京：北京大学出版社，2006：59.

②　*Prosecutor v. Rutaganda*，Case No. ICTR-96-3-T，Judgment & Sentence，6 December 1999，pp. 372-373.

量方面毁灭一个团体的全部成员或者有代表性成员,如这个团体的政治领袖、宗教领袖、知识分子或者有生育能力的妇女。灭绝种族罪区别于其他犯罪的特点,就在于它包含这种特殊故意。这种特殊故意是大陆法系中的一个重要概念,是犯罪构成要件所必需的明确故意,即行为人明确地追求被指控犯罪的发生。

这种特殊故意,属于难以证明的主观心理因素。在缺乏被告坦白的情形下,只能采用推定的方法。具体而言,对于被指控的特定行为中的灭绝种族的故意,可以从以某个团体成员为侵害目标的言语或行为事实中推断出来。例如,行为发生的社会背景、行为方式的一致性和系统性、所使用的武器、所造成的人身伤害程度、实施计划的方式、被害团体成员在整个团体人口中所占的比例、所使用的贬损性语言等。在 Akayesu 一案中,卢旺达国际刑庭认为:"强奸图西族妇女是有系统的、针对所有的图西族妇女且仅针对她们。一名嫁给胡图族人的图西族妇女在法庭作证说,她未被强奸,因为她的人种背景不为外人所知。作为煽动胡图族人反对图西族人宣传活动的一部分,图西族妇女成为性暴力的对象。例如,本庭查明,几个联攻派民兵(Interahamwe)在强奸和刺杀 Ntereye 教授的妻子 Alexia 和她两个侄女之前,命令她们脱光衣服、裸奔、做体操,'以展示图西族妇女的大腿'。其中,强奸 Alexia 的那个民兵将被害人扑倒在地、趴在其身上时还说,'让我们瞧瞧图西族妇女的阴道的样子'。Akayesu 本人也供认,他对正在实施强奸的几个民兵说过,'不要再问图西族妇女味道怎样'。这种针对特定人种实施的强奸清楚地表明,图西族妇女正是因为其是图西族人而成为性暴力的目标的。这种性暴力是毁灭图西族人的一个重要步骤,包括摧毁图西族人的精神、生存意志以及生命本身。"①

三、灭绝种族罪的基本类型

灭绝种族罪是一种集合行为,是对全部或局部地消灭某一民族、族裔、种族或宗教团体而实施的一系列危害行为的统称。无论是发生在战时,还是在和平时期实施,只要实施五种危害行为中的任何一种,即可构成本罪。这五种危害行为在犯罪对象、主客观构成要件方面都有特别规定,在某种

---

① *Prosecutor v. Akayesu*, Case No. ICTR-96-4, Judgment, 2 September 1998, p. 732.

意义上具有独立的个罪的地位。

(一)杀害团体的成员

"杀害团体的成员",是指故意致人死亡,且与全部或部分毁灭某个团体的目的相联系的行为。根据《犯罪要件》的规定,"杀害团体的成员"的构成要素包括以下四个方面:(1)行为人杀害一人或多人;(2)这些人为某一特定民族、族裔、种族或宗教团体的成员;(3)行为人意图全部或局部消灭该民族、族裔、种族或宗教团体;(4)行为是在明显针对该团体采取一系列类似行为的情况下发生的,或者是本身足以造成这种结果的行为。

根据上述规定,"杀害团体的成员"的构成要素可以进一步解析如下:首先,在客观方面,杀害是一种致使被害人死亡的行为。"杀害",本质上是一种出于导致被害人死亡的故意而实施的杀人行为。其次,在主观方面,杀害行为与行为人全部或部分毁灭某个团体的目的相联系。最后,在犯罪对象方面,只对被害人的属性作出限定,并没有数量要求。如果强调被害人的数量,则会限制公约的保护范围。在绝大多数情况下,灭绝种族罪的被害人往往是多数人,但行为人实际上杀害的团体成员的数量多寡并非本罪的构成要件。只要杀害行为是出于毁灭某个团体的明确目的,即使实际上只杀害一人,也可以构成灭绝种族罪。杀害行为必须是故意实施的,而不是一种偶然的或者单纯的疏忽行为所致。但是,杀害行为不一定要经过预谋。

(二)造成团体的成员身体或者心理严重伤害

"造成团体成员身体或者心理严重伤害",是指行为人在灭绝某个团体的意志支配下,故意在身体、精神方面严重伤害该团体成员,致使该团体逐渐涣散、瓦解直至消灭。《犯罪要件》规定,致使身体或者精神上遭受严重伤害的行为方式,可以包括但不一定限于酷刑、强奸、性暴力和不人道或有辱人格待遇。

这里的"身体伤害",是指任何造成外部器官、内部器官或者外貌严重损害的行为。这里的"精神伤害",主要是指对被害人心理上的伤害。无论是身体伤害还是精神伤害,都必须达到危及团体生存之"严重"的程度,即对一个人的生活能力造成重大和长期的不利结果,但并不要求伤害必须是永久的或者不可治愈的。但是,以下行为一般不构成"严重伤害":不让被害人从香蕉园获取食物,造成其身体虚弱;不让参加祷告活动;发布驱逐被害人的决定,造成一种紧张状态。本项的行为方式,包括但不限于强奸、性暴力、酷刑、不人道的或有辱人格的待遇。在判断强奸等性暴力行为构成灭绝种族罪时,应当考虑以下因素:第一,强奸或性暴力行为造成了严重的身体或精神伤害;第二,强奸或性暴力行为被当作实施种族灭绝行为的手段,而不仅仅是行为人实施个人犯罪的工具;第三,行为人在实施强奸或性暴力行为时,其主观目的是毁灭某个团体;第四,根据具体案情,强奸或性暴力行为可以用来证明行为人具有灭绝种族的故意,如行为人在实施强奸行为时,确信会损毁被害人的性能力、性器官和生殖能力,使其再也不会结婚或生育。

(三)使团体处于毁灭性的生活状况之中

"使团体处于毁灭性的生活状况之中",是指故意制造不适合团体生存的生活条件或人文环境,或者强令团体迁移至不适合其生存的自然环境或人文环境。根据《犯罪要件》的规定,本项的行为,是指针对某一特定民族、族裔、种族或宗教团体的成员,为了全部或局部地毁灭该团体的生命,行为人采取故意断绝其生存必需的资源等方式,使团体成员处于某种生活状况的行为。

关于本项行为的理解,应当与没有立即杀死团体成员的方法联系起来。换言之,行为人并非立即将被害人予以消灭,而是剥夺或限制某一受保护团体的基本生存条件,从而使该团体的生命全部或部分"缓慢地"毁灭。即行为人并不追求立即导致团体成员死亡的结果,而是通过使团体处于某种恶劣的生活条件之下来最终摧毁其身体。本项的行为方式包括:限制食物供应、降低医疗服务、驱离家园、制造恶劣的生存环境(如断绝必要的住房、衣物、卫生条件或者强制从事高强度的体力劳动)等。

(四)强制防止生育

"强制防止生育",是指强制使用特定措施来防止团体成员的生育,包括性残害、强迫绝育、强制控制出生率、性别隔离、禁止内部结婚、强迫怀孕以及精神强制等。根据《犯罪要件》的规定,本项的行为方式,是指针对某一特定民族、族裔、种族或宗教团体的成员,为了全部或局部地毁灭该团体的生命,行为人对一人或多人强制施行各种办法,意图防止该团体内生育的行为。

本项行为的本质,是强制施行办法意图防止生育。例如,在一个以父亲的族裔作为团体成员资格的人群中,强迫该团体的妇女与另一个族裔的男子性交并怀孕,使出生的婴儿不具有该团体成员的资格。针对特定团体而实施的强迫绝育,最能体现防止该团体生育的意图。例如,在二战期间,纳粹德国为了实现全体或部分消灭犹太人的目的,曾对犹太人实施强制绝育。

（五）强迫转移儿童

"强迫转移儿童",是指将一个团体中的儿童,强迫转移至另一团体中。根据《犯罪要件》的规定,本项的行为方式,是指针对某一特定民族、族裔、种族或宗教团体的成员,为了全部或局部地毁灭该团体的生命,行为人在知道或者应当知道被害人不满 18 周岁的情形下,强行将其从该团体转移到另一团体的行为。

本罪在客观方面,表现为行为人必须使用暴力把不满 18 周岁的人从一个团体转移至另一个团体。这里的"暴力",不仅包括直接强制身体的转移儿童行为,还包括导致强迫儿童转移的威胁、恐吓行为。暴力针对的对象,既可以是被害人本人,也可以是第三人。强行转移的手段,既可以是针对人身的武力,也可以是针对这些人或另一人实施武力威胁或强制手段。本项的"转移"行为必须已经着手实施,而不能是可能实施。行为人的主观方面是故意,且知道或者应当知道被转移者不满 18 周岁。与前述各项行为不同的是,本项的行为只是将被害人强迫转移到另一团体,但并不会导致被害人身体或生物学意义上的毁灭。

案例 5-1　阿卡耶苏案[①]

约翰·保罗·阿卡耶苏(Jean Paul Akayesu)出生于 1953 年。在 1993 年 4 月至 1994 年 6 月期间,他在卢旺达担任塔巴市(Taba commune)市长,负责管理辖区内的行政事务和维护公共安全,还独自掌控着辖区警察和配置在辖区内的宪兵,并且负责执行法律规章以及管理辖区内的经济、基础设施、市场、医疗和社会生活等。在塔巴市,阿卡耶苏对引导民众起着关键的作用。他经常对安全、经济和民众的社会生活等事宜提出建议,而且为民众所遵循,被视为"塔巴市之父"。

---

① *Prosecutor v. Akayesu*, Case No. ICTR-96-4-I, Amended Indictment，17 June 1997；*Prosecutor v. Akayesu*, Case No. ICTR-96-4-T, Judgment, 2 September 1998.

1995 年 10 月 10 日，阿卡耶苏在利比亚被逮捕，1996 年 2 月 13 日，卢旺达国际刑庭的检察官提交对阿卡耶苏的起诉书。1997 年 6 月 17 日，检察官在起诉书中增加 3 项指控，修改后的起诉书共包括 15 项指控，包括：在 1994 年 4 月 7 日至 6 月底期间，至少 2000 名图西族人在塔巴市惨遭杀害，而阿卡耶苏在此期间作为塔巴市市长，从未试图阻止在其辖区内公然和广泛进行的屠杀活动，也没有呼吁宗教或民族机构的支持以便平息事件；当众多图西族平民在市政府大楼寻求庇护时，阿卡耶苏明知性暴力、殴打和谋杀行为正在发生，而且其身处犯罪现场，却助长和鼓励这些行为在市政府大楼和周围地域发生；阿卡耶苏还下令当地民众和民兵杀害有影响力的图西族人和知识分子。据此，起诉书指控阿卡耶苏犯有灭绝种族罪、危害人类罪、违反各项《日内瓦公约》共同第 3 条等罪行，其中与灭绝种族罪相联系的指控是：第一项的灭绝种族罪、第二项的同谋灭绝种族罪、第四项的直接公然煽动灭绝种族罪。

1997 年 1 月 9 日，卢旺达国际刑庭第一审判分庭开始对阿卡耶苏的审判。经过审理，于 1998 年 9 月 2 日作出判决，认为阿卡耶苏犯有起诉书中指控的 1 项灭绝种族罪、1 项煽动灭绝种族罪以及 7 项危害人类罪。考虑到灭绝种族罪与同谋灭绝种族罪是两种性质不同、定义互斥的犯罪，被告不能对同一行为同时成立主犯和同谋犯，故认定其不构成第 2 项所指控的同谋灭绝种族罪。此外，法庭认定阿卡耶苏不构成 5 项所指控的违反各项《日内瓦公约》共同第 3 条的罪行。

第二节　危害人类罪

一、危害人类罪概述

危害人类罪（crimes against humanity），又称反人类罪、反人道罪，是国际刑法的核心罪名之一。"危害人类罪是一种对人类的犯罪，它违反了一般法律原则，引起整个国际社会的关注。危害人类罪的影响超越了国界，其残忍性和严重性是现代文明所无法容忍的。"[①]危害人类罪并非仅仅是针对个人的犯罪，而是侵犯整个人类社会的根本利益、严重损害人类的和平和安全的犯罪。

---

① Kriangsak Kittichaisaree, *International Criminal Law*, Oxford University Press, 2001, p. 85.

防治该罪是国际强行法的重要内容,符合正义的基本要求。因此,无论是作出最严厉判决并执行死刑的纽伦堡审判,还是引入危害人类罪的各国国内立法,均对该罪配置了最严厉的刑罚,这已成为一项被所有文明国家认可的基本原则。

危害人类罪最早可以追溯至 1899 年第一次海牙和平会议制定的《陆战法规和惯例公约》。该公约前言中的“马顿斯条款”(martens clause)使用了“人道”、“人道主义法”、“人类的命令”等词语,目的是扩大对战斗人员和平民的保护,不过尚未明确提出“危害人类罪”的概念。[①] 作为一个专业术语,“危害人类罪”最早出现在 1915 年法国、英国和俄国共同发表的一项谴责奥斯曼帝国(土耳其)对亚美尼亚人的屠杀是反人道和反文明的罪行的宣言。1919 年巴黎和平会议上成立的“关于战争发起者的责任与惩罚违反战争法规和惯例的行为委员会”,明确列举了违反战争法规和惯例以及人道法的行为,拟对奥斯曼帝国政府官员实施危害人类罪的行为提起诉讼,但最终未采取任何行动。作为一项国际罪行,危害人类罪最早规定于 1945 年《纽伦堡宪章》中,纽伦堡审判的判决书、管制委员会的《第 10 号法案》也确认了该罪。[②]《纽伦堡宪章》第 6 条第 3 款规定:“违反人道罪:在战争爆发以前或战争期间,对平民施行谋杀、灭绝、奴役、放逐或其他不人道行为,或基于政治、种族或宗教的理由而实施的属于本法庭有权管辖的已经构成犯罪或与犯罪有关的迫害行为,不管该行为是否违反进行该类活动的所在国的法律。”这一规定也为 1946 年《东京宪章》所效仿,该宪章第 5 条第 3 款也将危害人类罪作为法庭管辖下的一项罪行,除了在迫害行为所依据的理由中删除“宗教”原因外,其他内容基本相同。根据两个宪章的规定,危害人类罪的罪行既可能发生在战前,也可能发生在战时;既可能针对敌国平民所犯,也可能针对本国平民所犯;既可能符合犯罪地国的国内法,也可能违反其国内法。

纽伦堡审判之后,危害人类罪的概念又有了新的变化。1945 年《第 10 号法令》采用列举式对危害人类罪作了如下规定:“暴行和罪行,包括但不限于对平民实施的谋杀、灭绝、奴役、放逐、监禁、酷刑、强奸或其他不人道行为,或基

---

① 该条款规定:“在颁布更完整的战争法规之前,缔约各国认为有必要声明,凡属他们通过的规章中所没有包括的情况,居民和交战者仍应受国际法原则的保护和管辖,因为这些原则是来源于文明国家间制定的惯例、人道主义法规和公众良知的要求。”

② *Report of the Secretary-General Pursuant to Paragraph 2 of Security Council Resolution 808*(1993), UN Doc. S/25704(1993), p. 47.

于政治、种族、宗教的理由而实施的迫害行为，不管是否违反犯罪地国的国内法。"该法令以《纽伦堡宪章》作为蓝本，删除了《纽伦堡宪章》关于要求危害人类罪是发生在"战争爆发以前或在战争期间"的时空限制，即必须在实施反和平罪或者战争罪中实施或者与之相联系，同时将"监禁、酷刑和强奸"增加为本罪的行为类型。这一规定后被1948年《防止及惩治灭绝种族罪公约》所吸收。1969年联合国通过《战争罪及危害人类罪不适用法定时效公约》，明确将种族灭绝罪和种族隔离罪规定为危害人类罪的罪行。

20世纪90年代危害人类罪的含义又有新的变化。1993年《前南国际刑庭规约》第5条对危害人类罪的概念作了重新界定。根据该条规定，危害人类罪，是指"在国际或国内武装冲突中针对平民所犯的下列罪行：(1)谋杀；(2)灭绝；(3)奴役；(4)驱逐；(5)监禁；(6)酷刑；(7)强奸；(8)基于政治、种族、宗教原因而进行迫害；(9)其他不人道行为。"根据这一规定，前南国际刑庭管辖下的危害人类罪，除在《纽伦堡宪章》的基础上增设了行为类型，且规定该罪罪行均与武装冲突密不可分(不包括平时所犯的罪行)，而不论其是否具有国际性质。与此不同，1994年《卢旺达国际刑庭规约》第3条对危害人类罪进行了修改，取消了危害人类罪与武装冲突的联系，但要求该罪行必须是广泛、有系统地针对平民实施的攻击，而且这种攻击均必须是基于民族、政治、人种、种族或者宗教的原因，即具有歧视性。该规约主观方面的一般性要件改变了之前一贯坚持的危害人类罪要求行为人具有歧视性动机的习惯性规定，侧重强调主观方面"基于民族、政治、人种、种族或者宗教的原因"。这一改动是为适应卢旺达境内所发生的大屠杀事件所具有的歧视性动机之情形，从而将卢旺达国际刑庭的宽泛的管辖权限制在一定的范围之内。

国际刑事法院筹备委员会提交给罗马大会审议的《国际刑事法院规约(草案)》中分两个条款对危害人类罪作以规定，条款一规定危害人类罪的定义与行为类型，条款二解释灭绝、驱逐出境或强行迁移人口、迫害、酷刑、强迫失踪等五种行为形态的含义。草案对危害人类罪草拟了两个备选案文，案文一的定义是"危害人类罪是指广泛或有系统地针对任何平民人口实施下列任何一种行为的部分行为"；案文二的定义是"危害人类罪指基于政治、思想、种族、族裔或宗教理由或其他任意确定的理由，在武装冲突中，针对任何平民人口实施广泛或有系统的大规模攻击的下列部分行为"。经过协商，《罗马规约》第7条对危害人类罪这一习惯法上的犯罪进行了再次确认，并对其概念进行了全新的规定，同时将行为类型扩充到现有的11种，并且增设了"明知"这一主观方面要件。

二、危害人类罪的概念和构成

(一)危害人类罪的概念

《罗马规约》第 7 条规定:"'危害人类罪'是指在广泛或有系统地针对任何平民人口进行的攻击中,在明知这一攻击的情况下,作为攻击的一部分而实施的下列任何一种行为:(1)谋杀;(2)灭绝;(3)奴役;(4)驱逐出境或强行迁移人口;(5)违反国际法基本规则,监禁或以其他方式严重剥夺人身自由;(6)酷刑;(7)强奸、性奴役、强迫卖淫、强迫怀孕、强迫绝育或严重程度相当的任何其他形式的性暴力;(8)基于政治、种族、民族、族裔、文化、宗教、第三款所界定的性别,或根据公认为国际法不容的其他理由,对任何可以识别的团体或集体进行迫害,而且与任何一种本款提及的行为或任何一种本法院管辖权内的犯罪结合发生;(9)强迫人员失踪;(10)种族隔离罪;(11)故意造成重大痛苦,或对人体或身心健康造成严重伤害的其他性质相同的不人道行为。"根据这一规定,危害人类罪,是指在广泛或有系统地针对任何平民人口进行的攻击中,故意实施作为攻击一部分的侵害行为。

《罗马规约》对危害人类罪的概念界定,反映了纽伦堡审判以来国际人道主义法的新发展,极大地扩展了《纽伦堡宪章》和《东京宪章》规定的危害人类罪的范围。与之前的国际文件相比,《罗马规约》的定义在以下几个方面具有新的突破:第一,它不再要求危害人类罪必须具备武装冲突这一时间要素。第二,它取消了对平民的攻击必须同时满足"广泛的"和"有系统的"两个条件,而只要求具备其中之一即可。第三,它在"驱逐"的行为类型中增加了"强行迁移人口"这一行为方式。第四,它将"监禁"的行为类型扩大到包括"违反国际法基本原则的严重剥夺人身自由的其他行为"。第五,它在强奸罪之外,增加规定了"性奴役、强迫卖淫、强迫怀孕、强迫绝育或严重程度相当的任何其他形式的性暴力"。第六,它要求迫害必须针对"任何可以识别的团体或集体",而且必须是基于"政治、种族、民族、族裔、文化、宗教、性别"等歧视性理由,或者基于"公认为国际法不容的其他理由"。

(二)危害人类罪的构成

根据《罗马规约》第 7 条第 1 款的规定,危害人类罪的构成要件包括以下四个方面:一是必须针对任何平民人口实施攻击;二是攻击与政策之间具有关联性;三是攻击必须是广泛或有系统地实施;四是行为人必须明知攻击是针对平民人口。

1. 客观构成要件：广泛或有系统地攻击平民

危害人类罪在客观方面，表现为攻击行为属于广泛或者有系统地攻击平民人口的一部分，并严重损害其身体健康或造成其精神方面巨大痛苦。所谓"广泛或者有系统地攻击平民人口"，是指根据国家或者组织的指示或政策，针对平民实施规约指定的某种或多种行为。

在危害人类罪中，"攻击"这个概念比较广泛，包括虐待那些没有积极参加敌对行动的人。首先，攻击的对象必须是"任何平民人口"。根据《罗马规约》第 7 条第 2 款第 1 项规定，"针对任何平民人口进行的攻击"，是指根据国家或组织攻击平民人口的政策，或为了推行这种政策，针对任何平民人口多次实施反人道行为的行为过程。据此，攻击的对象必须是平民人口，即平民人口是攻击行为的首要目标，而非偶然目标。这里的"平民"，应当作广义的理解，不仅包括一般的居民，而且包括所有未实际参加战斗的人员，如战俘、医务人员和警察等。平民的认定，需要考虑被害人在面临侵害时的处境。"任何"一词，则意味着对被侵犯的平民人口的国籍没有限制，包括敌对国家的公民、中立国的公民、本国的公民、盟国的公民及无国籍人。例如，在 Akayesu 一案中，卢旺达国际刑庭认为，平民人口的成员是指没有积极参加任何敌对行动的人员，包括放下武器以及因病、受伤、拘禁或任何其他原因丧失战斗能力的武装部队人员。即使在平民人口中存在一些不符合平民定义的个人，也不能剥夺该人口的平民性质。[①]又如在 Blaškić 一案中，前南国际刑庭指出，危害人类罪不仅可对严格意义上的平民实施，还可以对前战斗人员实施，无论他们是否身穿制服，只要他们在被攻击时属于因离开军队、不再配带武器或者最终基于受到伤害或拘禁后丧失战斗能力而不再参加敌对行动的人员。[②]"人口"，是一个集体概念。这意味着被害人是经过精心选择的特定人群，从而排除了针对个人的单独或者孤立的攻击行为，但攻击的对象不要求是某一地区的全部人口。在判定是否是"针对平民人口的攻击"时，应当考虑以下因素：攻击的手段；被害人的数量；被害人的地位；攻击是否带有歧视性；攻击行为的性质；攻击有无克制；是否事先要求攻击者遵守战争法规。

其次，攻击的行为必须与规约所列举的罪行相联系。在《罗马规约》中，

---

① *Prosecutor v. Akayesu*, Case No. ICTR-96-4-T, Judgment, 2 September 1998, p. 582.

② *Prosecutor v. Blaškić*, Case No. ICTY-95-14-T, Judgment, 3 March 2000, pp. 211-214.

"多次实施这种行为"代替了"实施多次行为",因为后者可能被解释为需要实施两种以上的非人道行为。在这里,攻击的行为应与谋杀、强奸、驱逐出境等相关联,且是不合法的。例如,在 Kambanda 一案中,卢旺达国际刑庭认为,鉴于被告没有履行作为卢旺达总理的职责,未采取措施使卢旺达儿童和人民免遭屠杀,尤其是在被要求制止屠杀行为时却没有阻止,因而构成危害人类罪。①

再次,攻击必须具有政策因素。根据《罗马规约》第 7 条第 2 款第 1 项规定,危害人类罪的成立,要求"攻击行为"与"政策"之间具有关联性。以任何平民人口为侵犯对象的攻击行为都不是孤立的事件,而是作为国家或组织攻击平民政策的组成部分,或者是推行这种政策的结果。例如,在 Kayishema & Rusindanag 一案中,卢旺达国际刑庭认为,一个针对平民人口的攻击行为,要满足危害人类罪定义设定的门槛条件,必须证明存在一个事先的计划或政策。② 纯粹基于个人动机,没有受到任何政府、组织或团体的煽动或指示而自行实施的攻击行为,不属于这里的"攻击"。根据《犯罪要件》的界定,"攻击平民人口的政策",是指国家或组织积极推动或鼓励这种攻击的行为。对于这种政策的推动或鼓励,国家通常是以积极作为的方式进行的,但特殊情况下也可以是故意不采取行动,刻意助长这种攻击。关于政策的形式,不必精确地以书面形式制定,也不需要一定是国家级别的政策。在判定政策是否存在时,应当综合考虑以下因素:历史政治背景;自治性政治机构的建立;政治性讲话;自治性军事机构的建立;军队的动员;军事的进攻;对人口中民族成分的改变;歧视性措施;暴力的强度等。

最后,攻击必须具有广泛性或有系统性。"广泛或有系统"这一要素,使完全孤立实施的行为被排除在危害人类罪的范围之外。《卢旺达国际刑庭规约》和《罗马规约》都肯定了该要件。从语义上讲,在集体行动之外单独实施的行为不属于"广泛或有系统"的行为。只有在存在其他相同行为的前提下,攻击行为才可能构成"广泛或有系统"的行为的一部分。③《国际刑事法院规约(草案)》曾规定,"广泛的",是指攻击属于大规模的性质,针对大批的个人;"有系统的",是指攻击构成一项政策或协调的计划,或者在一般时间内一再采取的

---

① *Prosecutor v. Kambanda*,Case No. ICTR 97-23-S,Judgment,4 September 1998,p. 40.

② *Prosecutor v. Kayishema & Rusindana*,Case No. ICTR-95-1-T,Judgment,21 May 1999,p. 124.

③ Larry May,*Crimes Against Humanity:A Normative Account*,Cambridge University Press,2005,p. 123.

手段,或者是这种政策、计划或手段的一部分,或者与其一致,或者是为了促成这种政策、计划或手段。前者重在数量,后者重在组织性和计划性。例如,在Akayesu一案中,卢旺达国际刑事法庭指出,"广泛的攻击",是指针对众多被害人实施的危害极其严重的、大批的、经常性的和大规模的集体攻击行为。"有系统的攻击",是指一种以大量的公共或者私人资源作为公共政策的基础,通过协调组织和采取惯常模式实施的攻击行动。该政策只要是事先制定的某种计划即可,不要求上升为国家的政策。① 广泛性,是指被害人的数量,而不是指地理区域。例如,在Blaškidć一案中,前南国际刑庭认为,"广泛的",是指受害人的数量,并且是故意地大规模地实施攻击行为。无论攻击行为实际发生的地域范围广泛还是受限,只要该行为系针对大量平民人口发动的攻击,即使是一次单独的攻击行为,也可认定构成危害人类罪。② "有系统的",是指"根据事先制定好的计划或者政策,执行这一计划或政策将引起反复地持续地实施非人道的行为。这要求的核心是要排除随意的行为,即排除不是作为更大的计划或政策的一部分的行为"。③ "广泛的"或"有系统的"是择一关系,即只要证明其一即可。因此,危害人类罪既可能是针对平民人口实施的大规模的、造成众多死亡的攻击行为,也可能是惯常的、频繁实施的、造成少量死亡的暴力行为。在判定攻击是否具有广泛性或有系统性时,应当考虑以下因素:攻击行为的次数;攻击行为的规模;攻击组织机构的性质;被害者的数量;关于攻击的公开声明;针对平民人口的计划或政策;攻击的手段;攻击行为发生的可预见性;政治或军事当局是否卷入;在某个地区的发生频率;改变整个人口的族裔、宗教、人种或政治的特性;在某个地区建立新的政治或军事机构;实行各种歧视政策等。

2.主观构成要件:明知攻击行为的广泛背景

本罪的主观方面必须是故意,并且明知其攻击行为是广泛的或者有系统的攻击的一部分。行为人不仅要认识到行为的对象、后果等内容,还应认识到行为在更广泛背景下的性质。如果行为人缺乏这种认识,则只能认定为具有普通犯罪的意图或者战争犯罪的意图而不具有本罪的意图。例如,在Tadić案

---

① *Prosecutor v. Akayesu*, Case No. ICTR-96-4-T, Judgment, 2 September 1998, p.580.

② *Prosecutor v. Blaškidć*, Case No. ICTY-95-14-T, Judgment, 3 March 2000, p.206.

③ 李世光,刘大群,凌岩.国际刑事法院罗马规约评释(上册)[M].北京:北京大学出版社,2006:78.

中,前南斯拉夫国际刑事法庭上诉庭指出:"如果某一罪行不涉及广泛地或有系统地攻击平民人口,则不能当作危害人类罪起诉。危害人类罪是具有特殊性质的犯罪,与普通犯罪相比,具有更加严重的道德沦丧性。因此,认定被告犯有危害人类罪,必须证明该罪行与攻击平民人口有关(发生在武装冲突时),而且被告知道其罪行与此有关。"[1]行为人的心理因素包括犯罪意图和明知犯罪发生的广泛背景,排除行为人的个人动机。危害人类罪通常都是在大规模的攻击行为众所周知的背景下实施的,因而被告很难辩解不知道大规模的攻击行为的发生。关于被告的明知,可以从一系列具体事实中推定出来,如行为发生的政治背景、被告在政治或军事集团中的地位、职权和履职表现、被告与计划的策划者的合作、行为实施的普遍性和严重性、行为的性质及其影响等。

本罪的主观方面只要求行为人明知大规模的攻击这一背景,而不要求其也具有与攻击决策者相同的动机。换言之,动机不影响本罪的成立,即使是出于纯粹的个人动机或理由而实施的,也可以构成本罪。例如,在Blaškidć一案中,前南国际刑庭上诉庭认为,"被告的行为是针对平民人口还是仅针对被害人,并不影响本罪的成立。本罪仅要求攻击行为而非被告的行为必须针对平民人口。被告仅需明知其行为属于攻击行为的一部分即可。当然,如果有证据证明,被告纯粹是基于个人原因实施犯罪行为,则可以推断被告并不知道其行为属于攻击行为的一部分。"[2]除迫害这一犯罪形式外,本罪项下的各种行为类型,均不要求对被害人的攻击具有任何歧视性的意图。例如,在Akayesu一案中,卢旺达国际刑庭上诉分庭认为,不要求所有危害人类罪的罪行都必须基于歧视意图而实施。在证明被告明知其行为和攻击之间的客观关联性的情形下,检察官没有进一步地证明所指控的罪行是出于歧视意图而实施的义务。[3]亦即,被告的动机没有必要证明,可以说,动机对定罪是没有意义的,只在量刑环节具有考量意义。

危害人类罪是损害人类利益的最严重罪行之一,国际社会对该罪均持严厉打击的态度。危害人类罪不同于其他犯罪,但攻击与武装的关系,易造成危害人类罪与战争罪的混淆。两者的客观行为表现完全相同或者基本相同,判定具体行为构成何罪,应当以行为的背景作为主要依据。如果行为发生在国

---

①　*Prosecutor v. Tadić*, IT-94-1-A, Judgment, 2 October 1995, p. 271.

②　*Prosecutor v. Blaškidć*, Case No. IT-95-14-A, Judgment, 29 July 2004, p. 124.

③　*Prosecutor v. Akayesu*, Case No. ICTR-96-4-A, Judgment, 1 June 2001, pp. 465-469.

际武装冲突或是国际性冲突之中,那么应构成战争罪,而不应认定为危害人类罪;反之,则应认定为危害人类罪。

三、危害人类罪的基本类型

(一)谋杀

《罗马规约》第7条第1款第1项将谋杀规定为危害人类罪的行为样态之一。谋杀,是指非法故意地导致他人死亡的行为。作为危害人类罪的一种具体行为类型,谋杀行为必须属于广泛地或者有系统地攻击平民人口的一部分,而被害人是这些平民人口中的一员。关于谋杀的心理要素,在 Kupreskic et al. 一案中,前南国际刑庭认为,构成谋杀所必需的心理要素,是被告完全不顾被害人的死亡,有意地杀害或者对被害人的身体造成严重的伤害。[①] 行为人在主观方面表现为故意,包括直接故意和间接故意,即犯罪人故意杀死或者使死者遭受严重的身体伤害,且明知这种伤害能够造成他人死亡,对这种结果持放任态度。谋杀的主观要素与国际习惯法一致,在国际判例中都有体现,如前南国际刑庭在Jelisić案和Blaškić案的判决中均肯定了这一要素。关于谋杀的行为方式,可以是作为也可以是不作为。[②] 谋杀的构成要件,具体而言包括:(1)被害人死亡;(2)死亡是行为人或者其部下非法作为或不作为造成的;(3)在杀害被害人时,行为人具有杀死或者使被害人遭受严重身体伤害的故意,并且知道这种伤害可能导致被害人死亡,但对于这种死亡结果是否发生持有轻率或严重过失的态度。在诉讼中,并非一定要找到被害人尸体,才能无任何合理怀疑地证明其已经被谋杀。被害人被谋杀的事实,也可以通过其他间接证据来证实。

(二)灭绝

灭绝,是指故意施加某种生活状况,以毁灭部分人口。灭绝作为危害人类罪的一种行为类型,在《罗马规约》、《纽伦堡宪章》、《前南国际刑庭规约》等国际刑法规范中都有体现。《罗马规约》第7条第1款第2项对灭绝以列举的方式作了说明,即"故意使人忍受各种生活条件,特别是剥夺获得食物和药品的

---

① *Prosecutor v. Kupreskic et al.*, Case No IT-95-16-T, Judgment, 14 January 2000, p.560.

② 罗马规约的筹备委员对犯罪构成的采纳,主要依据Blaškić案,仅要求犯罪人剥夺了他人的生命,包括故意不作为而引起的死亡,从这一点上肯定了危害人类罪中的谋杀包括不作为的行为方式。

条件,有意造成部分人口的毁灭"。灭绝不要求犯罪人的行为指向特定的某个人或者某个群体,只要灭绝的要素得到印证,则即使被害人只有一人也可以认定为灭绝。卢旺达国际刑庭曾以假定的案例来说明,如 10 个胡图族官员向200 个图西族人开枪,杀死了这些人。其中甲官员枪法差,只杀了 1 人,而乙官员枪法准杀了 16 人。因为这两名官员都参与了这场大屠杀,并且都认识到自己的行为构成了大屠杀的一部分,所以他们的行为构成灭绝。[①] 灭绝的行为方式表现为杀害、断绝粮食和药品来源等。行为方式是直接还是间接,是作为还是不作为,则非所问,只要危害行为是作为大规模屠杀平民的一部分而发生的即可。具体来说,灭绝的构成要件是:(1)行为人通过自己的作为或不作为,参与了大规模的杀害行为,或者参与了施加会导致大规模人口死亡的生活条件;(2)具有杀人的故意,或者对是否会导致死亡的结果持有轻率或严重过失的态度;(3)认识到自己的作为或不作为构成大规模屠杀行为的一部分;(4)作为或不作为构成广泛地或有系统地攻击任何平民人口的一部分。灭绝与谋杀的区别在于规模,灭绝是大规模的毁灭或者谋杀。作为危害人类罪的行为类型的"灭绝",也易与灭绝人类罪的行为类型重合。二者的区别在于,行为人的心理要素不同:危害人类罪的"灭绝"可以针对个人或团体,主观目的不包含部分消灭或全部地消灭某个团体或群体的故意;而灭绝人类罪必须具备消灭特定对象的团体或群体的特殊故意。

(三)奴役

奴役,是指对被害人行使附属于所有权的任何或一切权力,包括在贩卖人口,特别是贩卖妇女和儿童的过程中行使这种权力。奴役一直被视为危害人类罪的一种行为类型,从《纽伦堡宪章》到《罗马规约》等国际刑法规范中均涉及关于奴役的规定。这个罪名源自 1926 年 9 月 25 日《废除奴隶制及奴隶贩卖之国际公约》(简称《禁奴公约》),具体内容则应当结合 1956 年 4 月 30 日《废止奴隶制、奴隶贩卖及类似奴隶制的制度与习俗补充公约》(简称《补充公约》)的规定确定。奴役的本质是剥夺自由,具体包括:(1)实行奴隶制。奴隶制,是指对某人行使附属于所有权的任何或一切权力的地位或状态。(2)实行类似奴隶的制度与习俗。具体包括:①债务质役,即因债务人典质将其本人或受其控制之第三人之劳务充作债务之担保,所服劳务之合理估定价值并不作

---

① 　王世洲.现代国际刑法学原理[M].北京:中国人民公安大学出版社,2009:453.

为清偿债务计算，或此种劳务之期间及性质未经分别限制及订明，所引起之地位或状况；②农奴制，即土地承租人受法律、习惯或契约之拘束须在他人所有之土地居住及劳作，并向该人提供有偿或无偿之若干固定劳务，而不能自由变更其身份之状况；③有下列情况之一之制度或习俗：(a)女子之父母、监护人、家属或任何他人或团体受金钱或实物之报酬，将女子许配或出嫁，而女子本人无权拒绝；(b)女子之丈夫、其夫之家属或部族，有权在取得代价或在其他情形下将女子转让他人；(c)女子于丈夫亡故后可为他人所继承；④儿童或未满18周岁少年之生父生母、或两者之一、或其监护人，不论是否为取得报酬，将儿童或少年交给他人以供利用，或剥削其劳力之制度或习俗。(3)贩卖奴隶。包括意在使一人沦为奴隶之掳获、取得或处置行为；以转卖或交换为目的取得奴隶之一切行为；将以转卖或交换为目的所取得之人出卖或交换之一切处置行为；以及一般而论，以任何运送方式将奴隶贩卖或运输之一切行为。(4)贩卖人口。在现代社会，贩卖人口，尤其是贩卖妇女和儿童，是奴役罪的最常见的行为方式。具体包括：①使用暴力、胁迫等强制手段，剥夺或限制妇女的人身自由，将其偷运到他国，出售给妓院或迫使其卖淫并从中获利；②采取引诱、欺骗等非法强制手段，将妇女骗到境外，出售给妓院或迫使其卖淫并从中获利；③一切贩卖儿童的行为。(5)强迫劳动。强迫劳动不仅属于国际劳工组织的管辖范围，在某些情况下，也是奴役罪的一种表现形式。1957年6月25日国际劳工组织制定的《废止强迫劳动公约》第1条规定，缔约国承担制止和不利用为下列目的的任何方式的强迫或强制劳动：①作为政治压迫或政治教育的工具，或作为对持有或发表政见或意识形态上与现存政治、社会或经济制度相反的意见的惩罚；②作为经济发展目的动员和使用劳工的方法；③作为劳动纪律的工具；④作为对参加罢工的惩罚；⑦作为实行种族、社会、民族或宗教歧视的工具。

奴役的构成要件包括：(1)行为人对被害人实施了附属于所有权的全部或部分权力。单纯的监禁状态不构成奴役，还必须要剥削劳动、强迫劳动、强迫卖淫、贩卖等行为事实。(2)行为人有意地行使上述权力。奴役主要表现为贩卖妇女、儿童，且构成奴役并不要求监禁，如债务奴役。目前，大多数国家通过国内法将贩运人口规定为刑事犯罪。

（四）驱逐出境或强行迁移人口

驱逐出境或强行迁移人口，是指在缺乏国际法容许的理由的情况下，以驱逐或其他胁迫行为,强迫有关的人迁离其合法居留的地区。《罗马规约》第 7 条第 1 款第 4 项的规定是"驱逐或暴力迁移人口",并通过第 7 条第 2 款第 4 项进一步解释为"在缺乏国际法容许的理由的情况下,以驱逐或其他胁迫行为,强迫有关的人迁离其合法留在的地区"。驱逐出境,是指将人口从一个国家强制迁移到另一个国家;强行迁移人口,是指在一个国家内将人口从一个地区强制迁移到另一个地区。两种行为方式都含有强制性,利用武力、暴力等强制手段,使被害人出于害怕、恐惧等心理被迫离开合法居留的地方。前南国际刑庭在 Blaškić 一案中提及一个关于非法强制迁移人口的案例,247 名穆斯林平民被一个准军事组织强制从一个城镇迁移到另一个城镇,并被当作人体盾牌在一个建筑物静坐三个小时。在此之前,他们被关在只有立锥之地的 7 个房间里;在此之后,他们被卡车拉走疏散在一个农村里。[①] 本案中"准军事组织"明显构成强制迁移人口,其中"强制"是必备的要素,这种强制不仅体现在对身体的强制,而且包括对心理的强制、迫害。强制驱逐和强制迁移,在确立背景和前提条件方面是不同的。从确立背景上看,前者在《纽伦堡宪章》、《罗马规约》等国家刑法规范中都明确规定为危害人类罪的行为类型,后者则先作为战争罪的行为类型,后被吸纳为危害人类罪的行为范畴;从前提条件上看,前者以将被害人运出本国国境为前提条件,后者则是与一个国家中的易地安置相联系。[②] 根据通例,居留的合法性和其他条件是由国内法制定的,但国内法不能违反国际法的标准,不能在违反可适用的国际法规则的前提下结束合法居留。行为人必须认识到被害人具有居留的合法性而对其驱逐或强行迁移。换言之,如果是驱逐或强行迁移非法移民,或者是为了平民的安全和福利而作的重新安置或者疏散,则不构成本罪。本罪并无对被迁移人口的数量规定,也无永久迁移的要求。如果被迁移人口又返回到原居住地,不影响被告的刑事责任。

（五）监禁或以其他方式严重剥夺人身自由

保护公民人身自由是国际公认的人权保护原则之一,未经正当法律程序,任何人不得被任意逮捕、拘禁。管制委员会《第 10 号法案》、《前南国际刑庭规约》、《卢旺达国际刑庭规约》均将监禁作为危害人类罪的一种行为类型。《罗马规约》再次明确了监禁的内涵,增加"以其他方式严重剥夺人身自由"这一类

---

① 王世洲. 现代国际刑法学原理[M]. 北京:中国人民公安大学出版社,2009:457.

② *Prosecutor v. Krstić*, Case No. IT-98-33-T, Judgment, 2 August 2001, p. 521.

型。本项行为的构成要件是:(1)被害人被剥夺人身自由;(2)剥夺行为是非法的,没有任何法律根据;(3)剥夺行为是行为人或者其下属实施的;(4)行为人主观上意图剥夺被害人的人身自由,或者明知其行为会导致被害人的人身自由被剥夺;(5)行为必须达到严重违反国际法基本规则的程度。

(六)酷刑

酷刑,是指故意致使在被告羁押或控制下的人的身体或精神遭受重大痛苦;但酷刑不应包括纯因合法制裁而引起的或这种制裁所固有或附随的痛苦。酷刑,是国际社会公认的严重侵犯人权和基本自由的国际罪行。《罗马规约》第 7 条第 1 款第 6 项规定了"酷刑",并在第 2 款第 5 项进一步释明。在 Kordić & Čerkez一案中,前南国际刑庭指出:"行为人通过作为或不作为导致受害人肉体或精神上的巨大痛苦;该作为或不作为系故意作出;该作为或不作为系为取得情报或供状,或为了惩罚、恐吓或威胁受害人或第三人,或基于任何一种理由歧视受害人或第三人。"①这一定义对酷刑罪的主观目的限定为"为取得情报或供状"。《禁止酷刑和其他残忍、不人道或有辱人格的待遇或处罚公约》(简称《禁止酷刑公约》)第 1 条第 1 款规定:"就本公约而言,'酷刑'系指为了向某人或第三者取得情报或供状,为了他或第三者所作或被怀疑所作的行为对他加以处罚,或为了恐吓或威胁他或第三者,或为了基于任何一种歧视的任何理由,蓄意使某人在肉体或精神上遭受剧烈疼痛或痛苦的任何行为,而这种疼痛或痛苦又是在公职人员或以官方身份行使职权的其他人所造成或在其唆使、同意或默许下造成的。纯因法律制裁而引起或法律制裁所固有或随附的疼痛或痛苦则不包括在内。"

《罗马规约》关于酷刑的规定与《禁止酷刑公约》的规定略有不同,主要表现在三个方面:一是在主体上删除了"公职人员或以官方身份行使职权的其他人"参与行为过程的要求。二在主观方面删除了特定目的的限制。酷刑的主观目的多样,不再局限于惩罚或戕害他人或其他特定动机,而可能是惩罚被害人或第三人,或者恐吓被害人或第三人,或者是基于其他任何类型的歧视原因。三是在行为范围上将纯因合法制裁而实施的行为明确排除在外。但在客观方面没有变化,行为手段仍以暴力性措施为主,如殴打、强奸、死亡威胁等,以使他人屈服于其暴力之下,承受身体或精神的巨大痛苦。

---

① *Prosecutor v. Kordić & Cerkez*, Case No. IT-95-14/2-T, Judgment, 26 February 2001, p. 302.

（七）性犯罪

性犯罪，是指剥夺他人性自由权，以强暴的方式强奸、逼迫卖淫、性奴役或严重程度相当的任何其他形式的性暴力。管制委员会的《第10号法令》首次确认强奸是危害人类罪的行为形态之一。《罗马规约》第7条第1款第7项规定的"性犯罪"，包括六种表现形态，即强奸、性奴役、强迫卖淫、强迫怀孕、强迫绝育、严重程度相当的任何其他形式的性暴力。这种"暴力"必须达到广泛地或有系统地攻击平民的程度。

强奸，是一种具有性的性质的身体性侵入。例如，在Furundžija一案中，前南国际刑庭对强奸罪的客观要件作了如下界定："（1）性侵入，无论多么轻微：①行为人将阴茎或其他物体插入被害人的阴道或者肛门；②行为人将阴茎插入被害人的口腔。（2）以强制、暴力或者暴力威胁侵害被害人或者第三人。"[1]强奸的被害人既可以是女性，也可以是男性。性奴役，是指通过购买、出卖、出租、交换或者其他类似的剥夺自由的方式，对被害人行使与所有权有关的任何权力，迫使其从事性行为。例如，在Kunarac et al.一案中，前南国际刑庭认为，有些妇女因害怕临时结婚的"丈夫"对自己及家人实施暴力，而被迫同意为"丈夫"提供性服务。这些妇女虽然待在家中但实际上被监禁，一旦逃跑则将面临"丈夫"的暴力攻击。显然，本案中的被害人受到性迫害，且被剥夺人身自由，被告是以对被害人享有"所有权"为由而将其当作私有物品进行性虐待，这构成了性奴役。[2]

强迫卖淫，是指强迫被害人从事性行为，以谋取经济利益或其他利益。根据《罗马规约》的相关规定，强迫卖淫属于危害人类罪的行为类型，具体表现为以暴力、胁迫等手段强迫被害人同意以出卖身体为代价获得金钱或其他利益。强迫卖淫不同于性奴役，它以性行为与金钱之间存在对价关系为基础，而性奴役则不存在这一对价关系。

强迫怀孕，是指以影响任何人口的族裔构成的目的，或以进行其他严重违反国际法的行为的目的，非法禁闭被强迫怀孕的妇女。这一定义不得以任何方式解释为影响国内关于妊娠的法律。《罗马规约》的这一定义相对狭窄，难以区别国内法上的强迫怀孕与国际刑法危害人类罪的强迫怀孕。应当说，二者的区别主要在于主观目的不同：危害人类罪的"强迫怀孕"是作为攻击群体

---

[1]　*Prosecutor v. Furundžija*, Case No. IT-95-171-T, Judgment, 10 December 1998, p. 185.

[2]　*Prosecutor v. Kunarac et al.*, Case No. IT-96-23 & 23/1, Judgment, 22 February 2001, p. 78.

或团体的一部分,行为人具有明确的目的性;而国内法上的强迫怀孕并不具有这一目的。

强制节育,是指在没有获得被害人真诚同意的情况下,且没有医学或治疗上的正当理由,剥夺一人或多人的生物性生殖能力。在二战期间,纳粹德国曾经对战俘和平民施加强制性绝育手术作为其医学试验的手段。在起草《罗马规约》的过程中,我国代表团曾就"只要未经被害人真诚同意的情况下进行的绝育均属于应予犯罪化的强制节育"的规定提出异议,认为中国的人口国情决定不能完全将所有节育措施犯罪化,强制绝育不是仅具有"短期效力"的措施,而应是具有"永久性效力"的措施。在各国协商后,最终增加了"永久性效力"这一前提条件,即是否构成强制绝育应根据相关节育措施是否永久性剥夺了被害人的生育能力来判断。这里的"真诚的同意",必须是一种告知的同意,不包括以欺诈方式骗取的同意。

性暴力,是指通过暴力、暴力威胁或强迫,或者通过利用一种压迫性、被害人不能作出真诚同意的情形,迫使被害人从事性行为。《纽伦堡宪章》和《东京宪章》中隐含着性暴力构成危害人类罪的规定。构成危害人类罪的性暴力应当针对平民的具有广泛的或有系统的行为。关于"广泛"或"有系统"的实施,可以参考被害人的人数、犯罪的严重程度、犯罪的规模等。值得注意的是,性暴力不限于对被害人身体的侵入,还可能包括猥亵行为。性暴力的严重程度还须与强奸、性奴役、强迫卖淫、强迫怀孕以及强迫绝育的严重程度相当。

(八)迫害

迫害,是指针对某一团体或集体的特性,故意和严重地剥夺一人或多人的基本权利。自纽伦堡审判以后,迫害被规定在许多国际法律文件中,《罗马规约》对危害人类罪中的"迫害"作了最为详致的规定。迫害以损害他人基本权利的形式存在,迫害可以和其他罪行有重合部分,如谋杀、强奸等,但是只有当满足有意的歧视,且这种损害达到广泛的或系统的程度时,才会被认定为危害人类罪。在Tadić一案中,前南国际刑庭认为,被告基于宗教和政治上的歧视理由,对非塞尔维亚人实施迫害,其中对一个村庄及其周围地区进行了攻击,对平民进行了没收、征收、隔离和强迫他们迁往集中营,殴打、杀害了一些人,侵害了被害人享有的基本权利。①

① *Prosecutor v. Tadić*, Case No. IT-94-1-A, Judgment, 2 October 1995, p. 717.

具体而言,迫害罪的构成要件是:(1)严重剥夺一人或多人的基本权利;(2)基于被害人具有某一团体或集体的身份而以其为侵害目标,或者以这个团体或集体本身为侵害目标;(3)目标的确定是基于歧视性理由,即政治、种族、民族、族裔、文化、宗教、性别的理由,或者违反国际法的其他理由;(4)危害行为的实施具有结合性,即危害行为是在实施其他危害人类罪的行为过程中,如谋杀、灭绝、酷刑、强奸、奴役、监禁、强迫失踪、种族隔离等,或者实施国际刑事法院有权管辖的任何犯罪的过程中一并实施的。

(九)强迫失踪

强迫失踪,是指国家或政治组织直接,或在其同意、支持或默许下,逮捕、羁押或绑架人员,继而拒绝承认这种剥夺自由的行为,或拒绝透露有关人员的命运或下落,目的是将其长期置于法律保护之外。在国际法律文件中,《罗马规约》首次增设"强迫失踪"作为危害人类罪的行为类型之一。强迫失踪的客观行为表现呈现递进关系:首先是直接或有意地剥夺他人自由,其次是拒绝承认该行为。具体而言,强迫失踪的构成要件为:(1)行为人逮捕、关押或者诱拐一人或者多人,或者拒绝承认逮捕、关押或者诱拐,或者拒绝提供关于这名或者这些人员的命运或者下落的信息;(2)这种逮捕、关押或者诱拐,是在拒绝承认剥夺自由或者拒绝提供关于这名或者这些人员的命运或者下落的信息之后或者之时发生的;这种拒绝先于或者伴随着这种剥夺自由;(3)行为人知道这种逮捕、关押或者诱拐是在拒绝承认剥夺自由或者拒绝提供关于这名或者这些人员的命运或者下落的信息后,在事件的通常过程中发生的,这种拒绝先于或者伴随着这种剥夺自由;(4)这种逮捕、关押或者诱拐是在国家或政治组织的授权、支持或默许下实施的;(5)这种拒绝承认那种剥夺自由或者拒绝提供关于这名或者这些人员的命运或者下落的信息,是在国家或政府组织的授权、支持或默许下实施的;(6)行为人故意使这名或者这些人员在被拖延的时间里得不到法律的保护;(7)这种行为是作为一种广泛地或有系统地对平民进行直接攻击的一部分而实施的;(8)行为人知道,这种行为是或者被认为是一种广泛地或者有系统地对平民进行直接攻击的一部分。

(十)种族隔离

种族隔离,是指一个种族团体对任何其他一个或多个种族团体,在一个有计划地实行压迫和统治的体制化制度下,实施严重不人道行为,目的是维持该制度的存在。这种行为在性质上具有严重性,可以对一人或多人实施,行为人应该清楚行为的性质和严重程度。种族隔离是一种不人道的行为,对国际和平和安全构成严重威胁,《罗马规约》亦将其规定在法律文件中。根据1973年《禁止并惩治种族隔离罪行国际公约》第2条规定,种族隔离罪的具体行为方式有:(1)用下列方式剥夺一个或一个以上种族团体的一个或一个以上成员的生命和人身自由的权利:①杀害一个或一个以上种族团体的成员;②使一个或一个以上种族团体的成员受到身体上或心理上的严重伤害,侵犯他们的自由或尊严,或者严刑拷打他们或使他们受残酷、不人道或屈辱的待遇或刑罚;③任意逮捕和非法监禁一个或一个以上种族团体的成员。(2)对一个或一个以上种族团体故意加以旨在使其全部或局部灭绝的生活条件。(3)任何立法措施及其他措施,旨在阻止一个或一个以上种族团体参与该国政治、社会、经济和文化生活者,以及故意造成条件,以阻止一个或一个以上这种团体的充分发展,特别是剥夺一个或一个以上种族团体的成员的基本人权和自由,包括工作的权利、组织工会的权利、受教育的权利、离开和返回自己国家的权利、享有国籍的权利、自由迁移和居住的权利、自由主张和表达的权利以及自由和平集会和结社的权利。(4)任何措施,包括立法措施,旨在用下列方法按照种族界线分化人民者:为一个或一个以上种族团体的成员建立单独的保留区或居住区,禁止不同种族团体的成员互相通婚,没收属于一个或一个以上种族团体或其成员的地产。(5)剥削一个或一个以上种族团体的成员的劳力,特别是强迫劳动。(6)迫害反对种族隔离的组织或个人,剥夺其基本权利和自由。

(十一)其他不人道行为

其他不人道行为,是指故意造成重大痛苦,或对人体或身心健康造成严重伤害的其他性质相同的不人道行为,如截肢或严重的肢体损害。这一行为与上述列举的危害人类罪的行为具有相类似的行为特征和相当严重程度的行为后果。这一规定旨在保证危害人类罪的法律规定的适应性,堵塞法律漏洞,防止法律真空。例如,在 Kayishema & Ruzindana 一案中,卢旺达国际刑庭审判分庭指出,"其他不人道的行为",是指有意识地造成严重心理或肉体的痛苦或伤害,或者构成严重攻击人的尊严的作为或不作为,只要这些行为具有有关国际文件的相关条款所列举的其他危害人类罪相当的严重程度。[1] 其他不人道行为不局限于直接作用于被害人身体的行为。如果被告故意摧残被害人,

---

[1] *Prosecutor v. Kayishema & Ruzindana*, Case No. ICTR-95-1-T, Judgment, 21 May 1999, p. 151.

造成其精神严重伤害或痛苦,尽管没有施加物理暴力,仍可视为不人道行为。要认定被告犯有危害人类罪中的其他非人道行为,不仅要证明其所犯罪行与其他规定的罪行一样严重,而且要证明其故意造成非人道的行为,且明知行为的性质及所犯罪行是作为攻击的一部分。

案例 5-2　米洛舍维奇案[①]

斯洛博丹·米洛舍维奇(Slobodan Milošević)是第一个被送上国际刑事法庭的前国家元首。1987 年,米洛舍维奇挑动极端民族主义,推行"大塞尔维亚主义"。这加剧了南联邦各加盟共和国的分离主义倾向,导致了南联邦的解体和严重的民族冲突,最终引发了克罗地亚战争、波黑战争、科索沃战争。民族冲突期间,很多人被无辜杀害,酿成了斯雷布雷尼察大屠杀、库斯卡屠杀、波杜耶沃屠杀、维利卡库尔沙屠杀等事件。

1993 年,联合国安理会通过了第 808 号决议和第 827 号决议,决定成立前南国际刑庭,专门负责审判自 1991 年以来在前南联盟境内违反国际人道主义的罪行。检察官将米洛舍维奇列为战犯,指控其在克罗地亚、波斯尼亚及科索沃战争中犯有 66 项罪行。其中,危害人类罪部分包括:

(1)米洛舍维奇和他的同谋计划、鼓动、命令、实施或以其他方式煽动针对居住在南联盟科索沃地区的阿族平民进行故意和广泛或系统的恐怖行动。

(2)针对阿族平民的故意和广泛或系统的恐怖和暴力行动由南联盟和塞尔维亚武装部队实施,在米洛舍维奇和他的同谋以及其他知名或不知名者的指挥、鼓励或支持之下实施……为了实现这一目标,南联盟和塞尔维亚武装部队协调行动,参与蓄谋已久的和协调的行动。

(3)南联盟和塞尔维亚部队用一种故意的和广泛或系统的方式,在整个科索沃省强行驱逐大批科索沃阿族人。为便于驱逐,南联盟和塞尔维亚部队有意制造一种恐怖气氛并且使用武力、武力威胁以及暴力进行镇压。

(4)在科索沃,南联盟和塞尔维亚部队对科索沃阿族平民的财产进行故意的和广泛或系统的摧毁。

(5)除了故意摧毁科索沃阿族平民拥有的财产之外,南联盟和塞尔维亚武装还对科索沃阿族平民实施了广泛或系统的暴力,以制造恐怖气氛、混乱状态和恐惧心理。

---

① *Prosecutor v. Milošević*, Case No. IT-01-×××, Indictment, 27 September 2001.

（6）因为南联盟和塞尔维亚武装的暴行以及弥漫于科索沃全省的恐怖气氛，数以万计的阿族平民逃离家园，前往阿尔巴尼亚共和国边界以及马其顿边界。

第三节　战争罪

一、战争罪概述

战争罪（war crimes），是指严重违反战争法规和惯例的国际罪行。战争，是国家之间为了制服对方而进行的武力争斗，是人类社会存在已久的社会现象。鉴于战争给人类社会带来的巨大危害，国际社会开始认识到规范战争的必要性，限制战争、规范交战国关系以及保护平民和战争受难者的战争法规和惯例逐渐形成。但在相当长时期，战争的结果，都是战胜国对战败国人员提起诉讼和实行惩罚。1912 年英国《陆战作战手册》更是赤裸裸地规定："战争罪，就是为了使敌方士兵和敌方平民在被俘时受到惩罚的一个专业性表达。"

战争法规则，主要是指 1648 年之后形成的调整战争行为的原则、规则和制度。这些规则大体上可以分为两类：一类是关于限制战争手段和方法的规则，又称"海牙法体系"。如 1856 年《关于海战的巴黎公约》、1868 年《禁止在战争中使用某些爆炸性子弹的圣彼得堡宣言》、1899 年第一次海牙会议签订的《陆战法规和惯例公约》及其附件《陆战法规和惯例章程》、1907 年第二次海牙会议签订的《陆战法规和惯例公约》及其附件《陆战法规和惯例章程》、1925 年《禁止在战争中使用窒息性、毒性或其他气体和细菌作战方法的日内瓦议定书》、1968 年《不扩散核武器条约》、1972 年《禁止细菌（生物）及毒素武器的发展、生产及储存以及销毁这类武器的公约》、1977 年《禁止为军事或任何其他敌对目的使用改变环境的技术的公约》、1980 年《禁止或限制使用某些可被认为具有过分伤害力或滥杀滥伤作用的常规武器公约》、1992 年《禁止研制、生产、贮存和使用化学武器以及销毁此类武器的公约》、1993 年《关于禁止发展、生产、储存和使用化学武器及销毁此种武器的公约》、1996 年《全面禁止核试验条约》、2001 年《〈禁止或限制使用某些可被认为具有过分伤害力或滥杀滥伤作用的常规武器公约〉第一条修正案》等。另一类是关于战时保护平民和战争受难者的规则，又称"日内瓦法体系"。如 1864 年《关于改善战地武装部队伤者境遇的公约》、1929 年《关于改善战地武装部队伤者病者境遇的日内瓦公约》、1929 年《关于战俘待遇的日内瓦公约》、1949 年《日内瓦四公约》、1977 年《第一附加议定书》和《第二附加议定书》、2005 年《1949 年 8 月 12 日日内瓦公约关于采用一个新增特殊标志的附加议定书》（又称《第三附加议定书》）等。

海牙法体系和日内瓦法体系在构造上存在区别：海牙法体系的立法主旨是保护实际参加作战的军人，因而侧重于对交战国使用的作战手段和作战武器进行规定；日内瓦法体系则是为了保护平民以及由于被俘等原因不能投入战斗的人员，因而侧重于对非战斗人员基本境遇的改善进行规定。然而，这种划分是相对的。事实上，两大法律存在密切的联系，都是以人道主义原则为基础，都是为了减轻战争给人类带来的痛苦。虽然战争是为了击败敌人，但在战争过程中对战斗员、平民、伤员、俘虏甚至战犯，都应给予人道主义的待遇。随着战争法的发展，两大体系出现了融合的趋势。特别是《第一附加议定书》，在制定关于战时保护平民的规则的同时，重申《海牙法公约》的有关规定，体现了战争法规编纂的新发展。具体地说，关于作战方法和手段、战斗员和战俘地位的规定，传统上都属于海牙法体系。《第一附加议定书》将其纳入进来，作为议定书的第三部分。这是一个创新。这是因为，随着现代军事技术的突飞猛进，现代战争的摧毁力和破坏力空前绝后，对卷入战争的战斗人员和平民的伤害今非昔比，从而使武装冲突愈益受到人道主义原则的制约，武装冲突法逐渐成为人道主义法的重要组成部分。

传统意义上的战争罪，仅指在国际武装冲突中违反战争法规和惯例的行为。《纽伦堡宪章》第 6 条第 2 款第 2 项将战争罪定义为："战争罪，系指违反战争法规或战争惯例的罪行。这种违反行为包括但不限于'屠杀或虐待占领区平民，或以奴隶劳动为目的，或为其他任何某种目的将平民从被占领区或在被占领区内放逐，屠杀或虐待战俘或海上人员，杀害人质，掠夺公私财产，恣意破坏城镇乡村，或任何非属军事必要而进行破坏'等行为。"《东京宪章》第 5 条第 2 款第 2 项所规定的战争罪："普通战争犯罪，是指违反战争法规或战争惯例之犯罪行为。"可见，两个国际法庭宪章均将战争罪限定在国际武装冲突的场合。这一做法亦被《前南国际刑庭规约》和《卢旺达国际刑庭规约》所吸收，成为惩治当代战争罪的国际法律根据。

根据上述规定，战争罪必须发生在国际武装冲突中，对于非国际武装冲突不能以战争罪论处。随着国际审判的深入，这种以武装冲突发生的范围作为战争罪的认定标准，已经不合时宜。在现代国际刑法中，构成战争罪的关键，不在于一个行为发生在国际武装冲突中还是国内武装冲突中,而在于该行为是否违反了关于武装冲突的国际人道法。为此,《前南国际刑庭规约》规定的战争罪就包括以下两类:一类是严重违反《日内瓦四公约》关于保护国际武装冲突中被害人的行为;另一类是违反战争法和战争惯例的行为,不论该行为是发生在国际武装冲突中还是国内武装冲突中。《卢旺达国际刑庭规约》规定的战争罪,则是指违反《日内瓦四公约》共同第 3 条和《第二附加议定书》的行为,即发生在国内武装冲突中严重违反人道主义法的行为。《罗马规约》的规定又有所不同,它以列举的方式穷尽了国际性武装冲突中的战争罪与非国际性武装冲突中的战争罪的所有行为类型,对战争罪进行了迄今为止最为详尽的规定。具体而言,《罗马规约》将国际性武装冲突中的战争罪列为两种类型:一是严重破坏 1949 年 8 月 12 日《日内瓦四公约》规定的四项行为;二是严重违反国际法既定范围内适用于国际武装冲突的法规和惯例的其他行为。将非国家武装冲突中的战争罪列为两种类型:一是严重违反《日内瓦四公约》共同第 3 条的行为;二是严重违反国际法既定范围内适用于非国际性武装冲突的法规和惯例的其他行为。各类型下包括若干具体行为表现,共 50 种具体行为。《罗马规约》第 8 条关于战争罪的规定,包括 3 个条款,其中第 1 款是对管辖权的规定,"国际刑事法院应该对战争罪拥有管辖权,特别是当战争罪的实施是作为一项计划或政策的一部分时,或者是作为大规模实施这类犯罪的一部分时";第 2 款是对战争罪的定义,涵盖涉及战争罪的公约、理论及审判实践,并细化具体的行为类型。《罗马规约》明确规定非国际性的武装冲突作为战争罪的一种表现形态,扩大了战争罪的适用范围,同时在第 2 款第 4 项第 6 项及第 3 款提出例外情形,即"只适用于非国际性武装冲突,因此不适用于内部动乱和紧张局势,如暴动、孤立和零星的暴力行为或其他性质相同的行为""规约中关于非国际性武装冲突所犯下严重违法行为的任何规定'均不影响一国政府以一切合法手段维持或恢复国内法律和秩序,或保卫国家统一和领土完整的责任'"。

二、战争罪的概念和构成

(一)战争罪的概念

根据《罗马规约》第 8 条第 2 款的规定,战争罪是指:(1)严重破坏 1949 年 8 月 12 日《日内瓦公约》的行为;(2)严重违反国际法既定范围内适用于国际武装冲突的法规和惯例的其他行为;(3)在非国际性武装冲突中,严重违反1949年8月12日四项《日内瓦公约》共同第3条的行为;(4)严重违反国际法既定范围内适用于非国际性武装冲突的法规和惯例的其他行为。其中,上述第(1)和第(2)种属于国际武装冲突中的战争罪;第(3)和第(4)种属于非国际武装冲突中的战争罪。简言之,战争罪,是指严重违反有关武装冲突的国际人道主义法的习惯规则和条约规则的作为或不作为。

(二)战争罪的构成

1.客观构成要件

本罪在客观方面,表现为实施了严重违反战争法规和人道主义原则,对受保护人员的人身和财产造成严重损害的行为。构成战争罪,必须具备以下客观要素:

(1)存在武装冲突。武装冲突,系指国家之间使用武力,或政府当局与有组织的武装集团之间或这种武装集团相互之间存在着长期的武装暴力。武装冲突分为国际性武装冲突和非国际性武装冲突。国际性武装冲突是两个或多个国家之间的战斗或敌对行动。它不要求一国的军队跨越边界进入另一国境内,也不要求敌对行动达到一定的程度,因此,边界冲突也是武装冲突。非国际性武装冲突,是指在缔约国领土内发生的该国武装部队在负责统帅下对该国一部分领土行使控制权,从而使其能进行持久而协调的军事行动。根据这一定义,非国际性武装冲突的条件是:①它是缔约国政府与反政府两种武装力量之间,或者反政府武装力量相互之间的冲突;②反政府武装必须有负责的统帅;③反政府武装已充分控制该国一部分领土并能持久地进行战争。内部动乱和紧张局势,如暴动、孤立和零星的暴力行为或其他性质相同的行为,不属于非国际性武装冲突。即使一国政府调派警察、武装部队以维持或恢复国内法律和秩序,或保卫国家统一和领土完整,这种情况也不构成非国际性武装冲突。关于两种武装冲突的区别,前南国际刑庭刘大群法官指出:"判断一个武装冲突的性质是国际性的还是非国际性的主要取决于两个因素:①是否外国或外国的武装力量积极参与了武装冲突;②武装冲突的一方是否由外国'全面控制'"。①

(2)实施了违反战争法和人道主义法的侵害行为。具体行为表现有:使用

---

① 李世光,刘大群,凌岩.罗马规约评释(上册)[M].北京:北京大学出版社,2006:114.

禁止的武器或手段,如使用化学武器;摧残受保护人员,如杀害联合国维和人员;攻击受保护目标,如攻击平民;给予占领区平民或战俘非人道待遇,如对平民施以非人道待遇。

(3)犯罪对象是受保护的人员和财产。在武装冲突中,除受伤的战斗员、俘虏之外,平民是最主要的受保护人员。在非国际性武装冲突中,受保护的人员,是未实际参加敌对行动的人员,包括未直接参加和已停止参加敌对行动的人员。

(4)犯罪行为和武装冲突之间具有关联性。这里的"关联性",不是指行为人具体实施的犯罪行为和武装冲突之间具有因果关系,而是指武装冲突的存在对行为人的犯罪决意的形成、犯罪行为的实施、犯罪方式的选择、犯罪目的的追求等具有实质性作用。在判定具体的犯罪行为和武装冲突之间是否具有关联性时,应当考虑以下因素:被告的战斗员身份;被害人的敌方成员身份;军事行动的目的;被告的职责范围等。

2. 主观构成要件

本罪在主观方面,是故意,包括直接故意和间接故意。行为人应当认识到以下事实:特定的被害人或财产根据《日内瓦四公约》享有应受保护的地位;存在武装冲突;被害人或财产属于冲突敌方。在特殊情况下,本罪的主观方面还可以是轻率或重大过失,如指挥官责任的情形。

三、战争罪的基本类型

(一)严重违反 1949 年《日内瓦四公约》的行为

1. 故意杀害

故意杀害,是指行为人明知被害人属于冲突敌方的人员,并且明知被害人具有受 1949 年《日内瓦四公约》保护的地位,而杀害了被害人,或致使被害人死亡的情形。本罪的危害行为表现为行为人蓄意以各种手段剥夺他人的生命,行为手段包括作为与不作为,行为对象限于对方的人员。本罪的危害意图包括轻率、重大过失。

2. 酷刑、不人道待遇或生物实验

酷刑,是指行为人对一人或多人施加严重的身体或精神的疼痛或痛苦,目的在于获取情报、口供、处罚、恐吓、胁迫,或者为了任何歧视性的理由。战争

罪中的"酷刑"并没有"官方参与"这一强制要求,只要行为人为了特定目的实施即可。战争罪的酷刑和危害人类罪的酷刑都不要求官方参与,容易混淆。但区别也是明显的:前者要求具有特定目的,而后者无此要求。

不人道待遇,是指故意地作为或不作为,对一人或多人造成严重的身体伤害或精神痛苦,或者严重损害了身体的完整性或心理健康,或者违反人道待遇的基本原则,特别是侵害了人的尊严。如强迫互相斗殴、故意将战俘关押在过度拥挤的房间等。在 Delalice et al. 一案中,前南国际刑庭指出:"不人道待遇是故意对被害人的精神或生理造成严重痛苦或折磨,或者严重损害人身尊严的作为和不作为,它是严重破坏各项《日内瓦公约》行为类型中的兜底形态。"[1]不人道待遇与酷刑的关系,可以表达为普通与特殊的关系,酷刑都属于不人道待遇。二者的区别在于,行为引发的痛苦程度呈现一种递进关系,最重的是酷刑。[2] 可以说,酷刑作为不人道待遇的一种特殊形态,是不人道待遇最严重的行为方式。

生物实验,是指行为人将一人或多人作为某种生物实验的对象,严重危害其身体或心理健康或完整性。实验必须不是治疗性的,没有医学上的正当根据,也不是为了被害人的利益。根据《犯罪要件》,生物实验应当具备以下两个条件:一是客观方面,缺乏医学上的理由,将被害人置于生物实验中;二是主观方面,非为治疗性的目的或为被害人的利益,仅是将被害人当做实验的对象。在诉讼中,被告也不得以被害人同意作为辩护理由。即使被害人同意,如果需要进行这类实验,也必须符合在同样医学情况下适用于公认的医学和科学实验标准。

3. 故意造成重大痛苦或严重伤害

本项行为,是指行为人故意使一人或多人的身体或健康遭受重大痛苦或严重伤害。客观方面,表现为作为或不作为;主观方面,必须是蓄意的,而非偶然的。本项行为的成立,要求具备严重的后果,即对被害人的身体或精神造成重大的伤害。战争罪的行为形态都会涉及故意造成重大痛苦或严重伤害,本项相当于战争罪的兜底条款。当本项行为与其他行为存在竞合关系时,区分的关键是行为人主观目的的不同。例如,本项行为与酷刑罪的区别在于,本罪

---

[1] *Prosecutor v. Delalic et al.*, Case No. IT-96-21-T, Judgment, 16 November 1998, p. 543.

[2] 高铭暄,米海依尔·戴尔玛斯·马蒂. 刑法国际指导原则研究[M]. 北京:中国人民公安大学出版社,1998:31.

不要求具有特定目的,后者则是出于禁止的目的而实施。

4. 破坏和侵占财产

破坏和侵占财产,是指无军事上的必要,非法和恣意地大规模地破坏和侵占受国际法保护的财产。行为人的行为必须具备"广泛性"或"规模性",如果仅是针对个人财产的破坏和侵占,则不构成本罪。行为的对象,不仅包括行为人个人基于自己的目的而掠夺的财产,还包括在组织的带领下侵占的对方国家或平民的财产。同时,本罪还需要存在行为的非法性以及超过军事必要性的事实。合法与非法的判断根据是国际法,特别是《日内瓦四公约》和《陆战法规和惯例章程》,以及其他国际习惯法规则。军事必要行为,应是符合武装冲突法和战争惯例的行为。行为的后果,应以对被害人造成严重的损害为必要。

5. 强迫在敌国部队中服役

本项行为,是指行为人以暴力、胁迫的方式迫使战俘或其他受保护人员参加针对其自己国家或军队的军事行动,或在敌方的军队中服役。本项行为源自《陆战法规和惯例章程》第 23 条的规定,该条规定禁止冲突一方强迫对方成员参加"以反对他们自己国家为目的的作战行动"。《罗马规约》第 8 条扩大了适用范围,不仅包括参加反对战俘或其他受保护人员本人的国家或军队的军事行动,而且包括参加反对其他国家,特别是盟国的军事行动。本项行为,客观上要求行为人以"强迫"的方式使得被害人服役的事实存在;主观上要求行为人是蓄意的或有计划的。根据《犯罪要件》的规定,"强迫服役"的对象,包括战俘、冲突方控制领土上的所有敌对方人员。

6. 剥夺公正及合法审判权

本项行为,是指故意剥夺战俘或其他被保护人应当享有的公正及合法审判的权利。公正及合法审判的权利,规定在《日内瓦四公约》以及其他国际法律文件中。行为人通过否认这些司法保障,特别是《日内瓦第三公约》和《日内瓦第四公约》中规定的司法保障,来剥夺被害人的公正及合法审判的权利。本罪的主观要件必须是故意和明知的。

7. 非法驱逐出境或迁移或非法禁闭

非法驱逐出境或迁移,是指驱逐或迁移一人或多人至另一个国家或地区。根据《日内瓦第四公约》第 45 条第 1 款规定,被保护人不得移送于非本公约缔约国之国家。根据第 49 条规定,凡自占领地将被保护人个别或集体强制移送及驱逐往占领国之领土或任何其他被占领或未被占领之国家之领土,不论其动机如何,均应禁止。例外的情形是,在有关区域发生武装冲突时,出于对平民人口的安全或者必要的军事理由,而将平民迁往占领区以外的另个区域。但是,关键的是,一旦武装冲突结束就应将平民迁回其家园。

非法禁闭,是指将一人或多人拘禁或安置于特定居所。在武装冲突期间,在特殊情况下,禁闭平民是允许的。根据《日内瓦第四公约》第 42 条第 1 款规定,对被保护人之拘禁或安置于指定居所,仅于拘留国之安全有绝对需要时方可施行。即只有在绝对需要时才允许禁闭,如在冲突一方领土内从事颠覆活动,或直接从事帮助冲突他方的行动,从而危及冲突一方的安全。在 Delalic et al. 一案中,前南国际刑庭指出,不能仅凭一个人的国籍、结盟、所属敌对阵营等事实情况,就视其为威胁对方安全的因素,这并不能成为将其拘禁或安置于指定场所的合法理由。行为人必须根据有关人员的活动、知识或身份,有充足的理由认定其会对自己现在和将来的安全形成真正的威胁时,才可以诉诸拘禁的措施。至于性别和兵役年龄的事实,也不能成为采取拘禁措施的正当事由。[①] 一般而言,战俘只有在为其健康或其他正当利益的事由下才可受封闭式监禁,且持续的时间应是必要的时间期间内,否则,就是违法的。

8. 劫持人质

劫持人质,是指劫持被占领土上的无辜的非战斗人员的行为。"人质"指的是,被占领土上的被非法地剥夺了自由的无辜的非战斗人员。《纽伦堡宪章》第 6 条第 2 款规定,以杀害人质的方法杀害被占领土上的平民人口,构成战争罪。按照国际通认的观点,劫持但未杀害人质,同样构成犯罪。本罪的构成要件如下:(1)行为人抓捕、扣押或以其他方式劫持一人或多人作为人质;(2)行为人威胁杀害、伤害或继续扣押人质;(3)行为人意图强迫某一国家、某一国际组织、某一自然人或某一群人实施或不实施某一行为,作为人质安全或将其释放的明示或默示的条件。

(二)严重违反适用于国际武装冲突的法规和惯例的其他行为

1. 指令攻击平民

指令攻击平民,是指故意指令攻击平民人口本身或未直接参加敌对行动的个别平民。本罪源自《第一附加议定书》第 51 条第 2 款,该款规定:"平民居民本身以及平民个人,不应成为攻击对象。"本罪的客观要件是,无正当的军事

---

① *Prosecutor v. Delalic et al.*, Case No. IT-96-21-T, Judgment, 16 November 1998, p. 577.

需要,指令攻击平民或平民个人,或者以其为目标,造成这些平民人口或平民个人的死亡或严重身体伤害。平民人口由所有平民组成,而平民则是不属于或不再属于各种战斗人员的任何人员。即使在平民人口中存在不属于平民的定义范围的人员,也不影响其他人员的平民身份。本罪的主观要件是,明知攻击平民人口或平民个人没有军事必要而仍然进行攻击。

2. 指令攻击民用物体

指令攻击民用物体,是指故意指令攻击非军事目标的行为。本罪的行为方式与指令攻击平民相同,只是犯罪对象不同。在武装冲突中,非军事目标不能成为攻击的对象。这就要求冲突各方必须区分军事目标和非军事目标。根据《第一附加议定书》第 52 条第 1 款的规定,不属于军事目标的民用物体不能成为攻击或报复的对象。根据该条第 2 款的规定,军事目标,是指由于其性质、位置、目的或用途对军事行动具有实际贡献,而且在当时情况下其全部或部分毁坏、缴获或失去效用提供明确的军事利益的物体。根据该条第 3 款的规定,对通常用于民用目的的物体,如教堂、住宅、学校,是否用于对军事行动作出有效贡献的问题有怀疑时,该物体应推定为未被这样利用。对非特定的军事目标进行不加选择的攻击,或者使用在效果上不加选择的战斗方法,都构成本罪。

3. 指令攻击人道主义行动

指令攻击人道主义行动,是指在有关人员和物体有权得到武装冲突国际法规给予平民和民用物体的保护的情况下,故意指令攻击依照《联合国宪章》执行的人道主义援助或维持和平行动的所涉人员、设施、物资、单位或车辆。本罪的行为对象,是从事人道主义救援或根据《联合国宪章》进行维和行动的人员、设施、物资、单位或交通工具。这些人员、设施、单位或交通工具必须享有武装冲突法赋予平民或民用对象的保护,并且行为人明知这种保护所赖以成立的事实情况。这里的"维和行动",必须是根据《联合国宪章》进行的。未经联合国安排或部署的单边军事行动,不属于武装冲突法保护的范围。这里的"人道主义行动",是指任何组织、团体或个人,为了人道主义救援,以中立方式对被救援者进行没有任何不利区分的行动。如果一个维和行动或者人道主义行动直接参与了冲突,则不应再享有武装冲突法的保护。

4. 指令发动造成过分的附带伤亡或破坏的攻击

本项行为,是指故意发动攻击,明知这种攻击将附带造成平民伤亡或破坏民用物体或致使自然环境遭受广泛、长期和严重的破坏,其程度与预期得到的具体和直接的整体军事利益相比显然是过分的。本罪的客观要件,是指发动攻击,附带性地造成平民伤亡,或者民用目标的损害,或者造成自然环境广泛、长期和严重的破坏。在武装冲突中,造成平民伤亡或破坏民用物体等严重后果是难以避免的。这种严重后果是在对敌战斗中必然发生的附带事件。但是,这种附带后果的危害程度应当与预期的、明确的和直接的整体军事利益相称,符合必要性和比例性原则。本罪的主观要件,是明知发动攻击与所期望的军事利益严重不成比例,仍然故意指令攻击。对危害意图的检验,应当以一个负责的指挥官根据当时获取的合理情报作出的判断为标准,并且充分考虑作出这种判断之时存在的紧急和困难情况。这种检验应当立足于客观标准,同时考察行为人的具体情况。如根据《第一附加议定书》第56条第1款的规定,对含有危险力量的工程或装置,如堤坝和核电站,即使这类物体是军事目标,也不应成为攻击的对象,如果这种攻击可能引起危险力量的释放,从而在平民居民中造成严重的损失。其他在这类工程或装置的位置上或在其附近的军事目标,也不应成为攻击的对象,如果这种攻击可能引起该工程或装置危险力量的释放,从而在平民居民中造成严重的损失。

5.攻击不设防的区域

攻击不设防的区域,是指以任何手段攻击或轰击非军事目标的不设防城镇、村庄、住所或建筑物。本罪直接源自《陆战法规和惯例章程》第25条,只不过增加了"非军事目标"这一限定词。不设防区域,是指可以被占领的居住区。在这个区域中,所有战斗人员以及可移动的武器和军事设备都已经被清空,固定的军事装置或设施也不再被用于敌对用途,当地政府或人口都不再实施敌对行为,也不进行支持军事行动的行为。不设防,意味着可以不抵抗地被占领。不设防区域必须是非军事目标,如果在不设防区域还有受《日内瓦四公约》特别保护的人员或者维持公共秩序的警察,也不能基于此使这个区域成为军事目标。

6.杀伤失去战斗力的人员

杀伤失去战斗力的人员,是指杀害或伤害已经放下武器或者丧失自卫能力并已无条件投降的战斗员。本罪直接源自《陆战法规和惯例章程》第23条第3款。根据《第一附加议定书》第41条第2款的规定,失去战斗力的人员,是指(1)在敌方控制下的人员;(2)明示投降意图的人员;或(3)因伤或病而失去知觉,或发生其他无能力的情形,因而不能自卫的人员。在上述任何情形下,均须不从事任何敌对行为,并不企图脱逃。根据第 42 条第 1 款的规定,从遇难飞机上跳伞降落的任何人员,在其降落中,均不应成为攻击的对象。本罪的主观要件是故意,即行为人有意识地攻击丧失战斗力的人员,而不是在非直接攻击他们的活动中附带发生了杀害或伤害结果。

7. 不当使用军事标志

不当使用军事标志,是指不当使用休战旗、敌方或联合国旗帜或军事标志和制服,以及《日内瓦公约》所订特殊标志,致使人员死亡或重伤的行为。本罪源自《陆战法规和惯例章程》第 23 条第 6 款的规定,其中用"标记"代替了"证章",同时增加了联合国的旗帜或军事标志和制服不得不当使用的规定。本罪是结果犯,必须以造成死亡或严重的伤害为构成犯罪的必备要件。本罪主观方面是故意,行为人必须明知使用军事标志是不正当的,且这种不正当使用可能导致人员死亡或重伤。

8. 非法驱逐或迁移人口

非法驱逐或迁移人口,是指占领国将部分本国平民人口直接或间接迁移到其占领的领土,或将被占领领土的全部或部分人口驱逐或迁移到被占领领土内或外的地方。本罪源自《第一附加议定书》第 85 条第 4 款第 1 项的规定,只是增加了"间接或直接"一语。本罪与《罗马规约》第 8 条第 2 款第 1 项第 7 目有所不同:第一,"直接或间接"一语表明,占领国既可能是有组织地强制或引诱自己的人口迁移至被占领土,也可能是不采取有效措施防止自己的人口迁移至被占领土。第二,"占领国"一词表明,本罪要求必须有政府的参与;第三,"部分人口"一词表明,本罪必须有一定数量的人口被驱逐或迁移。

9. 指令攻击受特别保护的物体

指令攻击受特别保护的物体,是指故意指令攻击专用于宗教、教育、艺术、科学或慈善事业的建筑物、历史纪念物、医院和伤病人员收容所。本罪与现有条约的规定是一致的,在犯罪构成方面并没有增加新的要素,这些目标都必须是非军事目标,只是增加了"教育建筑物"这一受保护目标。

10. 非法进行断肢、医学或者科学实验

非法进行断肢、医学或者科学实验,是指致使在敌方控制之下的人员的肢体遭受残伤,或对其进行任何形式的医学或科学实验,而这些实验既不具有医学上的理由,也不是为了这些人员的利益而进行的,并且导致这些人员死亡或严重危及其健康。本罪直接源自《第一附加议定书》第 11 条第 1 款、第 2 款和第 4 款。断肢，是指通过折断、毁损、撕裂或切掉某人的身体器官而使其遭受严重损害、伤害或毁形，包括永久性地毁坏形体、永久性地使器官或肢体丧失能力或将其切除等。断肢、医学或科学实验，必须缺乏医学或治疗的根据，也不是基于被害人的利益。被害人的同意不构成本罪的辩护理由。

11. 背信弃义的杀害、伤害

背信弃义的杀害、伤害，是指以背信弃义的方式杀害、伤害属于敌国或敌军的人员的行为。本罪的客观要件有：（1）行为人诱使敌方确信或相信其有权享有武装冲突法所给予的保护；（2）行为人有意背弃敌方的信任；（3）行为人杀害、伤害属于敌方的人员。《第一附加议定书》第 37 条第 1 款列举了一些背信弃义的行为，如假装有在休战旗下谈判或投降的意图；假装因伤或因病而无能力；假装具有平民、非战斗员的身份；以及使用联合国或中立国家或其他非冲突各方的国家的标记、标志或制服而假装享有被保护的地位。背信弃义行为不同于战争诈术。战争诈术，是指旨在迷惑敌人或诱使敌人作出轻率行为，但不违反任何适用于武装冲突的国际法规则的行为。例如，使用伪装、假目标、假行动和假情报。在武装冲突中使用战争诈术是允许的，但背信弃义的行为是严格禁止的。本罪的主观要件，必须具有为了杀害或伤害敌方人员而"背叛"的故意。

12. 宣告决不纳降

宣告决不纳降，是指行为人宣布或命令不留活口，以此威吓敌方或据此开展敌对活动。1907 年《海牙第四公约》第 23 条第 1 款第 4 项特别禁止"宣告决不纳降"，《日内瓦公约第一附加协定书》第 40 条规定："禁止下令杀无赦，禁止以此威胁敌人，或在此基础上进行敌对行动。"该罪成立要求行为人必须处于领导或指挥官的地位，或对其下属具有实际的控制权力。本罪是行为犯，下令杀无赦本身就构成战争罪，不需要造成杀害或伤害的后果。

13. 摧毁或没收敌方财产

摧毁或没收敌方财产，是指没有战争的必要而摧毁或没收敌方财产。本罪在客观方面，表现为行为人在没有任何正当的军事必要的情况下摧毁或没收属于敌方的特定财产。在摧毁或没收时，这些财产必须处于武装冲突的国际法保护之下，并且行为人明知这些财产是受保护财产。摧毁，是指使财产失去价值的行为，包括放火、毁坏、损坏、劫掠等行为。没收，是指剥夺他人合法财产的行为,包括永久性的占有和暂时性的侵占等。

14. 剥夺敌方国民的权利或诉讼权

剥夺敌方国民的权利或诉讼权,是指宣布取消、停止敌方国民的权利和诉讼权,或在法院中不予执行。在战争期间,对敌国可以实行军事管制,但是,不得剥夺敌方国民的合法权利或诉讼权。本罪直接源自《陆战法规和惯例章程》第 23 条第 8 款,旨在禁止冲突一方通过立法方式来剥夺敌方人员的主体资格,或者剥夺他们通过诉诸法院来行使自己法律权利的手段。本罪是结果犯,行为人仅仅宣布取消敌国国民的某项权利是不够的,还必须使该权利实际上被取消。本罪的受害人必须是敌方国民,权利的范围则不受任何限制。

15. 强迫参加军事行动

强迫参加军事行动,是指强迫敌方国民参加反对他们本国的作战行动,即使这些人在战争开始前,已为该交战国服役。行为人必须通过暴力、威胁的方式,强迫敌方一名或多名人员参与针对他们自己国家或军队的军事行动。本罪与《罗马规约》第 8 条第 2 款第 1 项第 5 目规定的犯罪较为相似,二者的区别在于:本罪的对象是敌方公民;后罪的对象是受日内瓦公约保护的人,包括战俘和其他被保护人员。

16. 抢劫

抢劫,是指劫掠突击攻下的城镇或地方。《海牙第四公约》第 28 条规定"禁止抢劫即使是以突击攻下的城镇或地方",《日内瓦四公约》对抢劫的行为均作了禁止性规定,要求冲突各方不得抢夺受难者的财物。本罪的行为人必须以剥夺所有人的财产的故意,掠夺或侵占特定的财产,其目的是供私人或个人使用,不要求以大规模或恣意的方式实施。本罪与《罗马规约》第 8 条第 2 款第 1 项第 4 目所规定的"破坏和侵占财产"的区别在于,本罪不要求特定的军事必要的目的,侵占的目的是为私人或供个人使用,后者除要具备特定目的外,侵占必须具有规模性与广泛性。

17. 使用毒物或有毒武器

本罪是指行为人使用了一种物质或一种释放某种物质的武器,这种物质凭借其毒性,在一般情况下会致人死亡或严重损害其健康。毒物,是指一种在摄入生命体,特别是人体或生物体之后,会造成疾病或死亡的物质。核武器不属于毒物。禁止使用毒物或有毒武器是绝对的,即使把使用毒物的情况通知对方,也不能免除行为的违法性。

18. 使用违禁气体、液体、物质或器件

本罪，是指使用窒息性、有毒或其他气体，以及所有类似的液体、物质或器件。行为人必须使用一种气体、液体或其他物质或器件，这种物体凭借其窒息性或毒性，在一般情况下会致人死亡或严重损害其健康。本罪源自《禁止在战争中使用窒息性、毒性或其他气体和细菌作战方法的日内瓦议定书》。该议定书是国际法上明确禁止使用细菌武器和细菌作战方式的第一个国际公约，但本罪没有明确禁止细菌武器，也没有明确禁止化学武器。由于细菌媒介无法区分平民和战斗人员，因此，使用细菌武器可以构成指令攻击平民罪。至于化学武器，《关于禁止发展、生产、储存和使用化学武器及销毁此种武器的公约》就化学武器的发展、生产、储存和使用进行了全面规范。一旦对化学武器或核武器的禁止获得了国际习惯法的地位，那么，使用这些武器虽然不能构成本罪，但可以构成使用其他违禁武器罪。

19. 使用违禁子弹

使用违禁子弹，是指使用在人体内易于膨胀或变扁的子弹，如外壳坚硬而不完全包裹弹芯或外壳经切穿的子弹。1868 年《圣彼得堡宣言》指出，战争的唯一合法目标，就是通过使尽可能多的敌方战斗人员丧失战斗力，而不是使用将引起不必要痛苦的作战手段和方法，来削弱敌人的军事力量。使用在人体内易于膨胀或变扁的子弹，无益地加剧了丧失战斗力的人员的痛苦或使其死亡，已经超出了作战的基本目标。

20. 使用其他违禁武器、射弹、装备和作战方法

使用其他违禁武器、射弹、装备和作战方法，是指违反武装冲突国际法规，使用具有造成过分伤害或不必要痛苦的性质，或基本上为滥杀滥伤的武器、射弹、装备和作战方法，但这些武器、射弹、装备和作战方法应当已被全面禁止，并已依照第 121 条和第 123 条的有关规定以一项修正案的形式列入本规约的一项附件内。本罪源自《陆战法规和惯例章程》第 23 条第 5 款和《第一附加议定书》第 35 条第 2 款、第 51 条第 4 款。《禁止或限制使用某些可被认为具有过分伤害力或滥杀滥伤作用的常规武器公约》由一个总框架公约和各项议定书组成。目前已制定的四项议定书禁止使用无法检测的碎片武器、限制使用地雷、饵雷和其他装置，限制使用燃烧武器和禁止使用激光致盲武器。这些武器还应包括核武器、化学武器和生物武器等。一旦国际社会就禁止或限制这些武器普遍达成共识，就可以将其列入本规范的附件之中，以修改本条目的规

定,使其成为国际法上可惩治的罪行。

21. 损害个人尊严

本罪是指损害个人尊严,特别是侮辱性和有辱人格的待遇。行为人必须以侮辱性、有辱人格或者以其他方式侵犯一名或多名个人(包括死人)的尊严。被害人无须亲自知道这种侵犯的存在。但是,被害人相关的文化背景应当加以考虑。在诉讼中,应当证明,侮辱性、有辱人格或其他方式的侵犯程度,已经严重到被普遍认为是对个人尊严的侮辱的程度。

22. 性暴力

性暴力,是指强奸、性奴役、强迫卖淫、《罗马规约》第7条第2款第6项所界定的强迫怀孕、强迫绝育或构成严重破坏《日内瓦公约》的任何其他形式的性暴力。关于强奸,在满足相关要素的情况下,既可能是违反战争法的行为、灭绝种族行为,也可能是危害人类罪的行为。战争罪中"强奸",要求必须发生在战争背景中。关于性奴役,可以由国家或个人实施,无须证明是否有国家或政府干预,行为人必须以出卖、收买等方式,剥夺被害人的性自由权利,迫使被害人从事与性相关的活动。关于强迫卖淫,行为人必须为追求金钱或其他利益,迫使被害人从事性行为。关于强迫怀孕,应当同时具有怀孕、禁闭和特定意图三个要件,即行为人必须基于影响某个民族的人口构成或其他严重违法国际法的目的,采用武力或其他强制手段对被害人加以强迫、威胁,迫使被害人怀孕的行为。[①] 关于强制绝育,行为人在缺乏医学的正当根据下,未征得被害人的真正同意,强迫被害人绝育的行为。

23. 人体盾牌

人体盾牌,是指将平民或其他被保护人置于某些地点、地区或军事部队,利用其存在使该地点、地区或军事部队免受军事攻击。本罪在客观上,表现为行为人移动或者以其他方式利用一名或多名平民或其他在武装冲突国际法上受保护人员的位置。本罪在主观上为故意,行为人具有以掩护军事目标免受攻击或掩护、协助或阻碍军事行动的目的。在诉讼中,不需要证明被害人在身体上或精神上遭受的痛苦,但要证明被告有利用被害人作为"人质"的故意。

---

① Kristen Boon, *Rape and Forced pregnancy Under the ICC Statute: Human Dignity, Autonomy, and Consent*, 32 Columbia Human Rights Law Review 626, 659-665(2001).

24.指令攻击使用特殊标志的人员和物体

本项行为,是指故意指令攻击依照国际法使用《日内瓦公约》所订特殊标志的建筑物、装备、医疗单位和运输工具及人员。《日内瓦四公约》及其附加议定书都有关于特殊标志的规定,以及使用特殊标志的建筑物、装备、医疗单位和运输工具及人员的保护的规定。根据上述规定,武装部队医务部门的特殊标志是红十字、红新月、红狮和太阳、红正方形。《第一附加议定书》还引入了其他识别身份的符号和识别受保护对象的方法,如救护车使用的蓝光、其他信标和电台信号,以及电子识别方式。受到保护的医疗单位与人员,包括军用、民用和宗教的为医务部门之固定医疗所及流动医疗队,海陆空医疗运输工具,医务人员及其他志愿救济团体之人员。这些人员应在左臂佩带由军事机关发给并盖印、具有特殊标志之防水臂章。

25.断绝平民粮食

断绝平民粮食,是指故意以断绝平民粮食作为战争方法,使平民无法取得其生存所必需的物品,包括故意阻碍根据《日内瓦公约》规定提供救济物品。本罪源自《第一附加议定书》第 54 条第 1 款、第 2 款。该两款规定:"1.作为作战方法使平民陷于饥饿,是禁止的。2.不论基于何种动机,也不论为了使平民挨饿、迁移或者其他动机,对平民居民生存所不可缺少的物体,如粮食、生产粮食的农业区、农作物、牲畜、饮水装置、饮水供应和灌溉工程等进行攻击、毁坏、移动或使其失去效用,都是禁止的。"除上述方式外,故意阻碍人道主义援助,也属于禁止之列。本罪主观上必须出于故意。

26.使用儿童士兵

使用儿童士兵,是指征募不满 15 周岁的儿童加入武装部队,或利用他们积极参与敌对行动的行为。本罪源自《第一附加议定书》第 77 条第 2 款。根据该款规定,冲突各方应采取一切可能措施,使 15 周岁以下的儿童不直接参加敌对行动,特别是不应征募其参加武装部队。冲突各方在征募 15 周岁以上不满 18 周岁的人时,应当首先考虑年纪最大者。这条规定也被《联合国儿童权利公约》第 38 条第 2 款和第 3 款所采用,成为一个国际习惯法规则,但因缺乏罚则,故实效性较差。《罗马规约》规定本罪,就是试图纠正习惯性规则的这一缺陷。在诉讼中,年龄错误可以构成辩护理由,控方必须证明行为人知道或者应当知道被害人未满 15 周岁。值得注意的是,《联合国儿童权利公约》关于儿童参与武装冲突的选择议定书,已经把儿童的禁征年龄从 15 周岁提高到

18 周岁。理由是,通过提高征募年龄的最低限来给予儿童更大的保护。但是,即使 18 周岁这个年龄最低限成为一个新的习惯法规则,在《罗马规约》对自身的规定进行修正之前,15 周岁这一最低年龄限制仍将作为条约法继续适用于国际刑事法院规约的缔约国。

(三)严重违反《日内瓦四公约》共同第 3 条的行为

1949 年《日内瓦四公约》都是为了保护战争受难者制定的,围绕这个目的,四个公约有些共同的、基本的条款,被称为日内瓦共同条款。其中,共同第 3 条规定:

"在一缔约国之领土内发生非国际性的武装冲突之场合,冲突之各方最低限度应遵守下列规定:

(一)不实际参加战事之人员,包括放下武器之武装部队人员及因病、伤、拘留或其他原因而失去战斗力之人员在内,在一切情况下应予以人道待遇,不得基于种族、肤色、宗教或信仰、性别、出身或财力或其他类似标准而有所歧视。

因此,对于上述人员,不论何时何地,不得有下列行为:

(甲)对生命与人身施以暴力,特别如各种谋杀、残伤肢体、虐待及酷刑;

(乙)作为人质;

(丙)损害个人尊严,特别如侮辱与降低身份的待遇;

(丁)未经具有文明人类所认为必需之司法保障的正规组织之法庭之宣判而遽行判罪及执行死刑。

(二)伤者、病者应予收集与照顾。

公正的人道主义团体,如红十字国际委员会,得向冲突之各方提供服务。

冲突之各方应进而努力,以特别协定之方式,使本公约之其他规定得全部或部分发生效力。

上述规定之适用不影响冲突各方之法律地位。"

在非国际性武装冲突中,严重违反上述规定,对不实际参加敌对行动的人,包括已经放下武器的武装部队人员,及因病、伤、拘留或任何其他原因而失去战斗力的人员,实施下列任何一种行为,则构成战争罪。

1. 实施暴力

实施暴力,是指对生命与人身施以暴力,特别是各种谋杀、残伤肢体、虐待及酷刑。本罪客观上表现为对被害人的生命或人身施以暴力,主观上出于故意。对被害人施加暴力直接威胁和损害其身体或精神健康,实施暴力的行为方式表现为谋杀、伤害、虐待、酷刑等。

2. 损害个人尊严

损害个人尊严,是指基于藐视他人尊严的动机,严重地侮辱和贬低被害人,特别是侮辱性和有辱人格的待遇。本罪源于《日内瓦公约》,后被《罗马规约》列为战争罪的形态之一。本罪在客观上,表现为行为人侮辱、贬低一人或多人的人格或以其他方式侵犯其人格尊严;这种侵犯达到了严重的程度;且行为的背景置于非国际武装冲突中。本罪的主观方面是故意,且具有藐视他人尊严的动机。

3. 劫持人质

劫持人质,是指在非国际武装冲突中,行为人为达到某种特定的目的,如迫使某一国家、国际组织等采取行动或不采取行动,劫持或拘禁不参加敌对行动的人员作为被害人接受其条件的筹码,或者以这些人为人质,并威胁杀害、伤害或拘禁的行为。本罪的构成要件,与在国际武装冲突中的劫持人质罪基本相同,区别点仅在于行为发生的背景不同。

4. 未经正当审判即被定罪和处决

未经正当审判即被定罪和处决,是指未经具有公认为必需的司法保障的正规组织的法庭宣判,径行定罪和处决。《罗马规约》第 8 条第 2 款第 3 项第 4 目,将共同第 3 条中的"具有文明人类所认为必需"改为"具有公认为必需"。本罪的客观要件是,行为人在未经法庭审判的情况下,对一人或多人判处刑罚或执行死刑;或者虽经法庭审判,但作出判决的法庭不能提供独立性和公正性的基本保障,或者不能提供国际法上公认为必需的司法保障。本罪的主观要件是故意,行为人必须明知未经法庭判决,或者明知法庭判决是在缺乏相关司法保障的情况下作出的。

(四)严重违反适用于非国际性武装冲突的法规和惯例的其他行为

除武装冲突的性质不同外,(1)指令攻击平民,(2)指令攻击使用特殊标志的人员和物体,(3)指令攻击人道主义行动,(4)指令攻击受特别保护的物体,(5)抢劫,(6)性暴力,(7)使用儿童士兵,(8)非法迁移人口,(9)背信弃义的杀害、伤害,(10)宣告决不纳降,(11)非法进行断肢、医学或者科学实验,(12)摧毁或没收敌方财产等上述犯罪的构成要件与《罗马规约》第 8 条第 2 款第 2 项相对应的各种战争罪的要件基本相同。这表明,规范国际武装冲突和非国际武装冲突的法律有趋同的趋势。当然,也有一些犯罪行为,在国际武装冲突中有规定,但在非国际武装冲突中却没有相应规定。这表明因所发生的武装冲突的性质不同,具体的战争犯罪行为仍有差异。

根据《罗马规约》第 8 条第 3 款的规定,非国际武装冲突中严重违反《日内瓦公约》共同第 3 条与战争法规和惯例的规定,均不影响一国政府以一切合法手段维持或恢复国内法律和秩序,或保卫国家统一和领土完整的责任。

案例 5-3 迈赫迪案[①]

艾哈迈德·法基·迈赫迪(Ahmad Faqi Mahdi)是马里叛军伊斯兰卫士武装组织的重要成员,也是赫斯巴哈宗教监察队的负责人。2012 年,该组织占领了廷巴克图,迈赫迪当时是伊斯兰卫士在当地组织机构的主要负责人之一。2012 年 6 月 30 日至 2012 年 7 月 10 日期间,该组织蓄意破坏了 10 处马里延巴克图区域内的历史宗教遗迹,其中包括九座陵墓和一座清真寺。

2012 年 7 月 13 日,马里政府请求国际刑事法院对该国境内的战争罪行为进行调查。2013 年 1 月 16 日,检察官办公室开始展开调查。2015 年 9 月 18 日,国际刑事法院预审分庭对迈赫迪发布了逮捕令。同年 9 月 26 日,迈赫迪被尼日尔当局移交给国际刑事法院,并羁押于荷兰拘留中心。2016 年 3 月 24 日,国际刑事法院预审分庭确认了对迈赫迪的战争罪指控,并于 9 月 27 日开庭审理。迈赫迪当庭承认有罪,法院判处其 9 年监禁。

法院认为,被毁坏的建筑物系宗教建筑、历史纪念物,且建筑物中并无军事目标。因其宗教和历史价值,策划者有意将这些建筑物作为攻击目标。迈赫迪全程参与了此次破坏行动,且完全了解这些建筑物的历史价值和非军事性,以及破坏行为对伊斯兰文化造成的毁灭性打击,具有明显的犯罪故意,因而构成战争罪。本案系国际刑事法院第一次将文化毁灭作为战争罪予以处罚,具有里程碑意义。

---

① *Prosecutor v. Mahdi*, Case No. ICC-01/12-01/15, Decision, 24 March 2016.

第四节 侵略罪

一、侵略罪概述

侵略罪(crime of aggression),又称反和平罪(crime against peace),是国际刑法中最严重的罪行。"战争本质上是罪恶之物,其后果并非局限于交战国本身,而是影响到整个世界。因此,实施侵略战争不仅是一种国际罪行,而且是有别于其他战争罪行的最严重的国际罪行,因为其本身就积累了所有罪行之恶。"[1]

侵略是与战争联系在一起的。侵略是战争的一种,战争则是人类社会发展到一定阶段的产物。荷兰著名国际法学家格劳秀斯(Hugo Grotius)根据战争发生的原因,将战争区分为正义战争和非正义战争。他指出,从事战争的正当理由包括保护自己的生命、肢体、贞操和财产不受侵害,取得本来属于自己或应该属于自己的财产,以及对敌人实施惩罚。[2] 非正义的战争都是强盗的战争,是用剑来代替条约和正义,谁在战争中失败,谁就有罪,力量就是真理。[3] 由于时代的局限性,格劳秀斯的上述观点难免失之片面,但他根据发动战争的原因来区分正义战争和非正义战争的做法,对于正确认识战争的性质,却不无借鉴意义。

传统国际法认为,诉诸战争是国家不容置疑的固有权利。"直到19世纪末和20世纪初期,战争都被认为是一种合法的政治工具。每一个主权国家都可以自由地从事战争,以追求自己的利益。国际法只对战争的手段和方法加以限制,并不涉及国家的战争权本身。"[4]诉诸战争是国家至高无上的主权的一种,是解决国际争端和推行国家政策的合法手段。国际法并不禁止或限制国家的战争权,而只限制战争使用的手段和方法。在这种观念影响下,战争事

---

① Gideon Boas et al. , *Elements of Crimes Under International Law*, Vol. II, Cambridge University Press,2008,p. 421.

② Hugo Grotius, *The Law of War and Peace*, Francis W. Kelsey trans. , Bobbs-Merrill Company,Inc. , 1925, pp. 171-178.

③ Hugo Grotius, *The Law of War and Peace*, Francis W. Kelsey trans. , Bobbs-Merrill Company,Inc. , 1925, pp. 547-548.

④ Gerhand Werle, *Principles of International Criminal Law*, T. M. C. Asser Press, 2005, p. 386.

实上是弱肉强食、胜者通吃的丛林规则，正义战争和非正义战争的区分只有道德意义，而无法律意义。

随着人类社会的发展，特别是鉴于一战的惨痛教训，国际社会开始认识到限制战争自由的必要性，正义战争和非正义战争的区分获得重视，并逐渐取得法律上的地位。1919 年《国际联盟盟约》首次考虑了制止侵略战争的问题，并试图通过建立集体安全制度来限制国家的战争权。国际联盟成立后，侵略战争构成国际罪行的观点在一系列国际法律文件中得到反映。例如，1924 年《日内瓦和平解决国际争端议定书》认为，国际社会存在连带关系，"侵略战争破坏了这种连带关系，是一种国际罪行"。1927 年《关于侵略战争的宣言》指出："侵略战争永远不能作为解决国际争端的方法，因此也是一种国际罪行。"1928 年《巴黎非战公约》第 1 条规定："缔约各方以它们各国人民的名义郑重声明，它们斥责用战争来解决国际纠纷，并在它们的相互关系上，废弃战争作为实行国家政策的工具。"第 2 条规定："缔约各方同意，它们之间可能发生的一切争端或冲突，不论其性质或起因如何，只能用和平方法加以处理或解决。"

纽伦堡审判和东京审判是人类历史上首次以反和平罪的罪名对从事侵略战争的罪犯进行的审判，对于侵略罪的确立具有重要的意义。1946 年联合国大会一致通过第 95(2)号决议，重申《纽伦堡宪章》和法庭判决书所承认的国际法原则。1950 年联合国国际法委员会编纂了纽伦堡审判中确定的七项原则，其中第 6 项和第 7 项原则规定，反和平罪及其共犯是国际法上的犯罪行为。1970 年《关于各国依联合国宪章建立友好关系及合作之国际法原则宣言》明确宣布，"侵略战争构成危害和平之罪行，在国际法上须负责任。依联合国宗旨与原则，各国皆有义务避免从事侵略战争之宣传。"《罗马规约》最初虽未对侵略罪的定义作出界定，但也明确将侵略罪作为法院管辖下的核心罪名之一。2010 年 5 月 31 日至 6 月 11 日，国际刑事法院在乌干达首都坎帕拉召开规约审查会议，通过了《关于修正〈罗马规约〉的决议》，增加了《罗马规约》第 8 条之二等条款，增补了侵略罪的定义和国际刑事法院对侵略罪行使管辖权的条件等内容。这一修正赋予了国际刑事法院认定侵略罪的权力，统一了侵略罪的行为类型，对于伸张国际正义、维护世界和平具有极其重要的意义。

二、侵略罪的概念和构成

(一)侵略罪的概念

在一战之前，"侵略"这一术语并不是一个法律概念。国际联盟成立后，开始审议侵略的定义问题,但未能达成一致意见。1933年在国际联盟召开的裁军会议上,苏联提出了一项关于侵略定义的宣言草案。该草案指出,凡首先实施下列行为之一者,即为侵略:(1)向他国宣战;(2)不论是否宣战,以武装部队侵入他国领土;(3)不论是否宣战,以陆海空军进攻他国领土、船舶或飞机;(4)对他国海岸或港口进行海军封锁;(5)其陆海空军未经一国政府允许或违反此种允许的条件,包括逗留的时间和范围,在该国登陆或进入该国境内。但该草案并没有获得国际联盟通过。

法律意义上的侵略罪,始于《纽伦堡宪章》。该宪章第6条第1款规定,"违反和平罪:即计划、准备、发动或从事一种侵略战争或一种违反国际条约、协定或保证之战争,或参加为实现上述任何一种战争之共同计划或阴谋。"《东京宪章》也有类似的规定,其第5条第1款规定:"违反和平罪:指策划、计划、准备、发动或执行一种经宣战或不经宣战之侵略战争,或违反国际法、条约或协定保证之战争,或参与上述任何罪行之共同计划或阴谋。"但是,上述两个宪章关于侵略罪的定义没有明确侵略罪的本质特征,因而还不是严格意义上的定义。

联合国成立后,有关机构一直致力于界定侵略罪的定义。1974年联合国大会通过了特别委员会拟定的《关于侵略定义的决议》。该决议第1条规定:"侵略是指一个国家使用武力侵犯另一个国家的主权、领土完整或政治独立,或以本《定义》所宣示的与联合国宪章不符的任何其他方式使用武力。解释性说明:本《定义》中'国家'一词:①其使用不影响承认问题或一个国家是否为联合国会员国的问题;②适当时包括:'国家集团'的概念在内。"第2条规定:"一个国家违反宪章的规定而首先使用武力,即构成侵略行为的显见证据,但安全理事会得按照宪章的规定下论断:根据其他有关情况,包括有关行为或其后果不甚严重的事实在内,没有理由可以确定已经发生了侵略行为。"联合国大会以决议的形式使侵略罪的定义见诸国际文献,是国际法发展史上的一项重大进展。笔者认为,这一定义在精确性上是值得肯定的。当然,联合大会的决议并不是国际法的直接渊源,不可能对国家或者个人产生法律拘束力,因而这一定义只具有参考价值。

国际刑事法院筹备委员会拟订的《罗马规约草案》借鉴了《关于侵略定义的决议》的规定,对侵略罪作了如下界定:"[侵略罪][破坏和平罪],是指一个人[他处于控制地位或有能力指挥一个国家的政治/军事行动]犯有任何下列行为:(1)策划,(2)准备,(3)命令,(4)发动,或(5)实行一个国家反对另一个国家的[主权],领土完整,[或政治独立]的[武装攻击][使用武力][侵略战争][侵略战争或违反国际条约、协定或保证之战争,或参与为实现上述任何战争之共同策划或共谋],这种[武装攻击][使用武力]是违反[联合国宪章的]。"但由于各国代表对应否将侵略罪列入规约以及定义本身存在严重的分歧,因而这一定义最终未被会议采纳。国际刑事法院规约审查会议通过的《关于修正〈罗马规约〉的决议》新增的《罗马规约》第8条之二对侵略罪作出如下规定:

1.为了本规约的目的,"侵略罪"是指能够有效控制或指挥一个国家的政治或军事行动的人策划、准备、发动或实施一项侵略行为的行为,此种侵略行为依其特点、严重程度和规模,须构成对《联合国宪章》的明确违反。

2.为了第1款的目的,"侵略行为"是指一国使用武力或以违反《联合国宪章》的任何其他方式侵犯另一国的主权、领土完整或政治独立的行为。根据1974年12月14日联合国大会第3314(XXIX)号决议,下列任何行为,无论是否宣战,均应视为侵略行为:

(1)一国的武装部队对另一国的领土实施侵略或攻击,或此种侵略或攻击导致的任何军事占领,无论其如何短暂,或使用武力对另一国的领土或部分领土实施兼并;

(2)一国的武装部队对另一国的领土实施轰炸,或一国使用任何武器对另一国的领土实施侵犯;

(3)一国的武装部队对另一国的港口或海岸实施封锁;

(4)一国的武装部队对另一国的陆、海、空部队或海军舰队和空军机群实施攻击;

(5)动用一国根据另一国的协议在接受国领土上驻扎的武装部队,但违反该协议中规定的条件,或在该协议终止后继续在该领土上驻扎;

(6)一国采取行动,允许另一国使用其置于该另一国处置之下的领土对第三国实施侵略行为;

(7)由一国或以一国的名义派出武装团伙、武装集团、非正规军或雇佣军对另一国实施武力行为,其严重程度相当于以上所列的行为,或一国大规模介入这些行为。

根据上述修正条款,侵略罪,是指由能够有效控制或指挥一国政治或军事行动的人实施的,依其特点、严重程度和规模构成对《联合国宪章》明显违反的侵略行为。

(二)侵略罪的构成

1.客观构成要件

本罪的客观方面,表现为一国使用武力或以违反《联合国宪章》的任何其他方式侵犯另一国的主权、领土完整或政治独立的行为。根据修正的《犯罪要件》的规定,本罪的客观要素包括:(1)行为人策划、准备、发动或实施了侵略行为;(2)行为人是能够有效控制或指挥实施侵略行为的国家之政治或军事行动的人;(3)实施了侵略行为,即一国使用武力或以违反《联合国宪章》的任何其他方式侵犯另一国的主权、领土完整或政治独立的行为;(4)侵略行为依其特点、严重程度和规模,构成了对《联合国宪章》的明显违反。侵略行为不仅包括武力攻击和冲突,还包括任何违反《联合国宪章》的侵犯他国主权、领土完整或政治独立的行为。侵略行为也不以明确"宣战"为标志,只要实施了符合条件的行为,即使没有宣战也构成侵略罪。武力威胁、经济封锁、文化渗透等形式的干预不属于侵略行为。本罪的行为方式没有限制,作为和不作为均可构成本罪。例如,在 High Command 一案中,美国军事法庭认为,在特定情形下,不作为或消极行为,也可能导致被告承担刑事责任。这种情形是:"……在发动侵略战争的政策制定以后,如果被告认识到入侵和即将发动的战争是非法的,且被告处于决策层的地位,能够影响既定政策却没有阻止,则将承担刑事责任。"①

2.主观构成要件

本罪的主观要件是故意,即行为人明知正在实施的行为是一种侵略行为,或者事态的发展将产生侵犯他国的主权、领土完整或政治独立的结果,并且对这一结果持希望或者放任的心理态度。根据修正的《犯罪要件》,本罪的主观要件有两个:一是行为人知道可证明国家使用武力的行为违反《联合国宪章》的事实情况。根据《罗马规约》第 30 条的规定,侵略罪的心理要件是故意和明知。只有行为人在故意和明知的情形下策划、准备、发动或实施侵略行为,才能成立侵略罪。二是行为人知道可证明此种对《联合国宪章》的明显违反的事实情况。行为人必须了解所实施的行为"明显"违反《联合国宪章》的事实,但不需要对于"明显"的性质作出法律评估或判断。

---

① *United States v. Wilhelm von Leeb et al*., US Military Tribunal Nuremberg, Judgment, 27 October 1948.

三、侵略罪的基本类型

根据新增的《罗马规约》第 8 条之二的规定,本罪的行为形态有以下七种类型:

(1)入侵、攻击或者占领、兼并行为。一般而言,只要一国武装部队对另一国领土实施入侵或攻击行为,即使攻击后迅速撤离,也构成侵略;如果在入侵或者攻击后又对被入侵领土实施了任何军事占领或者兼并,则构成双重侵略行为。

(2)对他国领土的轰炸、攻击行为。一国武装部队对他国的领土直接实施轰炸,以及使用其他传统武器、大规模杀伤武器以及其他任何形式的武器进行攻击的行为。

(3)对他国港口或口岸的封锁行为。一国武装部队对他国港口或者海岸进行封锁,虽然没有直接攻占领土,但也侵犯了他国的领土主权,因而构成侵略。

(4)对他国部队的直接攻击行为。一国武装部队对于他国陆、海、空部队或者海军军舰、空军机群的直接攻击,构成侵犯。对于他国商船或者民航客机的攻击,是否属于侵略,《罗马规约》没有明确规定,似持否定态度。然而,根据联合国安理会第 3314 号决议,这种行为也属于侵略行为。

(5)动用在他国的武装部队,或者协议终止后继续驻扎的行为。根据两国协议,一国在他国建立军事基地,驻扎武装部队,原则上不得对驻在国的主权造成侵犯。如果擅自动用武装部队,则构成对他国的侵略;如果在驻扎协议结束后,不及时撤回部队而继续驻扎,则亦构成对他国的侵略。这两种行为虽然没有直接使用武力攻占他国领土,但实质上也是对他国领土主权的侵犯。

(6)允许他国使用本国土地实施侵略的行为。如果一国允许他国使用本国领土对第三国实施任何侵略行为,则即使没有参与该侵略行为,或者没有对第三国实施任何其他侵略行为,仅允许使用行为也构成了侵略。这种类似于帮助行为正犯化。

(7)派遣军队以外的武装力量实施武力的行为。如果一国以国家名义派遣武装部队以外的武装团体、武装集团、非正规军或雇佣军对他国实施武力行为,且该行为在严重程度上与其他侵略行为相当,或者大规模地实施这种武力行为,则也构成侵略。

案例 5-4　东条英机案①

东条英机生于 1884 年,日本陆军士官学校及陆军大学毕业,毕业后长期任职于陆军省、参谋本部及关东军司令部。1940 年 10 月晋升为陆军大将,1941 年 10 月 18 日至 1944 年 7 月 22 日任日本首相。他是日本法西斯集团中最激进的一个,也是其领导人之一。1940 年他推动日本加入轴心国集团并在此后控制了整个日本的军队,是参与对华侵略、偷袭珍珠港、发动太平洋战争的主谋。

在纽伦堡审判和东京审判中,东条英机的辩护律师认为:侵略战争是"国家行为",应由国家负责,个人只是执行者,不应承担个人责任。另外,侵略战争是国际法上的犯罪,国际法是以国家而不是以个人为主体,因此,个人违反国际法的行为不应受到处罚。针对东条英机被告律师的上述辩解,远东国际军事法庭坚决地予以驳斥,认为国际法对于国家和个人同时规定有权利和义务,战争犯罪就是个人对国际法的侵犯,对其审判不受一般国内刑法规则的限制。而且国际法一直就存在对个人的制裁方法。另外,对于一切现行法(包括国际法)的无知不能成为免责的理由,而且以被告的知识和地位,不可能不知道自己的行为是犯罪。1948 年 11 月 12 日,远东国际军事法庭以侵略罪和战争罪判处其绞刑。

---

① 朱文奇.国际刑法[M].北京:中国人民大学出版社,2007:78—79.

第六章　国际刑事责任

　　犯罪都是由特定的行为主体实施的,特定的行为主体实施犯罪都将引起刑事责任。一般而言,特定的行为主体(犯罪主体)就是刑事责任的承担主体(责任主体)。这是刑事责任的基本原则。国际刑事责任,是指特定的行为主体因实施了国际刑法所禁止的犯罪行为而应承担的强制性的惩罚后果和强烈的非难谴责。与国内犯罪不同,国际犯罪的刑事责任往往不仅涉及实施犯罪行为的个人,还涉及法人(团体或组织)、国家,因而在责任的承担上有其特殊性,值得专门探讨。

第一节　个人的国际刑事责任

一、个人国际刑事责任的确立

　　根据犯罪行为主体身份的不同,可以将国际犯罪分为三种类型:一是以私人身份实施的国际犯罪,如海盗罪、劫持人质罪等;二是以法人(团体或组织)的名义实施的国际犯罪,如商业贿赂罪、破坏国际环境罪等;三是个人以国家代表或政府官员的身份实施的国际犯罪,如战争罪、侵略罪等。

　　个人责任原则,是刑事责任归责的基本原则。"世界上所有的刑事司法制度都认为,违反具有刑罚后果的法律规范将导致个人的刑事责任,因此,无论是国内刑法还是国际刑法，个人刑事责任都是一项基本的法律原则。"①根据国内刑法，个人对其实施的国内犯罪行为，应当承担刑事责任，这是自然之理。根据国际刑法，个人对以其个人名义实施的国际犯罪行为，应当承担刑事责任，这也没有疑问。但是，对个人经国家授权或以官方身份实施的国际犯罪行为，是否应当承担刑事责任，则素有争议。传统理论认为，国家在国际法上不负刑事责任，个人代表国家实施的行为，本质上是国家行为，因而也不负刑事责任。然而，随着社会的发展，国家以及代表国家行事的个人不负刑事责任的观点明显不符时代的需求，国际刑事司法实践遂开始追究个人刑事责任的尝试，国际犯罪的个人刑事责任原则逐步得以确立。1907 年《日内瓦第四公约》在序言中明确表示要追究实施"违反人道主义法罪行"的个人的责任。1919年《凡尔赛条约》明确规定，要追究包括德皇威廉二世在内的违反条约义务和违反战争法规及惯例的德国战犯的刑事责任。虽然这一规定由于政治上的原因没有得到真正落实，但却为纽伦堡审判提供了实践经验。

　　纽伦堡审判开创了追究国际犯罪个人刑事责任的先河。根据《纽伦堡宪章》第 6 条的规定，根据《伦敦协定》以审判和处罚欧洲轴心国首要战犯为目的而设立的法庭，有权审判和处罚一切为轴心国的利益而以个人或团体成员资格犯有罪行的人员。反和平罪、战争罪和反人道罪是法庭裁判权之内的犯罪，对于这些犯罪，罪犯负有个人责任。这一规定成为纽伦堡国际军事法庭起诉和处罚战争罪犯的基本法律渊源。根据这一规定，纽伦堡国际军事法庭对德国主要战犯提起了控诉。但是，在审判中，被告方援引传统的国际法理论，对个人国际犯罪的刑事责任提出反对。他们认为，国际法只涉及主权国家的行为，没有规定对个人的惩罚措施。法庭指控的被告实施的行为属于国家行为，根据国家主权原则，行为人不承担个人责任。对此，法庭作了针锋相对的驳斥："违反国际法犯罪主体是个人，而不是抽象主体的行为。因此，只有惩治那些犯有这类罪行的个人，才能发挥国际法各项规定应有的效力。"②在东京审判中，被告及其辩护律师也提出类似的辩护意见，法庭同样作了有力的驳斥。上述国际刑事审判实践都强调，现代国际法要求个人应当对违反国际刑法的行为承担刑事责任。1946 年 12 月 11 日联合国大会第 95(2)号决议一致确认

---

　　① M. Cherif Bassiouni, *The Sources and Content of International Criminal Law : A Theoretical Framework*, in M. Cherif Bassiouni eds. , International Criminal Law, Vol. I, 2ⁿᵈ ed. , Transnational Publishers, Inc. ,1999, p. 21.

　　② P. A. 施泰尼格尔. 纽伦堡审判(上卷)[M]. 王昭仁，等，译. 北京:商务印书馆,1985:11.

了纽伦堡宪章所包含的国际法原则。1950年联合国国际法委员会对《纽伦堡宪章》和纽伦堡判决中所包含的法律原则进行了编纂,形成了著名的"纽伦堡规则",这些规则共有七项,即:(1)凡从事构成国际法上的犯罪行为的任何人,均应对此行为负责并受到处罚;(2)国内法对构成国际法上犯罪的行为不予处罚的事实,不能免除该行为人的国际法上的责任;(3)行为人是作为国家元首或政府负责官员而采取行动的事实,不能免除其在国际法上的责任;(4)根据政府或上级命令采取行动的事实,如行为人具有道义上选择的可能,也不能免除其在国际法上的责任;(5)被控犯有国际法上的罪行的人,有权受到依据事实和法律的公正审判;(6)反和平罪、战争罪和反人道罪应作为违反国际法的罪行而受到处罚;(7)上述犯罪的共犯也构成国际法上的罪行。

纽伦堡和东京审判之后,国际社会签订了一系列关于国际刑事责任方面的条约。这些条约在重申国际犯罪的个人责任原则的同时,扩大了个人承担刑事责任的国际罪行的范围。如1948年《防止及惩治灭绝种族罪公约》第4条规定:"凡犯灭绝种族罪或有第3条所列其他行为之一者,无论其为依宪法负责的统治者、公务员或私人,均应惩治之。"1973年《关于防止和惩处侵害应受国际保护人员包括外交代表的罪行的公约》第1条和第2条的规定,"嫌疑犯"是指有充分证据可以初步断定犯有或参与公约所列举的一项或数项犯罪的人。各缔约国均应按照所犯罪行的严重性对罪犯处以适当的刑罚。1988年《制止危害海上航行安全非法行为的公约》第3条和第5条的规定,任何人非法并故意以武力或武力威胁或任何其他恐吓方式夺取或控制船舶,或从事其他危害海上航行安全的行为,即构成犯罪。每一缔约国应使犯有公约所列罪行的个人受到适当惩罚。

个人刑事责任原则经由前南和卢旺达两个国际刑事法庭得到了进一步的巩固与发展。《前南国际刑庭规约》第1条"法庭的职权范围"指出:"国际法庭有权根据本规约各条款,起诉应对1991年以来在前南境内所犯的严重违反国际人道主义法行为负责的人。"第7条"个人刑事责任"规定:"凡策划、教唆、命令、实行,或协助、煽动他人策划、准备或实施本规约第2条至第5条所指罪行的人,应对该项犯罪负个人责任。被告的官职,不论是国家元首、政府首脑或政府负责官员,均不得作为免除该被告刑事责任或者减轻其刑罚的理由。"《卢旺达国际刑庭规约》亦作了类似的规定。《罗马规约》再次明确了个人刑事责任原则。其第25条"个人刑事责任"第1、2款规定:"(一)本法院根据本规约对自然人具有管辖权。(二)实施本法院管辖权内的犯罪的人,应依照本规约的规定负个人责任,并受到处罚。"

从海盗罪、贩卖奴隶罪到范围更为广泛的违反国际刑法的行为,从以私人身份从事的个人到代表国家行事的个人,从国内法庭到国际法庭,国际刑法中的个人刑事责任原则在范围、主体、管辖等方面经历了一个不断发展的过程。个人刑事责任原则的确立,使个人成为国际刑法的行为主体,并成为国际刑法的受罚主体。

案例 6-1 医生案①

本案于 1946 年 12 月 19 日开庭审判,是美国军事法庭在纽伦堡审判的第一个案件。第一被告卡尔·勃兰特是希特勒的私人医生、冲锋队成员、党卫军首领、德国健康与卫生委员会以及德国研究协会成员。他与其他 22 名德国医生被控非法进行医疗试验,构成盟军管制委员会《第 10 号法令》所规定的战争罪和反人道罪。在这些被告的毁灭性计划中,记录了毒气作用试验的全过程:"在气体室,事先让 19 名被关押的犹太妇女当众脱掉衣服,对她们进行糜烂性毒气试验。她们于 15 分钟之后全部死亡,医生在一旁记下了中毒的全过程。"其他的试验还有绝育试验、骨髓移植试验,把囚犯当作德国外科专业学生实习损毁试验的对象,还有病原接种、人的抗旱和抗饥饿能力试验、孪生试验等。

在对该案进行审判时,美国军事法庭援引国际军事法庭的一般规则并将其运用于每个被告身上。从提交的表面证据看,卡尔·勃兰特和其他 8 名被告被认定为有罪的根据在于,直到战争结束他们一直是冲锋队成员。因而,他们在实际上亲自卷入了战争罪和反人道罪的实施。另一名被告被认定为有罪的理由在于,该被告知道该组织被用于实施被管制委员会《第 10 号法令》确定为犯罪的行为,但仍在整个战争期间自愿留在冲锋队。这些被告实际上是因为具有冲锋队这一已被纽伦堡国际军事法庭宣告为犯罪组织的成员身份而被认定有罪。

二、个人国际刑事责任的归责基础

任何犯罪行为都是由具体的自然人实施的,自然人基于其自由意志,实施了严重危害社会共同利益的行为,就应当对这种行为负责,承担相应的法律责任。至于自然人是以个人的名义,还是法人的名义、国家的名义,均不应影响

---

① 高铭暄,米海伊尔·戴尔玛斯—马蒂.经济犯罪和侵犯人身权利犯罪的国际化及其对策[M].
北京:中国人民公安大学出版社,1996:336—337.

犯罪的成立。这是个人责任原则的基本要义。在任何情况下,自然人都是自己行为的主宰者。在纯粹基于本人的自由意志而实施犯罪行为的情况下,自然人显然是这种行为的控制者和支配者;在渗入法人、国家的意志而实施犯罪行为的情况下,自然人仍然是这种行为的控制者和支配者。因为在后一种情况下,自然人对法人、国家等法律拟制体的意志都具有自由选择的可能性,处于最终决定取舍的地位。正是由于自然人在一切社会关系中处于核心主导地位,而非从属附庸地位,决定了自然人应当对基于自己的自由意志而实施的一切行为,包括犯罪行为,承担相应的法律责任。"法人的授权"、"国家的名义"、"基于国家利益"等因素,均不能在根本上冲击自然人的意志自由,因而也不能成为免除其行为罪责的理由。

在这个问题上,理论和实务界一直有所忽视。在纽伦堡和东京审判中,控辩双方曾就个人应否对以国家名义实施的犯罪行为承担刑事责任展开了激烈的辩论。辩方持否定观点,其基本理由是:(1)侵略战争是国家行为,是国家主权的行使,应由国家负责。参与其事的个人只不过是服从或执行国家的政策命令,他们是没有"个人责任"的;(2)侵略战争是国际法上的犯罪,国际法是以国家而不是以个人为主体的,因此个人违反国际法的行为是不应该受处罚的;(3)国际法对于违反它的国家专门规定要制裁,但对于违反它的个人并没有规定制裁方法;(4)按照刑法原理,犯罪必须有犯罪者的"犯罪意思",个人参与侵略战争时不可能有犯罪意思。对此,控方逐条予以驳斥:(1)个人服从上级命令不能免除其应负的责任,违反国际法的罪行总是由具体的个人实施的;(2)国际法处罚个人的先例不计其数,如对海盗和拐卖人口的犯罪被最古老的国际法认为是国际罪行,对罪犯予以严惩;(3)国际法既然规定有个人的国际罪行,且实际执行过刑罚,那法庭完全有理由审判并处罚战犯;(4)战犯明知遵守国际法和其他现行法是每个人的义务,战犯清楚自己所作所为的非法性,比如没有人认为屠杀平民是合法的。据此,法庭认定,战犯应负个人责任,并应受到刑罚;不违反所在国的国内法不能作为免除国际法责任的理由;被告的地位不能作为免除国际法责任的理由;政府或上级的命令不能作为免除国际法责任的理由。① 分析双方观点,不难发现,双方主要是从实然的层面就个人的国际刑事责任问题展开争辩,而未从应然的角度予以条分缕析。正如纽伦堡审判判决书所言:"对破坏国际法的个人是可以处罚的。因为违反国际法的罪行

---

① 赵永琛. 国际刑法与司法协助[M]. 北京:法律出版社,1994:97.

是个人作出来的,而不是抽象的集体(国家)作出来的。只有处罚犯有这些罪行的个人,才能使国际法的规定有效实施。"①我们认为,个人对国际犯罪,包括以国家名义实施的国际犯罪承担刑事责任的根据,归根结底,在于其主观上的自由意志。

三、个人国际刑事责任的归责原则

(一)个人国际刑事责任的基本形式

从国际刑法的规定来看,个人的国际刑事责任主要有两种表现形式:一是直接的个人国际刑事责任,指个人因亲自实行或与实行者结成共犯关系而对国际犯罪行为应承担的刑事责任;二是间接的个人国际刑事责任,指个人因特定的身份、地位以及特定的情境而对国际犯罪行为应承担的刑事责任。直接的个人国际刑事责任通常表现为作为的形式,主要有以下情形:(1)实施或参与实施国际犯罪;(2)计划、领导或命令实施国际犯罪;(3)预谋、图谋或共谋实施国际犯罪;(4)教唆、怂恿或公然煽动他人实施国际犯罪;(5)帮助、协助或便利他人实施国际犯罪。间接的个人国际刑事责任往往表现为不作为的形式,主要有以下情形:(1)指挥官或者其他上级官员知道或者应该知道其部下或下级正在实施或者将要实施国际犯罪行为,而没有行使其职权,不采取必要的措施预防和制止犯罪的发生;(2)指挥官或者其他上级官员,在国际犯罪行为发生后,不逮捕、不起诉、不惩罚犯有国际罪行的人,以制止国际犯罪行为。直接的个人国际刑事责任,是传统的个人责任原则的典型体现,这一点在理解上不存在困难。间接的个人国际刑事责任,实际上是个人责任原则的发展,因而有必要给予阐释。

(二)上级责任原则的基本含义

上级责任原则,是指如果指挥官或者其他上级知道或者应当知道其部下或下级正在或者将要实施国际犯罪行为,而没有行使其职权,采取必要的措施预防或制止犯罪的发生,或者在犯罪发生后,没有对责任人给予相应的处罚,则应当承担刑事责任。上级责任原则的最早表现形式,是指挥官责任。从广义上看,指挥官责任的内容包括两种情形:一是指挥官命令部下实施犯罪行为;二是指挥官知道或者应当知道其部下将要实施犯罪行为而没采取必要、合

---

① P. A. 施泰尼格尔. 纽伦堡审判(上卷)[M]. 王昭仁,等,译. 北京:商务印书馆,1985:118.

理的措施来制止犯罪,或者在犯罪行为发生后没有采取必要、合理的措施来惩罚罪犯。在第一种情形下,指挥官实际上相当于共同犯罪的教唆犯、组织犯,自然应当承担相应的刑事责任。因此,在国际刑法中,指挥官责任,通常是指第二种情形,即指挥官应为而不为的情形。指挥官责任最初是从其义务的角度来确立的:只要是指挥官,就负有一定的义务和责任,包括采取一切必要、合理的措施来防止下级实施犯罪行为。"当一支军队在占领区对平民或者战俘实施屠杀等犯罪行为时,除了实行犯要承担刑事责任外,作为这支军队的指挥官可能也要负刑事责任。毫无疑问,如果犯罪行为是根据指挥官的命令实施的,或者指挥官因过失而未能防止犯罪行为的发生,指挥官应负直接责任。如果指挥官有意或由于疏忽未能处罚罪犯,或者未能以一切方式,包括以辞职相要挟,坚持要求处罚罪犯,则同样要对有关犯罪行为承担刑事责任。"①

(三)上级责任原则的演变发展

指挥官责任原则,是国际刑法中较早确立的一项原则。1907年《陆战法规和惯例章程》第1条规定,军队指挥官应对其指挥下的武装部队或者其控制下的其他人员的行为负责。纽伦堡和远东国际军事法庭审理的一些案件也涉及指挥官责任问题,虽然两个法庭在各自的宪章中没有对此作出明确规定。1977年《第一附加议定书》对指挥官责任原则作了明确规定。根据该议定书第86条的规定,缔约各方和冲突各方应取缔有作为义务而不作为所引起的严重破坏各公约或本议定书的行为,并采取必要措施制止有作为义务而不作为所引起的任何其他破坏各公约或本议定书的行为;下级破坏各公约或本议定书的事实,不能使上级免除应负的刑事或纪律责任,如果上级知悉或有情报使其能对当时的情况作出判断——下级正在从事或者将要从事破坏行为,却未在其职权范围内采取一切可能的防止或制止这种破坏活动的措施。第87条则明确规定了指挥官的三项职责:(1)缔约各方和冲突各方应要求其军事指挥官防止其统率下的武装部队人员,或在其控制下的其他人员破坏《日内瓦四公约》或本议定书的行为,在必要时应制止此类行为并向主管当局报告;(2)为了防止和制止破坏行为的发生,指挥官应保证其统率下的武装部队人员了解依据《日内瓦四公约》和本议定书应负的义务;(3)任何指挥官在了解其部下或在其控制下的其他人员将要从事或已经从事破坏《日内瓦四公约》或本议定书的

---

① H. Lauterpacht, *L. Oppenheim's International Law*, 7th ed., Clarendon Press, 1963, pp. 572-573.

行为时,应采取一切防止或者制止的必要措施,并在适当时对违反上述公约或议定书的行为人予以刑事处罚或纪律处分。

指挥官责任进一步发展为上级责任,始于《前南国际刑庭规约》。根据该规约第 7 条第 3 款的规定,如果下级犯有规约所指的任何犯罪行为,而其上级知道或者应当知道其下级将要实施或已经实施该犯罪行为,却没有采取必要、合理的措施制止犯罪或对罪犯加以处罚,则不能免除上级的刑事责任。这一规定扩大了指挥官责任的适用范围,不再将责任主体限于指挥官,而是扩及任何上级。《卢旺达国际刑庭规约》第 6 条第 3 款作了类似的规定。《罗马规约》则明确将上级分为军事指挥官和其他上级,并对各自应当承担刑事责任的情形进行了全面、具体的规定。根据规约第 28 条的规定,军事指挥官或以军事指挥官身份有效行事的人,如果未对在其有效指挥和控制下的部队,或在其有效管辖和控制下的部队适当行使控制,在下列情况下,应对这些部队实施的本法院管辖权内的犯罪负刑事责任:(1)该军事指挥官或该人知道,或者由于当时的情况理应知道,部队正在实施或即将实施这些犯罪;(2)该军事指挥官或该人未采取在其权力范围内的一切必要而合理的措施,防止或制止这些犯罪的实施,或报请主管当局就此事进行调查和起诉。对于非上述军队系列的上下级关系,上级人员如果未对在其有效管辖和控制下的下级人员适当行使控制,在下列情况下,应对这些下级人员实施的本法院管辖权内的犯罪负刑事责任:(1)该上级人员知道下级人员正在实施或即将实施这些犯罪,或故意不理会明确反映这一情况的情报;(2)犯罪涉及该上级人员有效负责和控制的活动;(3)该上级人员未采取在其权力范围内的一切必要而合理的措施,防止或制止这些犯罪的实施,或报请主管当局就此事进行调查和起诉。该条将上级责任分为军事指挥官责任和其他上级责任(非军事指挥官责任),并规定了不同的构成要件,这是对上级责任原则的新发展。

上级责任原则的关键在于对于下级的犯罪,上级应当承担助长其犯罪的个人刑事责任;追究下级的刑事责任不应免除其上级未履行预防或制止犯罪义务而承担的刑事责任,因为上级有义务对犯罪的下级执行纪律或进行处罚。[1] 国际法对上级施加了防止其控制下的人违反国际人道主义法的确定义务,正是这种义务构成了该责任的基础。[2]

---

[1] 高燕平.国际刑事法院[M].北京:世界知识出版社,1999:336.
[2] 凌岩.跨世纪的海牙审判[M].北京:法律出版社,2002:163.

案例 6-2 广田弘毅案[①]

广田弘毅(Hirota Kōki,1878—1948)曾任日本第32届首相,在日军侵华期间担任日本外相。1937年12月至1938年2月日军在南京实施了震惊世界、骇人听闻的暴行时,时任外相的他第一时间接到关于这类暴行的报告。由于这些犯罪行为实施的范围是如此之广,持续时间如此之久,广田本人认为报告是可信的,并就此咨照陆军省。但陆军省向他保证,说暴行很快会被阻止。但在保证以后的至少一个月中仍有关于暴行的报告。正是在这一背景下,远东国际军事法庭起诉他犯有罪状第55项,即"故意或者怠忽职责而未能采取足够的措施以阻止暴行"。国际军事法庭根据审判中所展示的证据,最后认为:"广田没有在内阁会议上主张立即采取措施以阻止暴行,也没有采取其他措施来阻止暴行,这是对职责的懈怠。他明知陆军省的保证没有得到执行,明知日军每天实施的杀人、强奸妇女以及其他暴行数以千计,却以有此种保证为满足。他的懈怠已经达到了犯罪的程度。"法庭据此认定广田有罪,并判处其绞刑。

(四)上级责任原则的构成要素

一般认为,上级责任的构成要素包括三个方面:

1. 存在上下级关系

这是构成上级责任的前提要素。正因为存在上下级关系,上级可以指挥、支配下级,下级受上级的影响和控制,因而上级对下级的行为可以采取必要、合理的措施。这是上级作为义务的产生根源。这种上下级关系,既可能是基于法律的授权和有关当局的任命,也可能是基于行为人拥有指挥、控制下级的权力的事实状态。不管是哪种情况,只要行为人对他人具有支配力和控制力,二者之间就具有上下级关系。在这个问题上,《罗马规约》对军事指挥官和非军事指挥官上下级关系的确立确定了不同的标准。就军事指挥官而言,是"有效指挥和控制"或者"有效管辖和控制",二者只需满足其一;对非军事指挥官而言,则只有"有效管辖和控制"一个标准。可见,在这一要素上,军事指挥官比非军事指挥官更容易满足,这是因为在上级与下级的关系方面,军事指挥官比非军事指挥官还多了一种命令与服从的"指挥关系"。

---

① Saburo Shiroyama, *War Criminal:The Life and Death of Hirota Koki*, Kodansha American Inc., 1980.

案例 6-3　塞利比奇案①

本案是前南国际刑事法庭第一个,也是二战以来国际刑事审判实践第一个适用上级责任原则审理的案件。

塞利比奇(Celebici)是波黑的一个小镇。1992 年,波斯尼亚族(穆斯林族)军队和克罗地亚族军队在该镇建立一个集中营。有大量证据证明:在塞利比奇集中营,被关押的塞尔维亚族遭受了杀害、酷刑、强暴以及其他残酷、非人道的待遇。前南国际刑事法庭在本案中审判了四名被告。其中,第一被告戴拉季奇(Delalic)是波斯尼亚族军队和克罗地亚族军队在当地的协调员,第二被告穆季奇(Mucic)是集中营的指挥官,第三被告戴利奇(Delic)是副指挥官,第四被告兰卓(Landzo)是集中营的看守。检察官指控这四名被告对在集中营中发生的严重违反人道主义的犯罪承担刑事责任,其中戴拉季奇、穆季奇和戴利奇三人还应承担上级责任。

在该案审理中,根据习惯国际法以及《前南国际刑事法庭规约》第 7 条第 3 款的规定,初审分庭对上级责任原则进行了细致的梳理和严谨的论证,认为:戴拉季奇作为协调员,对于塞利比奇集中营和看守没有指挥和控制的权力,因此,对其被命令实施 12 项罪行不应承担刑事责任,应认定为无罪,予以立即释放;穆季奇是塞利比奇集中营的指挥官,对集中营、副指挥官和看守具有事实上的指挥权,因而对于在集中营发生的杀害、酷刑、非人道待遇、非法关押平民等严重违反国际人道法的犯罪应负上级责任,并且还应对其亲自参与的杀害、酷刑等犯罪承担直接的刑事责任,判处 7 年监禁;戴利奇处于副指挥官的位置,对于集中营的看守具有影响力,因而对于在集中营发生的所有犯罪行为,他仅对其唆使下属实施的杀害、酷刑、严重伤害、非人道待遇承担上级责任,并且对于亲自参与的杀害、酷刑、强奸、非法关押平民等犯罪承担直接的刑事责任,判处 15 年监禁。对此,三名被判有罪的被告提起了上诉,检察官对戴拉季奇被判无罪提起了抗诉。上诉庭经审理,驳回上诉和抗诉,维持原判。

2.上级知道或应当知道犯罪行为将要发生或者已经发生

这是构成上级责任的主观要素。不作为犯罪的成立,必须以行为人负有履行积极的作为义务为前提。而行为人要履行作为义务,又取决于其对有关情况的认识。上级要对下级正在实施或将要实施的犯罪行为进行阻止,或要

① *Prosecutor v. Delalic et al.*, Case No. IT-96-21-T, Judgment, 16 Novemeber 1998; *Prosecutor v. Delalic et al.*, Case No. IT-96-21-A, Judgment, 20 February 2001.

对已经实施的犯罪行为进行惩罚,首先必须知道存在这些犯罪行为。如果上级不知道或者不应当知道有关犯罪行为的事实情况,也就不可能采取相应的行动,自然没有作为义务,追究其刑事责任也就无从谈起。"知道"属于主观要素,必须依赖客观具体情况予以推断,因而要证明存在这一要素很不容易。从审判实践来看,只要是根据上级责任原则追究被告的刑事责任,被告几乎无一例外地辩称自己不知道,意图逃避法律制裁。为此,这里的"知道",除了行为人"实际知道"外,还包括行为人"应当知道"。从理论上讲,"应当知道"有多种不同的认定标准:一是只要有知道的义务,就可视为应当知道;二是行为人辩称不知道,但通过一定的证据可以推定其实际知道;三是行为人实际上不知道,但其所处的领导地位或职位使其接触和获取一些报告和信息,这些报告和信息足以使一个诚实和勤勉的上级通过分析得出下级正在犯罪或者已经犯罪的结论,但他却对这样的信息故意视而不见,或者草率地不去履行自己的职责,从而导致自己对下属的罪行确实不知道。[1] 笔者认为,上述第一种标准过于简单,没有考虑到具体情况,可能将有知道的义务但没有知道可能性的情形也包括在内,易出入人罪;第二种标准行为人实际上是知道,只是自己不承认而已;第三种标准才是真正意义上的"应当知道",即行为人有知道的义务,也有知道的可能性,但因其个人原因而实际上不知道。针对实际可能出现的不同情况,《罗马规约》对军事指挥官和非军事指挥官的主观认识进行了不同的规定。就军事指挥官而言,是"知道"或者"由于当时的情况理应知道";对于非军事指挥官而言,是"知道"或"故意不理会明确反映这一情况的情报"。二者在"应当知道"认定标准上的不同,就是基于军事指挥官和非军事指挥官在监督下级行为方面的实际差异。

案例 6-4 山下奉文案[2]

山下奉文(Yamashita Tomoyuki)是日军驻菲律宾的第十四方面军总司令,负责菲律宾全岛的防务。山下被任命不久,1944 年 10 月 20 日,美国开始进攻莱特岛。1944 年 12 月,山下决定放弃莱特岛,集中兵力防守吕宋岛。他将军队分成三个集团,并任命了两个下属分别负责两个集团防守吕宋岛的不同区域。这些部队强奸了马尼拉 500 多名妇女平民,杀害了八打雁省 25000

---

① 朱文奇. 国际刑法[M]. 北京:中国人民大学出版社,2007:277.

② *Trial of General Tomoyuki Yamashita*, UN War Crimes Commission, Law Reports of Trials of War Criminals, Vol. Ⅳ, 1948, pp. 1-35.

名平民。1945 年 9 月 3 日山下投降,10 月 2 日,美军第五军事委员会对其提起如下指控:"作为日本帝国军队的将军,从 1944 年 10 月 9 日至 1945 年 9 月 2 日,在指挥日本武装力量和同盟国作战期间,漠视下属在马尼拉和菲律宾群岛的其他地方之行为,未能履行其作为指挥官而负有控制所指挥的部队成员行动的职责,对于美国、同盟国和所属国的人民,特别是对菲律宾的人民,允许其下属实施残酷的暴行及其他严重罪行,因此,山下将军违反了战争法。"

在庭审中,山下辩称自己并不知道部下实施了大规模屠杀行为。理由是:他刚刚被任命,还来不及确立其指挥官的地位。另外,美军的持续猛烈进攻、当地游击队的困扰以及日军落后的通信系统等,使自己根本无法知道属下的犯罪。经过审理,军事委员会认为:"毫无疑问,军队指挥官既享有很大的权利,也负有很重的责任。这在军队中向来如此。当然,如果仅仅因为下属实施了谋杀或者强奸就认定上司也是谋杀犯或者强奸犯的话,这显然是荒谬的。然而,当杀人、强奸、邪恶的报复行为非常广泛,而指挥官却有意漠视,不去阻止犯罪时,则根据行为的性质和具体情况,指挥官应对下属的非法行为承担责任,包括刑事责任。"最后,军事委员会认为,基于山下的命令,日本武装军队对在菲律宾群岛的美国、同盟国和所属国的人民实施了一系列暴行和其他严重犯罪。这些罪行不是偶然发生的,在很多情况下是在日本军官或是未经正式委任的日本军官的监控下有计划实施的。此外,山下在此期间未能根据当时的情况对其指挥的军队予以有效的控制。据此,军事委员会认定山下有罪,并判处其绞刑。山下不服,提起上诉。美国最高法院于 1945 年 1 月 7 日对此案进行复审,多数法官认为被告违背了作为军事指挥官控制下属行为的义务,存在允许下属实施大范围暴行的行为,从而违反了战争法,因而驳回了上诉。1946 年 2 月 23 日,山下被执行绞刑。

3. 上级未采取必要和合理措施以防止犯罪或惩罚罪犯

这是构成上级责任的客观要素。"采取必要和合理措施",是上级对下级的行为进行有效控制的条件。作为上级,防止下级实施犯罪行为,是其法定义务;如果上级未能履行这一义务,则要承担相应的刑事责任。上级采取什么样的措施,才是"必要、合理"的措施,法律并未作出一般性的规定。客观地讲,也难以作出这样的规定,而只能根据上级的职权和控制能力、下级行为的实施程度和犯罪决心以及行为的具体情境等综合判定。总之,不同的上级因处于指挥链条中的不同位置和不同的情势对下级的行为可能采取不同的处置措施。一般而言,当下级将要实施犯罪时,上级不仅应当采取预先发布命令等类似措施,以防止犯罪行为的发生,而且还要确保这些措施落到实处或得到切实遵守,必要时可以采取解除下级武装、撤销下级职务等纪律处分;如果犯罪正在发生,则上级应当发布命令要求停止实施犯罪,并确保该命令得到遵守;如果犯罪已经实施完毕,则上级应当报请其主管当局或在其权力范围内对此进行调查和起诉。

案例 6-5　利布案①

该案是纽伦堡审判中最著名的适用上级责任原则的案件。由于涉及威廉·冯·利布(Wilhelm von Leeb)等十多名德国高级军官,故又称为"高级指挥官案"(the high command case)。

利布于 1941 年 6 月至 1942 年 1 月期间担任德国东部三个战线之一的北方集团军总指挥,率部攻打列宁格勒(即今圣彼得堡)。在此期间,他执行了两个非法命令导致严重战争罪行的实施。第一个命令是希特勒于 1941 年 6 月 6 日发布的"人民委员命令",要求东部战线的德军不必考虑国际法的规定,迅速处决所有被逮捕的苏联政治委员。该命令的执行导致大约几百名苏联官员被处死。第二个命令是陆军元帅威廉·凯特尔(Wilhelm Keitel)发布的巴巴罗萨(Barbarlosa)命令,允许德国军队清洗敌方的游击队队员和平民。基于这个命令,许多平民和游击队员被处死。在利布被指控犯有的六项犯罪中,其中有两项是执行以上两个命令而导致战争罪和危害人类罪的实施。

庭审中,被告辩称,除了发生在科夫诺(Kovno)的犯罪之外,他并不知道其他地方暴行也在发生,而且在他知道科夫诺的犯罪之后,立即采取了行动防止其再次发生。他还辩称,自己向部下发布的命令与接到的两个非法命令不同,比如关于第一个命令,他反复试图让希特勒改变这个命令,而且他自己还发布了一个"纪律条例"来要求他的下属在执行该命令时必须遵守战争法。美军纽伦堡军事法庭最后认定被告在执行"人民委员命令"方面无罪,因为他无权超越该命令而只有执行的义务。法庭指出:"他没有散布该命令,对此曾提出异议并拒绝执行。"但对于第一个命令,法庭认为被告有罪,因为他将其传达给下属执行。法庭认为,要追究上级刑事责任,应当要求存在玩忽职守行为。法庭指出:"指挥官的权力与其刑事责任关联,但绝非共存关系……不能因为存在上下级的链条而追究每一个人的刑事责任。要追究刑事责任,必须要有

---

① *United States v. Wilhelm von Leeb*, US Military Tribunal, Nuremberg, Judgment, 28 October 1948, in Trials of War Criminals Vol. Ⅺ, pp. 542-544.

玩忽职守的行为。而这只能发生在以下情况,即罪行可以直接追溯到该人,或者因其未能监督下属而构成了玩忽职守的罪行。在因玩忽职守而致罪的情况下,玩忽职守本身应当是恣意的、故意漠视下属的犯罪行为从而达到默示的程度。"法庭认为,一个指挥官不能因下属的犯罪行为而承担刑事责任,除非下属的犯罪行为是非常明显,或者由于亲自参与、默示而知道犯罪行为实际正在发生,或者构成了玩忽职守的罪行。如果只有一些可以使指挥官推断出犯罪正在发生的材料或者只有能够引起指挥官注意予以调查的材料,控方还不能据此证明其刑事责任的存在。然而,本案中,被告要么知道巴巴罗萨命令,要么默示其执行,因而构成犯罪。最后,军事法庭判处被告3年监禁。

四、个人国际刑事责任的实现方式

国际刑法有直接实施和间接实施两种模式,在这两种模式中,个人国际刑事责任的实现方式略有不同。

在直接实施模式中,个人国际刑事责任的实现方式主要有:死刑、无期徒刑、有期徒刑、罚金和没收。从国际刑事司法实践来看,欧洲国际军事法庭和远东国际军事法庭对犯有国际罪行的个人适用的刑罚有死刑、无期徒刑和罚金。《前南国际刑庭规约》和《卢旺达国际刑庭规约》要求对犯有国际罪行的个人适用刑罚时应当考虑前南和卢旺达的法律,而从两个法庭的实践适用来看,仅限于有期徒刑,而未适用死刑、无期徒刑,也未适用罚金和没收。而根据《罗马规约》第77条的规定,对犯有灭绝种族罪、危害人类罪、战争罪和侵略罪的个人,可以适用的刑罚有:(1)有期徒刑,最高刑期不能超过30年;(2)无期徒刑,以犯罪极为严重和被定罪人的个人情况而证明有此必要的情形为限。除上述刑罚外,法院还可以命令:(1)处以罚金,处罚标准由《程序和证据规则》规定;(2)没收直接或间接通过该犯罪行为得到的收益、财产和资产,但不妨害善意第三方的权利。

在间接实施模式中,个人国际刑事责任的实现方式,则取决于追究被告国际刑事责任的法院所在国家的国内刑法的具体规定。由于各国国内刑法的具体规定不尽一致,因而对个人适用的刑罚实际上存在差异。就刑种而言,通常包括死刑、无期徒刑、有期徒刑、罚金、没收和资格刑。

第二节　法人的国际刑事责任

一、法人国际刑事责任的确立

传统刑法理论认为,法人(社团、组织)等法律拟制体"无躯体无意识",因而无犯罪能力,也无受罚能力,不能追究其刑事责任。但随着法人犯罪现象的出现并不断蔓延,各国先后在各自的刑法中规定法人犯罪,承认法人具有犯罪主体和责任主体的资格。因此,在国内刑法中,法人具有犯罪行为能力,应当对其实施的犯罪承担刑事责任,已基本不存在异议。但在国际刑法中,关于法人能否成为国际犯罪的刑事责任的承担主体,则有不同的认识。

从国际刑法的发展来看,事实上,是承认法人的刑事责任主体的资格的。二战期间,德国纳粹党的领导机构、盖世太保、党卫军等在战争中犯下种种暴行,具有严重的危害性。为此,《纽伦堡宪章》明确这些组织具有犯罪主体的资格,可以宣布其为犯罪组织。宪章第 9 条规定:"在对任何集团或组织的个别成员进行审判时,法庭可以(在被告被判决与该集团或组织的任何行为有联系的情况下)宣布被告所属的集团和组织为犯罪组织。"如果这些组织被宣告为犯罪组织,则有关缔约国可以追诉这些组织成员的国际罪行。第 10 条规定:"如果某一集团或组织被法庭宣布为犯罪组织,任何签字国的国家主管当局均有权将从属于该类犯罪组织的人员交付其国家法庭、军事法庭或占领区法庭提出诉讼。在这种情况下,该集团或组织的犯罪性质应被认为已经证实,而不应有所异议。"此外,纽伦堡国际军事法庭的判决书指出:"经法庭宣告有罪的某一组织的成员,以后可因其以该组织成员身份所犯的罪行进行判决,并可因此被判处死刑。"①宪章之所以要规定组织犯罪,是基于两点考虑:一是为了追究组织成员的刑事责任。传统理论认为,组织成员的行为应由组织负责,不能归咎于个人;二是为了类似案件的便宜处理。一旦某一组织被认定为犯罪组织,则其成员的行为自然构成犯罪,可由国内法庭对其直接定罪处罚。

宪章通过"法庭宣告"的方式解决了组织成员的有责性问题。但是,这里有一个问题还需要明确:一旦法庭宣布某一组织为犯罪组织,是否其所有的成

---

① P. A. 施泰尼格尔. 纽伦堡审判(上卷)[M]. 王昭仁, 等, 译. 北京:商务印书馆,1985:225.

员都要承担刑事责任？如果行为人仅仅因为具有组织成员的身份，但并不知道该组织的犯罪性质，追究其刑事责任是否公平？对此，法庭指出："宣告犯罪组织和集团性质将决定于它的成员的犯罪性质，因此，宣告集团或组织的犯罪性时，应不包括那些对该组织的犯罪目的或犯罪行为并不知情的人，也不包括被国家吸收为各该组织的人，但如果以各该组织的成员的身份参与本条第六条所规定的犯罪行为的人除外，单凭成员资格并不足以被列入法庭宣告之列。"①因此，在宣告某一组织是否是犯罪组织时，法庭必须依照公允的法律原则加以判断。其中最重要的法律原则是，犯罪应由个人负责，并应避免集体惩罚。一方面，如果法庭确信一个组织或集团犯有罪行，那么法庭绝不会因"集团犯罪"的理论新颖，或因这种理论可能被以后的法庭不公正地使用，在宣告该组织或集团构成犯罪上有所迟疑；另一方面，法庭在宣告一个组织构成犯罪时，应尽可能保证无罪的人不受惩罚。②笔者认为，法庭在这个问题上有点左右摇摆，含糊不清：一方面认为，一旦某一组织被宣布为犯罪组织，则该组织成员皆被认为犯有该组织的犯罪；一方面又认为，仅仅具有组织成员身份不能被认定犯有该组织的犯罪；同时，还认为，组织被认为犯有本条第六条所规定的犯罪时，仅仅具有组织身份可以被认定有罪。究其原因，法庭实际上将犯罪组织等同于犯罪集团或犯罪共谋，类似于共同犯罪，从而大大降低了确立组织犯罪的意义。

笔者认为，作为国际犯罪主体的法人（团体、组织）与作为个人进行共同犯罪的形式之一的犯罪集团是完全不同的，具体而言是：(1)性质不同。前者是一种基本犯罪主体和责任主体；后者则是作为若干个人犯罪主体的集合，是个人犯罪主体的一种特殊表现。(2)合法性不同。前者往往是基于履行法定职责或合法目的、经法定程序建立的法人、团体或组织，如国内的政府组织、非政府组织、社会团体、公司、企业等；后者则是基于非法目的而私自建立的相对固定或稳定的集团。(3)责任承担不同。前者实施犯罪主要有三种表现形式：一是通过集体决定实施某种国际犯罪；二是法人成员在自己的职权范围内以法人的名义或为了法人的利益而实施国际犯罪；三是法人成员在授权范围内以法人的名义实施国际犯罪。在以上三种情况下，法人可视为犯罪主体，不仅法人中具体实施国际犯罪的直接责任人员要承担刑事责任，而且法人自身也要

---

① P. A. 施泰尼格尔. 纽伦堡审判(上卷)[M]. 王昭仁，等，译. 北京：商务印书馆，1985：226.
② P. A. 施泰尼格尔. 纽伦堡审判(上卷)[M]. 王昭仁，等，译. 北京：商务印书馆，1985：225.

承担刑事责任,但并未实施犯罪的法人组织的其他成员则不承担刑事责任。而在犯罪集团的情况下,由于各行为人不仅具有犯罪集团成员的身份,而且明知自己及他人所实施的行为是国际犯罪行为,因而均应作为共犯承担刑事责任。

将法人(团体、组织)作为严格意义上的国际刑事责任主体,始见于《联合国反腐败公约》。该公约第 26 条规定:"一、各缔约国均应当采取符合其法律原则的必要措施,确定法人参与根据本公约确立的犯罪应当承担的责任。二、在不违反缔约国法律原则的情况下,法人责任可以包括刑事责任、民事责任或者行政责任。三、法人责任不应当影响实施这种犯罪的自然人的刑事责任。四、各缔约国均应当特别确保使依照本条应当承担责任的法人受到有效、适度而且具有警戒性的刑事或者非刑事制裁,包括金钱制裁。"由于考虑到各国的立法规定不尽相同,为使公约得到更多国家的签认,本条并未将对犯罪的法人的制裁限于刑事制裁。但从追究法人责任和自然人责任互不影响的规定来看,法人责任主体的独立性已经明确确立,仅是承担责任方式的称谓不同而已。应当指出的是,在当代国际刑事司法实践中,法人犯罪主要是涉及法人经济利益的犯罪,如毒品犯罪、腐败犯罪、非法贩运淫秽物品罪等。

二、法人国际刑事责任的归责基础

关于法人的本质,理论上有法人拟制说和法人实在说两种主张。法人拟制说认为,社团为抽象之概念,并无实体之存在,是通过法律之力将社团拟制为自然人。法人为法律拟制之人,自身并无意思表示的能力,不能为法律行为,须由法人成员代为进行。[①] 法人拟制说严格秉承个人人格至上原则,只承认自然人是权利义务主体,否认法人的法律主体资格,使法人的活动限制在法律特别许可的范围之内。随着社会经济的迅速发展,法人拟制说所确认的法人性质越来越难以适应社会需要,为此,法人实在说应运而生,并逐渐成为法律本质的一种主流学说。法人实在说认为,社团是先于实在法而存在并且强加于该社团的一种法律主体,实在的法律正和它扩展和限制个人的行为能力那样,可以扩展或限制社会的行为能力。客观的法律规则直接适用于集体人格,正如它适用于个人一样。[②] 根据法人实在说,法人与自然人一样,属于现

---

① 周枏.罗马法原论(上册)[M].北京:商务印书馆,1994:272.

② 狄冀.宪法论[M].钱克新,译.北京:商务印书馆,1959:348—349.

实的社会实在,法人机构及其代表人以法人名义实施的行为应视同法人的行为。因此,法人不仅具有权利能力,而且具有行为能力,可以成为犯罪的行为主体和责任主体。

如同个人的国际刑事责任基于个人实施的国际犯罪行为一样,法人的国际刑事责任也基于法人实施的国际犯罪行为。这种犯罪,究其本质,实际上是一种拟制犯罪。

三、法人国际刑事责任的归责原则

法人之所以要承担刑事责任,是因为其自身实施了犯罪行为。但是,法人毕竟不同于有血有肉的自然人,不可能亲自实施任何具有社会意义的法律行为。法人要实现其意图,必须要通过法人成员这一中介,根本不可能脱离法人成员的意志和行为。因此,如何将法人成员的意志和行为评价为法人的意志和行为,是确定法人刑事责任的关节点。

关于法人刑事责任的归责原则,主要有两种思路:一种是从法人成员的行为中寻找法人的归责原则;另一种是从法人自身的行为中探求法人的归责原则。前者以替代责任、同一原则为代表,后者以集合原则、企业组织体责任为典型。替代责任,源自侵权法上的代理责任,指雇用人对其受雇人于从事职务时,因侵权行为致使他人遭受损害应负赔偿责任。[1] 根据替代责任,在法人的业务活动中,包括法人最下级成员在内的代理在其职务范围内为了法人利益的行为,均可以归责于法人。法人刑事责任的成立取决于三个条件:第一,犯罪行为是由法人成员实施的;第二,犯罪行为在法人成员的职务范围之内;第三,犯罪行为是为了法人的利益。在替代责任中,存在一个法律的"拟制":法人成员的行为被视为法人的行为。替代责任在实际适用中,具有可操作性强的优点,但也存在重大的缺陷。在替代责任中,法人的刑事责任以法人成员的刑事责任存在为前提,因而被批评为"既不周全,又过于泛化。"[2]一方面,如果法人成员没有过错,即使法人存在过错,也难以追究法人的刑事责任;另一方面,如果法人成员存在过错,即使法人没有过错,也应当追究法人的刑事责任。另外,不管法人成员在法人组织结构中的地位如何,将其行为一概视为法人的

---

[1]　王泽鉴.民法学说与判例研究(第1卷)[M].北京:中国政法大学出版社,1997:2.

[2]　G. R. Sullivan, *The Attribution of Culpability to Limited Companies*, 55 Cambridge Law Journal 515, 541 (1996).

行为,也有导致法人刑事责任过于扩大之虞。基于此,同一原则对替代责任进行了修正。根据同一原则,董事、股东和高级管理人员等在法人组织结构中具有重要地位的法人成员的行为,才可以直接视为法人自身的行为。这一理论大大限制了法人责任的范围,但缺陷是难以确定可以视为法人行为的法人成员的具体范围。集合原则,是指即使法人的代理人或雇员的单个行为和犯意都不能构成犯罪,但如果这些行为和犯意相加而成的总和是可以构成犯罪的话,则法人应当承担犯罪的刑事责任。[①] 这一原则主要适用于无法确定公司内实施犯罪行为的具体职员但又需要追究公司刑事责任的场合。根据集合原则,一个代理人的行为可以和另一个代理人的犯意加总,充足一个犯罪的构成要件。这样,通过不同的刑事责任的元素综合,可以使代理人或雇员的单个的无罪行为的总和构成法人的有罪的行为,从而扩展了法人刑事责任的范围。企业组织体责任论,以承认法人的责任能力为前提,认为法人等企业是作为组织体进行活动的,因此在追究法人的责任时,不能单独追究法人的代表人、中层管理者及最底层的从业人员的行为责任或监督责任,而应将从法人代表人到最底层的所有的行为人的行为作为一个整体,并以此确定法人的行为责任。[②] 上述这四种理论,尽管对法人的归责根据各自不同,但都以法人具有犯罪行为能力为归责前提。换言之,法人之所以要承担刑事责任,是因为其自身实施了犯罪行为。

笔者认为,无论是法人行为,抑或是法人罪过,其形成基础或认定根据均离不开法人成员的行为。法人责任归根结底,源自法人成员的行为,是立法者将法人成员的行为上升为法人行为的结果。从这个角度说,法人责任本质上是一种“替代责任”。这里的替代责任,不是指法人代法人成员受责,也不是指法人分担了法人成员的刑事责任,而是指在法人成员对其个人行为承担完全的刑事责任的情况下,法人仍然要对法人成员的行为另行承担刑事责任。之所以如此,是因为此时的法人成员的行为在规范评价上具有双重性:一方面,它是法人成员实施的个人行为,因而法人成员应当对此承担刑事责任;另一方面,它又是法人行为,因而法人应当对此承担刑事责任。当然,法人成员的行为被视为法人的行为,必须满足以下根本条件:法人成员是基于为法人谋利的

---

① Stacey Neumann Vu, *Corporate Criminal Liability：Patchwork Verdicts and the Problem of Locating a Guilty Agent*, 104 Columbia Law Review 459, 459 (2004).

② 板仓宏. 企业犯罪的理论和现实[M]. 东京:有斐阁,1975:33.

目的。在法人成员故意实施的犯罪行为中,其为法人谋利的意思是直接的、显性的;在法人成员过失实施的犯罪行为中,其为法人谋利的意思是间接的、隐性的。但无论哪种情况,法人成员在职务或业务活动中实施的行为都是基于为法人谋利这一根本目的。正是"为法人谋利"这一关键要素,才使得法人成员的行为具有归责法人的基础,也使得对法人刑事责任的追究具有正当性。对法人行为的认定,虽然以法人成员的行为为基础,以法人机关决策为标志,但并不以法人成员的行为构成犯罪为前提。换言之,对法人行为的认定,既可能以法人成员的犯罪行为为依据,也可能是虽然法人成员的个别行为不具有可罚性,但在整体评价上却具有可罚性,还可能是虽然不能确定可罚的行为具体由法人哪个成员实施,但可以确定是该法人某个成员实施的情形。

四、法人国际刑事责任的实现方式

由于法人毕竟是法律拟制体,而不同于有生命的自然人,因而,对犯罪的法人,各国主要是适用罚金刑。除此之外,有些国家还规定可以适用没收、吊销营业执照、强制解散或撤销等方式。这些处罚措施,对犯有国际犯罪的法人,也同样适用。

案例 6-6　Farben 公司案[①]

在审判卡尔·科洛克和其他 20 名被告时,纽伦堡美国军事法庭认定这些被告所在的公司犯有战争罪,因而判定其董事有罪。所指控的罪行包括:驱逐出境、奴役、恐怖主义、酷刑、谋杀、对被侵略国家的抢劫和掠夺以及以试验和灭种为目的的毒品和毒气的生产和供应等。尽管一些指控被告的罪状说明被告借助 Farben 公司实施了犯罪活动,但法庭指出,法人被告——Farben 公司无法出现在法庭上,在这些程序中也不能受到刑事惩罚。然而,Farben 公司的行为构成犯罪是确定无疑的。法庭指出:"个人,包括法人,在军事占领区违背原所有人的意愿和未经其同意而获取其财产,该行为未经任何可适用海牙规则明示为合法,因而违反了国际法。在这种情况下,价格或者其他充足对价的支付并不能减轻其行为的非法性。同样,个人或者法人通过策划和实施业已定下的方案而成为非法没收公私财产的一方当事人以永久获取该财产的行为,在此情况下,在财产被没收后而获取财产的行为构成违反海牙规则的行

---

① 范红旗.法人犯罪的国际法律控制[M].北京:中国人民公安大学出版社,2007:112—115.

为。""由于 Farben 公司以上述方式获取永久性财产利益的行为违反了海牙规则,因而任何故意参与该种达到管制委员会《第 10 号法令》规定的关联程度的抢劫或掠夺行为的人都应当承担刑事责任。"

第三节　国家的国际刑事责任

一、国家国际刑事责任的确立

国家是国际法的基本主体,这一点已获国际社会公认。但是,国家是否是国际犯罪的行为主体或刑事责任主体,则在理论上存在激烈的争论。归纳起来,主要有肯定说和否定说两种观点。

肯定说主要有三种意见。第一种意见认为,国家主权不应成为追究国际刑事责任的障碍,对于代表国家行事的人违反国际刑法义务的行为,应当追究其国际犯罪的刑事责任。英国国际法学家赫希·劳特派特(Hersch Lauterpacht)认为,如果国家以及代表国家行事的人实施了违反国际法的行为,而这种行为由于其严重性、残忍性以及对人类生命的蔑视而被文明国家的法律公认为犯罪行为,国家以及代表国家行事的人就应当承担刑事责任。例如,政府命令将居住于其领土内的外国人全部杀死,则这个国家以及负责命令和执行这种暴行的个人所承担的责任,就具有刑事性质。又如,对于违反战争法规的个人的战争罪予以惩罚的规则,已经被普遍地承认为国际法的一部分,因为战争罪犯的犯罪行为通常并不是为了实现私人的利益和欲望,而是代表国家并作为国家机关而实施的。[1] 第二种意见认为,国家是国际犯罪主体,但不是国际刑事责任的主体。国际不法行为分为国际罪行和国际侵权行为。对于这两种行为,国家要承担不同的责任。但即使是对国际罪行,国家承担的责任也不是刑事责任。苏联国际法学者科热夫尼科夫认为,从现代国际法的角度来看,目的在于破坏和平共处各项原则和侵犯国际法主体的基本权利的行为均属国际罪行。在这一方面最典型的是侵略和殖民主义。现代条件下的国际犯罪责任与旧国际法上的国际犯罪责任有很大的不同,后者只包含损害(物

---

① H. Lauterpacht, *L. Oppenheim's International Law*, *Vol. I*, 8th ed., Longman, Green & Co., 1955, p. 355.

质损害和非物质损害）赔偿义务、惩处罪犯等。依照现代国际法，作为国际法主体的侵略国的基本权利可能受到限制。……对于犯有侵略罪的国际法主体来说，除了追究其国家领导人和国际罪行的直接执行者的刑事责任以外，还可以采取诸如全部解除武装或限制武装并消除军事潜力和禁止生产某些类型的武器，使该国的某一部分领土非军事化，在该国领土上部署外国武装力量以便实行管制等措施。此外，还可以在该国领土上禁止充当侵略战争鼓吹者的某些政党和组织的活动。① 第三种意见认为，国家虽然是抽象的实体，但在国际法所确认的国际罪行中，对国际社会危害最严重的犯罪都是由国家实施或在国家支配下实施的，如果不对国家进行定罪处罚，要想从根本上遏制国家的国际犯罪必将成为不切实际的幻想。因此，国家应当承担与其罪行相适应的刑事责任，从而成为国际犯罪的行为主体和责任主体。我国国际法学者刘亚平教授认为，国际刑事责任是一种法律责任，是国际犯罪行为的法律后果，它表明了一种全新的国际法律关系。国家代表或者以国家名义行事的权威人士实施的任何国际犯罪，无论该行为按其国内法是否合法，国家均应为此负刑事责任。此外，任何个人或团体如按照其国内法的规定有权作出与国家有关的政治性决定，或者具有国家机关或代表的地位，则其所犯的国际罪行也可归咎于国家，由国家承担刑事责任。②

　　否定说主要有两种主张。一种主张认为，国家是国际法的基本主体，国际法是主权国家之间的法律，主权国家不可能同意或制定制裁自己的刑事法律，因而国家对其实施的犯罪行为（不法行为）不可能承担刑事责任，而只能承担政治责任、经济责任或道义责任。"国际法作为主权国家之间，而非主权国家之上的法律的性质，排除了由于国际违法行为而惩罚国家的可能性，同时，也排除了从刑事犯罪的角度来看待这种行为的可能性。在目前的情况下，国际违法行为唯一可能的法律后果就是提供道义或物质的赔偿。"③另一种主张认为，国家是一个抽象的实体，本身没有意识，根本不同于具有躯体和意识的自然人，因此，国家无法成为国际犯罪的主体，也无法成为刑事责任的受罚主体。"国际犯罪是严重违反保护国际社会的根本利益这一极其重要的国际义务的行为，显然，实施如此严重的犯罪行为必须具有一定的犯罪意图，但国家作为

---

　　① 科热夫尼科夫.国际法[M].刘莎,等,译.北京:商务印书馆,1985:107—108.

　　② 刘亚平.国际刑法学[M].北京:中国政法大学出版社,1992:152.

　　③ L. Oppenheim, *International Law：A Treatise*, *Vol. I*, Longmans, Green and Co. , 1905, pp. 201-204.

一个抽象的实体不可能有犯罪意图。"①

上述诸种观点,由于观察问题的角度不同,所争议的问题实际上并不完全一致,由此带来观点的分歧也就在所难免。事实上,就代表国家行事的个人应否承担国际刑事责任而言,肯定论的第一、第二种观点和否定论的两种主张均是持肯定的态度,并不存在实质性的分歧。正基于此,有学者指出,实际上,有些支持国家刑事责任的人只是要求惩处组成政府的个人,他们的观点与那些主张个人承担国际刑事责任的人的观点并没有实质的区别,只是用语不同而已。② 而个人,无论是作为普通的个人,还是作为国家代表的个人,毫无疑问,都应对本人实施的任何国际犯罪负责。因此,问题的关键在于,对于国家代表基于国家利益而实施的国际犯罪行为,特别是战争罪和侵略罪,国家应否承担、能否承担以及如何承担国际刑事责任。显然,肯定论中只有第三种观点才触及了问题的实质。

20世纪以来,国际社会一直致力于确立国家的国际刑事责任,但由于各国政府意见分歧严重,加之理论界也远未形成共识,国家的国际刑事责任的确立仍然任重道远。从国际刑事司法实践来看,纽伦堡审判和东京审判虽然对德国和日本的首要战犯追究了刑事责任,但都没有给德国和日本这两个国家定罪判刑。前南和卢旺达两个国际刑事法庭也只是追究犯有国际犯罪的个人的刑事责任,而未对任何国家追究刑事责任。《罗马规约》也只是规定,法院对个人具有刑事管辖权,实施法院管辖权内的犯罪的个人应承担国际刑事责任并受到刑罚处罚,但并未规定对任何犯有法院管辖罪行的国家可以行使刑事管辖权。而从国际刑事立法实践来看,关于国家的国际刑事责任的确立也是时有反复。1953年12月7日,联合国大会通过第7999(8)号决议,促请国际法委员会在可行时尽快着手进行关于国家责任的国际法原则的编纂工作。经过近半个世纪的努力,1996年国际法委员会一读通过了《国家责任条文草案》。这是国际社会在国家责任制度的编纂方面取得的重要成果,为国际社会最终缔结关于国家责任的国际公约奠定了良好的基础。制定条文草案的目的不是要确定构成国家责任基础的国家应承担国际法义务的内容,而是要规定违背国际义务的法律后果,即规定什么行为构成国际不法行为,国际不法行为

---

① Geoff Gilbert, *The Criminal Responsibility of States*, 39 International and Comparative Law Quarterly 345, 369 (1990).

② Ian Bronlie, *International Law and the Use of Force by States*, Clarendon Press, 1963, p. 153.

产生什么国家责任以及以什么方式解决争端。正是在这些方面,条文草案规定了切实可行的基本规则。尤为重要的是,条文草案一改传统的国家责任制度仅仅关注国家的一般国际不法行为的做法,从适应现代国家责任制度发展的需要,首次对国家的国际犯罪与责任进行了规定。这集中体现在条文草案第 19 条和第 51 条的设计上。第 19 条将国际不法行为区分为国际罪行和国际侵权行为,具体内容如下:"1.构成违背国际义务的一国的行为即是国际不法行为,而不论其违背的义务涉及哪一方面。2.一国所违背的国际义务对于保护国际社会的根本利益至关重要,以至整个国际社会公认违背该项义务是一项罪行时,因而产生的国际不法行为构成国际罪行。3.在第 2 款的限制之下,且依据现行国际法规则,除其他情况之外,国际罪行可能由下列各项行为产生:(1)严重违背对维护国际和平与安全具有根本重要性的国际义务,如禁止侵略的义务。(2)严重违背对维护所有人民的自决权具有根本重要性的国际义务,如禁止以武力建立和维护殖民统治的义务。(3)大规模地严重违背对保护人类具有根本重要性的国际义务,如禁止奴隶制度、禁止灭绝种族或种族隔离的义务。(4)严重违背对维护和保全人类环境具有根本重要性的国际义务,如禁止大规模污染海洋和大气层的义务。4.按照第 2 款的规定不属于国际罪行的任何国际不法行为均构成国际侵权行为。"这里的国际罪行,是指国家所犯的"罪行",即可以归责于国家的罪行,而不同于许多国际法律文件表述个人罪行时所使用的"国际罪行"等词语。第 51 条对国际罪行的法律后果进行了规定,具体内容如下:"国际罪行引起任何其他国际不法行为的一切法律后果以及诸如以下第 52 条和第 53 条中所述的进一步的后果。"对于条文草案,特别是其中第 19 条的规定,各国政府存在明显的分歧。为了推动条文草案二读的进程,国际法委员会对条文草案进行了修改,删除了第 19 条的内容,引入"严重违背依一般国际法强制性规范承担的义务"的提法,集中对"对整个国际社会的义务"这一概念以及违背这种义务所引起的法律后果进行审议。由于与"国际罪行"相比,"一般国际法强制性规范"和"对整个国际社会承担的义务"的概念不仅在国际法理论中有着更为牢固的基础,也避开了国家的国际罪行这一敏感问题,更容易为各国政府所接受,从而使条文草案的二读于2001 年在国际法委员会得以顺利通过。

笔者认为,以国家为主体的国际犯罪是现代国际社会中存在的客观事实,这一点是不容回避的。根据罪责自负原则,任何犯罪主体对于其实施的犯罪行为,均应承担相应的刑事责任。国际社会之所以对国家的国际刑事责任的确立难以形成共识,虽然不乏存在理论认识上的原因,但更重要的原因,恐怕还是政治因素。

二、国家国际刑事责任的归责基础

如同法人一样,国家也是一种法律拟制体。法人的国际刑事责任的归责基础,在于法人实施的国际犯罪行为,同样,国家的国际刑事责任的归责基础,也在于国家实施的国际犯罪行为。

首先,从客观上看,国家能够实施国际犯罪行为。国家虽然不能像自然人一样亲自实施犯罪行为,但却可以通过自然人实施犯罪行为。从现实情况来看,国家机关的行为、经授权行使政府权力的人的行为、实际上代表国家行事的人的行为、另一国或国际组织交由一国支配的机关的行为、成为一国新政府或导致组成一个新国家的叛乱运动的行为等,均可以归因于国家而成为国际法中的国家行为。因此,国家具有犯罪能力是毋庸置疑的。国际法委员会第二十八届会议的报告指出:现代国际法已经发展到这样的程度——它谴责任何国家将其他国家人民强行置于其殖民统治之下,或者以损害人的尊严的方法强制推行基于种族歧视和种族隔离的制度,或者严重危害人类环境保护的行为与实践。国际社会作为一个整体,而不仅是一个或数个成员,认为这些行为违反《联合国宪章》的原则和植根于人类良知的一般国际法基本规则和原则。各国所表述的观点也充分说明,在上述行为中,有些确实已经构成了"国际罪行"。[①] 从现实情况来看,国家的国际犯罪行为也是有目共睹的。正如我国学者贾宇教授所言:"历史告诉我们,极大地危害国际社会共同利益和破坏国际社会正常秩序的严重国际犯罪,主要是由国家实施的,而不是由个人实施的。由于国家能够动员其全国的人力和物力资源,因此,国家的犯罪能力及其犯罪活动造成的危害是个人无法比拟的。二战中,德、意、日三国给世界制造的空前浩劫足可说明。把德国、意大利、日本三国发动的二战以及它们在战争中对世界人民所犯的罪行简单地说成是希特勒、墨索里尼和东条英机以及其他政府和军队高级官员的个人犯罪行为是难以令人信服的。"[②]从德皇威廉二世的军国主义政策到日本法西斯的南京大屠杀,从伊拉克入侵科威特的事件

---

① *Yearbook of the International Law Commission*, Vol. II, Part Two, United Nations, 1976, p. 109.

② 贾宇. 国际刑法学[M]. 北京:中国政法大学出版社,2004:140.

到美国发动的海湾战争,从南非的种族隔离政策到刚果金的种族血洗政策,无不是在国家政策的指导下和部分国民的支持下发动的,国家难辞其咎。

有一种观点认为,国家作为一个法律拟制体,只能在国际法规定的权利能力范围内活动,超越这一范围的行为,即越权行为,就不再是国家的行为,而只能是代表国家行事的个人的行为,只能由有关个人承担责任。换言之。国家只能实施符合国际法的行为,任何违反国际法的犯罪行为都不是国家行为,因此,在国际法上,国家不可能成为犯罪主体。[1] 这一观点的核心是,国家是基于合法目的而合法成立的,因而不可能犯罪。然而,国家为合法目的而合法成立的事实,只能说明国家不应该犯罪,而不能由此得出国家不会犯罪的结论。在现实社会中,为追求国家利益,国家完全可能违反其承担的国际义务,从事国际不法行为,包括国际犯罪行为。《关于国家责任的条文草案》(2001)第 2 条规定:"一国国际不法行为在下列情况下发生:(1)由作为或不作为构成的行为依国际法归于该国;并且(2)该行为构成对该国国际义务的违背。"第 4 条规定:"(1)任何国家机关,无论其行使的是立法、行政、司法职能,还是任何其他职能,无论其在国家组织中处于何种地位,也无论其作为该国中央政府机关或一国领土单位机关而具有何种特性,其行为应视为国际法所指的国家行为。(2)机关包括根据该国国内法具有此种地位的任何人或实体。"国家的国际罪行实际上是一种严重的国际不法行为,既然国际法承认国家机关和代表国家机关行事的人实施的国际不法行为可以归因于国家,则没有理由不承认这些人实施的严重的国际不法行为(国际罪行)可以归因于国家。换言之,国家机关和代表国家行事的人以其职务资格实施的国际侵权行为和国际犯罪都可以归因于国家而成为国家行为,国家既可能是国际侵权行为的主体,也可能是国际犯罪行为的主体,并承担相应的不同法律责任。

其次,从主观上看,国家具有犯罪意图。有一种观点认为,国家是一个抽象的政治实体,没有自己的意思或意志,因而,也就没有犯罪意图,不可能实施犯罪行为。这种观点是不符合实际的。国家虽然是由各个不同的个人基于共同的意志组成的,但国家一旦成立,就成为一个有别于组成国家的个人的国际社会的实体,具有自己的行为和意志。国家的方针、政策、法律和决定虽然是由组成国家机关的个人制定或作出的,但这些方针、政策、法律和决定体现的

---

[1]　Farhad Malekian, *International Criminal Responsibility*, in M. Cherif. Bassiouni eds., International Criminal Law, Vol. I, 2nd ed., Transnational Publishers, Inc., 1999, pp. 211-212.

均是国家的意志和利益,而非参与制定或作出决定的个人的意志和利益,而且,这些方针、政策、法律和决定也都是以国家名义颁布并以国家强制力实施的。如果这些方针、政策、法律和决定的内容严重违反国家根据国际法承担的义务,蓄意破坏国际社会的根本利益,则完全可以说国家具有实施犯罪行为的意图。对此,贾宇教授指出:"国家和自然人各自在意思表示形式上,虽有其不同特点,但任何一个国家,都有自己的决策机关即行政机关、立法机关、司法机关、军事机关等,是国家活动的神经中枢,这就类似于人的大脑,由国家的决策机关反映国家的意志,调动和指挥国家的具体活动并决定国家活动的方向和形式,这种决策与反映自然人主观心理状态的意志具有同样的功能,同样可以分为合法与非法、善与恶。也就是说国家具有产生主观恶意的条件、能力和可能性。"[①]从国际社会的实践来看,国家具有犯罪的意志也是客观存在的。如日本军国主义推行的对外侵略和扩张政策,就是当时日本一贯的国家政策。

三、国家国际刑事责任的归责原则

在国际法上确立国家的刑事责任,具有十分的必要性。对于国家机关及其代表实施的国际犯罪行为,除了必须追究个人的国际刑事责任外,还必须追究国家的国际刑事责任。只有这样双管齐下,才能伸张国际社会正义,改造犯有国际罪行的国家的政策,防止类似行为的再度发生。我国学者马呈元教授认为,在国际法上确立国家的国际犯罪与责任制度主要有以下原因:一是实现国际社会正义的需要。只追究个人的刑事责任,而不追究国家的国际犯罪责任显然是避重就轻,舍本逐末。二是促进犯有国际罪行的国家进行改造的需要。对于国家的国际犯罪,如果只追究代表国家行事的个人,如国家领导人的刑事责任,而不确认国家对其犯罪行为的责任,犯有国际罪行的国家及其人民就难以对有关国际罪行产生正确的认识,甚至会认为由于国际犯罪而受到刑事惩罚的个人是为了国家利益而牺牲的民族英雄,这显然不利于有关国家深刻反省其所犯的罪行,并防止类似的行为再次发生。三是防止国际犯罪再度发生的需要。在国家犯有国际罪行的情况下,国家要承担比国际侵权行为责任更为重大的责任。作为承担责任的结果,犯有国际罪行的国家的人民首先会感受到这种行为所产生的严重不利后果,这将促使他们在选择国家领导人和参与决定国家政策或者制定法律时采取更谨慎的态度,防止类似犯罪行为

---

① 贾宇.国际刑法学[M].北京:中国政法大学出版社,2004:109.

的发生。^①

　　确立国家的国际刑事责任,在理论上还有许多问题需要进一步研究。巴西奥尼教授指出,除了合法性原则的问题之外,国家刑事责任理论还提出以下问题:第一,是否可以在不确立决策者和主要执行者的个人刑事责任的前提下,确立国家的刑事责任? 第二,如果需要首先确立决策者和主要执行者的个人刑事责任,则:①适用于这些个人的刑事责任的要素是什么? ②国家的刑事责任是这些个人刑事责任的后果之一,还是一种有别于或者独立于个人刑事责任的责任? 第三,如果确立了国家的刑事责任,这是否可以构成确立除决策者和主要执行者之外的其他人员个人刑事责任的根据? 如果可以,则:①这种派生的个人刑事责任的要素是什么? ②这种派生的刑事责任是以何种方式产生的? 第四,如何在确立国家刑事责任的同时,不使其成为一种违反刑法基本原则的集体的刑事责任? 第五,如何在惩罚负有刑事责任的国家的同时,避免惩罚那些并未参与导致这种刑事责任的行为的个人?^②

　　上述问题确实需要进一步研究。笔者认为,国家的国际刑事责任是一种有别于个人的国际刑事责任,二者并行不悖,互不干涉。"国家刑事责任显然是附加于违反国际法作出犯罪行为的个人所担负的国际刑事责任之上,而并不排斥个人所担负的国际刑事责任的。"^③同法人犯罪一样,国家刑事责任的归责原则,也是同一原理。也就是说,国家机关及其代表所实施的国际犯罪行为,不仅是其个人行为,而且也是国家行为,因而既可以归咎于个人,追究个人的国际刑事责任,同时,也可以归咎于国家,追究国家的国际刑事责任。

　　确立国家的国际刑事责任,国家就要受到相应的惩罚,从而使全体国民承担不利后果,如要求国家赔偿,必然使全体国民的利益受损。这是否是一种株连或集体惩罚,是否违反罪责自负原则呢? 笔者认为,国家的国际刑事责任,最终都会转嫁到全体国民身上,从而对全体国民产生不利的影响,这是一个基本事实。但是,不能以此为由而认为,国家的国际刑事责任就是全体国民的国际刑事责任,追究国家的国际刑事责任就是一种集体惩罚。首先,国家是国际

---

　　①　马呈元. 国际刑法论[M]. 北京:中国政法大学出版社,2013:588—590.

　　②　M. Cherif Bassiouni, *The Sources and Content of International Criminal Law: A Theoretical Framework*, in M. Cherif Bassiouni eds. , International Criminal Law, Vol. I, 2nd ed. , Transnational Publishers Inc. , 1999, pp. 27-31.

　　③　詹宁斯,瓦茨. 奥本海国际法(第1卷第2分册)[M]. 王铁崖,等,译. 北京:中国大百科全书出版社,1995:418.

犯罪的主体,但全体国民显然不是国际犯罪的主体,全体国民因国家被追究国际刑事责任而受到的不利影响不能认为是在接受刑事惩罚。其次,全体国民也不是国际犯罪的受害者,相反,他们完全可能是国际犯罪的受益者。以国家名义实施的国际犯罪,特别是侵略罪、战争罪等,一般都是基于国家的利益,而国家的利益最终将惠及全体国民。第三,全体国民本来应当并且能够防止这种犯罪行为的发生。特别是动员全国的人力和物力资源实施的大规模的国际犯罪行为,侵略国的国民事实上都自愿或不自愿地卷入了这种战争。确立国家的国际刑事责任,就是威慑该国的决策者和激励该国国民采取一切必要手段来阻止国家实施国际犯罪行为。

四、国家国际刑事责任的实现方式

与个人的国际刑事责任不同,国家的国际刑事责任的实现方式非常广泛。根据国际社会的实践以及有关国际文件的规定,国家的刑事责任的实现方式主要有:

1. 与国际不法行为责任相同的责任形式

根据《国家责任条文草案》(1996)的规定,国家对其国际罪行不仅要承担一般国际不法行为的责任,而且还要承担特殊的责任。实施一般国际不法行为的国家负有停止不法行为、恢复原状、赔款、道歉、承诺并保证不再重犯等义务;一般国际不法行为的受害国则享有要求行为国履行上述义务的权利,以及采取反措施的权利,但受害国所采取的反措施要符合法定的条件、相称性原则,并不得采取国际法上禁止的反措施。除上述后果外,国际罪行还引起以下两种后果:一是受害国要求恢复原状和道歉的权利不受特别限制;二是任何其他国家负有以下义务:不承认国际罪行所造成的状况为合法;不援助或协助行为国维持犯罪行为所造成的状态;同其他国家合作履行上述两项义务;同其他国家合作实施旨在消除该罪行的后果的措施。

2. 国际制裁

即国际社会对实施国际犯罪的国家的政治权利、经济权利等进行剥夺或限制。在政治上,采取措施孤立犯罪国家,要求联合国各会员国和国际组织单方面在一定期限内中断同犯罪国的关系。具体措施如下:终止犯罪国的国际组织成员国的资格;断绝外交关系;不与其签订或续签国际条约;不准其出席联合国大会或其他国际会议,等等。在经济上,采取共同行动对犯罪国实行经济封锁，贸易禁运，使其陷入经济困境。具体措施如下：中止与犯罪国签订的经济合同的履行；冻结其在国外的全部资产；停止与其进行的金融、投资、国际合作、技术转让等经济活动；停止与其进行的商贸活动；实行货物禁运；中断交通和通信；除了人道主义物资外，禁止提供经济援助，等等。

3. 罚金

即对犯有国际罪行的国家征收相应一定数额的金钱，类似于惩罚性损害赔偿。罚金具有惩罚的性质，因而不同于赔偿。赔偿是国家对其实施的一般国际不法行为所承担的一种民事责任，一般不超过实际损害的程度。罚金是针对犯有国际罪行的国家实施的，因而也不同于战争赔款。战争赔款是战胜国运用优势地位，以偿付战争费用为借口强迫战败国支付的巨额款项，而战败国通常并未犯有国际罪行。例如，海湾战争结束后，国际社会作出决议，伊拉克向科威特支付数额巨大的惩罚性损害赔偿，其数额由联合国有关机构从伊拉克石油出口贸易中直接扣除。这一损害赔偿额中超过科威特实际所受损失的部分，即属于罚金。

4. 限制主权

即国际社会对实施国际犯罪（特别是侵占罪、战争罪）的国家的某些基本权利进行限制。具体措施如下：实行军事占领或军事管制；限制或者代为行使国家权力；限制武装力量的数量与武器装备的质量；要求销毁大规模杀伤性武器；降低其国际地位和外交级别，等等。例如，1991 年 4 月 3 日，联合国安理会通过第 687 号决议，规定伊拉克必须无条件地在国际监督之下销毁、拆除所有生物和化学武器以及射程超过 150 公里的弹道导弹；由国际原子能机构检查其核能力并在 45 天之内向安理会提出一个销毁和消除所有这类武器或使之成为无害的计划；不准伊拉克研制核武器或拥有制造核武器所需的材料，并将其拥有的核材料完全置于国际原子能机构的控制之下。

第四节　国际刑事责任的免除

国际刑事责任的免除，是指行为人实施的行为虽然构成了国际犯罪，但因某种事由而免除其刑事责任，其目的是维护社会秩序和促进和平进程。鉴于国际犯罪的严重危害性，国际犯罪的免除受到严格的限制，特别是要遵循执行命令不免责原则和不予豁免原则。

一、国际刑事责任免除的一般事由

在国内刑法中,如果具有某些事由,如不具备犯罪构成要件,或者存在某种特殊的事实情节,则可以免除行为人的刑事责任。在国际刑法中,亦是如此。通常,国际刑事责任免除的一般理由与国内刑法的规定基本一致。具体来说,主要有以下事由:

1. 精神错乱

如果行为人在实施国际刑法规定的犯罪行为时,处于精神病或精神不健全状态,因而丧失了判断其行为的非法性质的能力,或者不具备控制其行为以符合法律规定的能力,则不负刑事责任。

2. 醉酒

如果行为人因过量饮酒处于醉酒状态或导致酒精中毒,进而失去判断行为的非法性质,或者失去控制自己行为的能力时,可以排除其国际刑事责任。但是,如果行为人有意识地进入醉酒状态,或者明知醉酒后可能从事犯罪行为,或者不顾可能发生犯罪的危险而进入醉酒状态,则不得援引醉态作为免责事由。

3. 正当防卫

如果个人以合理行为防卫本人或他人,或在战争罪场合,防卫本人或他人生存所必需的财产,或防卫一项军事任务所必需的财产,以避免即将不法使用的武力,而且采取的防卫方式与被保护的本人或他人财产所面对的危险程度是相称的,则防卫者不负刑事责任。

4. 紧急避险

在无法控制的危险即将对个人或公共利益造成严重侵害的紧急情况下,行为人为了避免可能产生严重侵害而不得不实施损害他人合法权益的行为,不负刑事责任。

5. 胁迫

行为人在其本人或他人面临死亡的威胁,或面临继续或即将遭受严重人身危害的威胁的情况下被迫实施国际犯罪行为的,不负刑事责任。胁迫作为免责事由时,必须具备以下三个条件:①由于行为人或他人面临某种威胁,行为人被迫采取行动;②行为人的行动是必要和合理的;③行为人无意造成更严重的伤害。

6. 事实错误或法律错误

事实错误,是指行为人对犯罪行为事实情况的认识与客观事实不一致;法律错误,是指行为人对行为性质的认识与法律规定不一致。如果事实错误或法律错误构成否定犯罪成立必需的心理要件时,则可以作为排除刑事责任的事由。

二、执行命令不免责原则

执行命令不免责原则,是指行为人只要犯有国际法上的严重罪行,即使是因遵照执行上级命令所致,仍然要承担个人刑事责任。现代国际刑法不承认执行命令作为抗辩事由,但是,在特定情况下,执行命令可以作为考虑减轻处罚的因素。

执行命令不免责原则是在国际刑法的发展中逐步形成的。传统上,在下级,特别是军队中的下级士官犯有违反战争法规和惯例的罪行的情况下,服从上级命令都是一种合法的抗辩事由,犯罪者可以据此而免予承担刑事责任。这是因为,在军队或国家机构中,下级服从上级,是一项铁律。服从权威或服从领导是国家机器运转的一个重要条件,也是维护社会秩序的重要因素。正如巴西奥尼教授所言,执行命令免责,首先是因为军队具有严格的等级制度;其次是因为服从命令是维持军队纪律的基本要求;最后发布命令的军官要为其下级的行为负责。在《纽伦堡宪章》颁布之前,几乎所有国家武装部队的条令都规定下级应该绝对服从上级的命令,而且承认服从上级命令是合法的辩护事由。① 奥本海也认为:"只有在没有政府命令的情况下实施的违反战争法规的行为才能构成战争罪。如果武装部队成员违反战争法规的行为是遵照政府命令实施的,他们就不是战争罪犯,不能由其敌方予以惩罚。但是,后者可以诉诸报复。"②

然而,随着国际法的发展,执行上级命令不再被作为免除刑事责任的抗辩

---

① M. Cherif Bassiouni, *Crimes against Humanity in International Criminal Law*, 2nd ed., Kluwer Law International, 1999, pp. 450-451.

② L. Oppenheim, *International Law: A Treatise*, Vol. II, Longman, Green & Co., 1906, pp. 264-265.

事由,执行命令不免责逐渐成为国际刑法的一项重要原则。从法律上讲,如果将执行上级命令作为完全的抗辩事由,则必然使所有士兵不顾战争法规,肆意实施严重侵犯敌方伤病人员或平民的合法权益的行为。这是确立执行命令不免责原则的主要原因。"执行上级命令者之所以被认定犯罪,主要不在于上级命令的违法性,而在于执行行为本身构成了战争罪等罪行,因此它主要是追究作为行为的刑事责任。虽然行为人可能对于命令是否违法存在着错误认识,但对于行为造成的结果本身却是明知的,因而其主观方面只能是故意。"①

《纽伦堡宪章》明确规定了执行上级命令不免责原则。宪章第8条规定:"被告遵照其政府或上级的命令而行动的事实,不能使其免除刑事责任。但是,如果法庭认为合于正义的要求,可在减轻刑罚上予以考虑。"纽伦堡国际军事法庭认为,任何犯有战争罪和违反人道罪的人,无论其罪行是否根据上级命令所犯的,都应被视为战犯而受到惩处。但对于因服从上级命令而犯有罪行的人,法庭在量刑时应当考虑其如果违抗作战命令可能产生的危险,即该人是否存在不执行命令的道德选择。对于下级军官或普通士兵来说,其违抗命令的后果一般是十分严重的,他们可能会受到严厉的惩罚;而对于高级军官或文职官员来说,其违抗命令的后果就不会十分严重,一般不过是失去官职而已,而且高级军官拒绝执行违法的命令,可能会导致有关命令修改或撤销。因此,法庭认为,应当根据战犯的不同情况,考虑是否应该接受以服从上级命令作为减轻处罚的事由。纽伦堡审判之后,上级命令不免责原则在国际刑法中得到进一步的确认。《纽伦堡原则》第4条规定:"依据政府或上级命令行事的人,如果其能够进行道德选择,则不能免除国际法上的责任。"《前南国际刑庭规约》第7条第4款和《卢旺达国际刑庭规约》第6条第4款分别规定,被告执行政府或上级命令而犯罪,不得免除其刑事责任。但如果法庭认为考虑上级命令的事由符合正义原则,则可以斟酌减刑。《危害人类和平与安全罪法典草案》第5条规定,被告因执行政府或上级命令而犯有本法典规定的犯罪的事实,不得免除其国际法上的责任,如果其在当时具有不遵行该项命令的可能。《罗马规约》第33条对上级命令作了较为详细的规定。根据该条第1款规定,某人奉政府命令或军职或文职上级命令行事而实施本法院管辖权内的犯罪的事实,并不免除该人的刑事责任,但下列情况除外:(1)该人有服从有关政府或上级命令的法律义务;(2)该人不知道命令为不法的;(3)命令的不法性不明

---

① 朱文奇.国际刑法[M].北京:中国人民大学出版社,2007:215.

显。另外,该条第 2 款还特别指出,实施灭绝种族罪或危害人类罪的命令是明显不法的。因此,对犯有灭绝种族罪或危害人类罪的行为人,基本不存在以执行命令作为免责的可能性。应当指出的是,该条的除外规定包括"行为人有服从有关政府或上级命令的法律义务"的情形,这是有违确立上级命令不免责原则的宗旨的。从逻辑上讲,服从上级命令自然是指服从者有服从的"法律义务",如果没有服从的"法律义务",又何谈"上级命令"呢?因此,这一除外情形几乎要颠覆执行命令不免责原则,殊不可取。

执行命令不免责原则并不排斥胁迫这一辩护事由。如果行为人不具有拒绝执行命令的可能性,拒绝执行命令将使行为人面临死亡等危险,则根据期待可能性理论,行为人即使执行上级违法命令,也不得追究其刑事责任。对此,巴西奥尼指出:"……根据有关国际犯罪的习惯国际法,在有关命令明显非法和下级对于执行或拒绝执行该命令具有道德选择的情况下,执行上级命令不得作为免除刑事责任的抗辩事由。如果下级是在被强迫或胁迫的情况下执行命令的,则可以以胁迫为由提出抗辩。但是,即使在这类的案件中,也不能说下级的行为是正当的,只是可以以胁迫为由要求免除或减轻处罚。"[1]

三、不予豁免原则

在国际法上,个人的豁免权与国家的豁免权是密切相关的。国家豁免,是指国家的行为和财产免受外国法院,甚至国际司法机构的管辖。其理论基础是主权平等原则。国家主权是平等的,"平等者之间无管辖权",因此,一个国家的主权不能凌驾于另一个国家之上,从而排除了一个国家从属于另一个国家的可能性,也排除了国家之间相互管辖的可能性。既然国家享有豁免权,则代表国家行事的个人也应享有豁免权。这是因为,国家是一个抽象的实体,国家行为主要是由代表国家机关的个人实施的。这些个人,首先是国家元首、政府首脑和外交部部长,同时也包括外交官和其他在国外执行国家特殊使命的官员。这些人员之所以在从事外交活动时享有豁免权,既是国家主权豁免以及国家平等独立的结果,也是国际交往和合作的必然要求。

国家豁免是得到普遍承认的一项重要的国际法原则,然而,这并不意味着,国家机关和代表国家行事的个人,即使犯有国际罪行,也不受外国法院,包

---

[1]　M. Cherif Bassiouni, *Crimes against Humanity in International Criminal Law*, 2nd ed., Kluwer Law International, 1999, p.483.

括国际司法机构的管辖。这是因为：首先，国家豁免原则是国家平等原则的具体体现，这一原则的确立旨在使代表国家的机关和个人能有效地行使职务，维护国家的独立和主权，维护正常的国际法律秩序，而绝不是为了对破坏国家的独立主权，破坏国际法律制度和危害国际社会共同利益的国际犯罪提供保护。其次，现代国际法已经确立了国际犯罪的刑事责任，犯有国际罪行的个人，无论其具有何种身份，均不得免除刑事责任。国际法不可能在打击国际犯罪，追究犯罪者刑事责任的同时，又通过国家豁免原则，对以国家名义行事的国际犯罪行为人提供保护。① 一言以蔽之，豁免实施国际犯罪的国家机关和国家代表的刑事责任，是与国际法的基本原理相悖的。

随着国际人权法和国际人道法的发展，国际犯罪不适用豁免原则得到了有关国际条约和国内及国际刑事司法机构审判实践的充分肯定。1919 年《凡尔赛条约》第 227 条、第 228 条和第 229 条关于审判德国皇帝威廉二世和其他战犯的规定就体现了国际犯罪不适用豁免原则。《纽伦堡宪章》和《东京宪章》以及两个国际军事法庭的审判实践更是充分地证明了这一点。《纽伦堡宪章》第 7 条规定："被告之官职或地位，无论系国家元首或政府各部之负责官员，均不得为免除责任或减轻刑罚之理由。"在纽伦堡和东京国际军事法庭的审判中，被告及其辩护律师以"国家行为"为理由对法庭的指控提出辩护，认为侵略战争是国家行为，是国家主权的行使，因此，应由国家负责，个人只是执行或服从国家的政策和命令，他们没有"个人责任"。对此，法庭的判决指出：国际法对个人和国家都规定了权利和义务，这是很早就得到公认的。对于违反国际法的个人可以给予处罚。违反国际法的罪行是个人做出来的，而不是抽象的集体作出来的，只有惩罚犯有这样的罪行的个人，才能使国际法的规定得到有效实施。②

纽伦堡和东京审判之后，更多的国际法律文件重申了国际犯罪不适用豁免原则。《前南国际刑庭规约》第 7 条第 2 款、《卢旺达国际刑庭规约》第 6 条第 2 款规定，不得因被告的官职，无论是国家元首、政府首脑或政府负责官员，而免除其刑事责任，也不得减轻刑罚。《国际刑事法庭罗马规约》更是对国际犯罪不适用豁免原则进行了明确规定。根据规约第 27 条"官方身份无关性"的规定，规约对任何人一律适用，不得因官方身份而有所差别。特别是作为国

---

① 马呈元. 国际刑法论[M]. 北京：中国政法大学出版社，2013：506.
② 梅汝璈. 远东国际军事法庭[M]. 北京：法律出版社，1988：21—22.

家元首或政府首脑、政府成员或议会议员、选任代表或政府官员的官方身份，在任何情况下都不得免除个人根据规约所负的刑事责任，也不得构成减轻刑罚的理由。根据国内法或国际法可能赋予某人官方身份的豁免或特别程序规则，不妨碍国际刑事法院对该人行使管辖权。

案例 6-7　逮捕令案①

1994 年 4 月至 7 月，卢旺达境内发生了种族大屠杀，大量图西族难民涌入邻国刚果（金）境内。被告阿普杜拉耶·耶罗迪亚·恩多姆巴西［Abdulaze Yerodia Ndombasi，时任刚果（金）总统私人秘书］，多次在公开场合煽动对图西族人的种族仇恨。1998 年 8 月，刚果（金）政府与图西族人发生了严重的暴力冲突。2000 年 4 月 11 日，比利时布鲁塞尔初审法院的一名调查法官，认为被告犯有严重违反 1949 年日内瓦公约及其议定书的罪行和反人道罪，并根据比利时 1993 年《关于惩治严重违反国际人道法的行为的法律》，对被告［时任刚果（金）外交部部长］签发了国际逮捕令。2000 年 10 月 17 日，刚果（金）向国际法院提起诉讼，请求法院判决比利时撤销上述国际逮捕令。理由主要有：（1）比利时仅依其《关于惩治严重违反国际人道法的行为的法律》第 7 条行使普遍管辖权的行为，违反了一国不得在他国领土行使权力的原则和《联合国宪章》第 2 条第 1 款规定的联合国成员主权平等原则。（2）比利时《关于惩治严重违反国际人道法的行为的法律》第 5 条不承认他国在任外交部部长的外交豁免权的规定，违反了国际习惯法所承认的以及 1961 年《维也纳外交关系公约》第 41 条第 2 款规定的主权国家外交部部长享有外交豁免权的国际法原则。刚果（金）在起诉诉讼的同时，请求法院依《国际法院规约》第 41 条指示临时措施。

在对刚果（金）的请求进行审理期间，法院被告知刚果（金）内阁于 2000 年 11 月 20 日改组，耶罗迪亚改任教育部部长，不久又被停止一切内阁职务。因此，比利时称刚果（金）的诉讼不存在标的，请求国际法院撤销本案。国际法院于同年 12 月 8 日发布命令，驳回了比利时的请求和刚果（金）发布临时措施指令的请求。12 月 13 日，国际法院发布命令：鉴于当事国双方在 12 月 8 日达成的协议，要求刚果（金）和比利时就本案管辖权问题、可受理性问题和实质问题在指定时间内提交各自的诉状。2001 年 9 月 12 日，比利时国际刑警组织

---

① *Arrest Warrant of 11 April 2000* (*Congo v. Belgium*), Judgment, 14 Febrary 2002, ICJ Reports 2002.

国家中央局请求国际刑警组织发布红色通缉令通缉耶罗迪亚。

审理中,刚果(金)认为,一国外交部部长任职期间在另一国享有不可侵犯的、绝对的管辖豁免权,且这种权利应当适用于外交部部长任职前和任职期间的所有行为而不仅限不超过职务行为。比利时承认外交部部长在另一国的管辖豁免权,但主张这种权利仅适用于外交部部长的职务行为;本案中,被告被诉罪行并非是其职务行为,且也不能确认他在实施相关行为时已经具有外交部部长的身份。逮捕令针对的是被告的个人行为,而非国家行为。因此,不适用外交豁免权。

国际法院经审理认为,国际习惯法承认外交部部长的特权与豁免,即外交部部长的职能决定其在任职期间在国外享有刑事管辖豁免权和不可侵犯权,以保证其在代表国家时能够有效地履行职责。这种权利应当适用于外交部部长的职务和私人行为,适用于其任前及任期中所实施的行为,因为这两种情况往往难以区分。据此,国际法院判决比利时败诉,要求其撤销逮捕令,并通知收到逮捕令的国家。

本案中涉及国际法两个方面规则的冲突:一个是传统的国际法赋予国家机关和政府代表享有刑事豁免权,另一个是对国际犯罪不适用豁免原则。国际法院的判决显然坚持了前一个规则。对于一些有关严重罪行的国际公约要求各国扩大刑事管辖权、实行"或引渡或起诉"原则的规定,法院认为,这种管辖权范围的扩大并不影响习惯国际法上的豁免权,包括外交部部长的豁免权。当然,管辖豁免是程序问题,而非实体问题。对外交部部长的豁免是管辖豁免而非罪行豁免,因而并不是任何罪行都不受惩罚,对其惩罚可以通过国籍国审判或者放弃豁免和建立国际法庭等形式实现。迄今为止,国际实践和国际条约都表明,对于某些代表国家却不能主张主权豁免的严重的国际罪行,都是由专门的国际法庭或犯罪行为地国家的法院进行管辖的。

第七章　国际刑事司法合作

国家利益乃至全人类利益的实现,有赖于各国的沟通与合作。鉴于对国际犯罪的追诉往往涉及多个国家,仅靠一个国家的国内刑事司法机构,很难实现对国际犯罪的制裁。因此,在追诉国际犯罪的司法过程中,各国彼此之间以及各国与国际政府组织之间的合作,是国际刑法得以适用的前提和基础。

第一节　国际刑事司法合作概述

一、国际刑事司法合作的概念

国际刑事司法合作,理论界存在狭义、广义和最广义三种不同的理解。狭义的刑事司法协助,是指各国之间在询问证人、鉴定人、移交物证、检验文件、送达文件、提供信息以及办理有关刑事诉讼手续等方面所进行的相互帮助与合作。广义的刑事司法协助,是指在狭义的刑事司法协助的基础上增加引渡犯罪人的内容。最广义的刑事司法协助,是指引渡、狭义的刑事司法协助、刑事诉讼的移管以及外国判决的承认和执行等。①

笔者认为,在界定国际刑事司法合作这一概念时,应当把握以下三点:首先,应当明确国际刑事司法合作与国际刑事司法协助的区别。在国际刑法学界,对于国际刑事司法协助,一般是作狭义理解,即指各国之间在询问证人、鉴定人、移交物证、检验文件、送达文件、提供信息以及办理有关刑事诉讼手续等

---

① 邵沙平.现代国际刑法教程[M].武汉:武汉大学出版社,1993:228.

方面的协助与合作。这些均是传统刑事司法合作的内容,而现代国际刑事司法合作早已超出了这些范围。其次,应当认识到国际刑事司法合作的形式处于不断扩展的过程中。从内容上看,除了传统的司法协助外,刑事诉讼移管、对外国判决的承认和执行等也开始出现;从主体上看,进行刑事司法合作的主体已经从各个国家之间发展为国家之间、国家与国际组织之间的合作。最后,应当区分国际刑事司法合作与个别国家之间的刑事司法合作。国际刑事司法合作是指国家之间就追诉国际犯罪进行的刑事司法合作,与国家内部不同法域之间因追诉国内犯罪进行的刑事司法合作在内涵上并不相同。

综上,笔者认为,国际刑事司法合作,是指国家、国际组织之间在追诉、惩治国际犯罪的诉讼过程中相互提供各种形式的协助和配合,包括引渡、刑事司法协助、刑事诉讼移管、相互承认和执行判决等。

二、国际刑事司法合作的特点

1. 合作主体的特定性

国际刑事司法合作是一种国际行为。无论是为特设国际刑事法庭提供的刑事司法合作,还是为国际刑事法院提供的刑事司法合作,提供刑事司法合作的主体主要是国家。在有些情况下,也包括国际组织。从国际刑事诉讼的阶段来看,各国提供国际刑事司法合作的专门机关有最高审判机关、最高检察机关、司法部等。请求提供国际刑事司法合作的主体既包括国家,也包括国际司法机构等。如《前南国际刑庭规约》第 29 条规定,在调查和起诉被告所犯的严重违反国际人道主义法的罪行时,各国应与国际法庭进行合作,包括逮捕、拘留或移交犯罪嫌疑人等。《罗马规约》也规定,国际刑事法院与国家间进行刑事司法合作的第一步是国际刑事法院通过外交途径或各缔约国批准、接受、核准或加入时可能指定的任何其他途径,向有关国家发出合作请求。

2. 合作内容的司法性

国际刑事司法合作,是国家、国际组织之间在追诉国际犯罪的诉讼过程中进行的,具有明显的司法性。首先,国际刑事司法合作行为指向的都是国际犯罪。在追诉国际犯罪的刑事合作中,请求国只能就国际条约中规定的国际犯罪提出协助或配合的请求,被请求国通常也只就国际条约中规定的国际犯罪提供协助。不是国际条约规定的国际犯罪,被请求国就有权拒绝提供协助。国际组织在追诉国际犯罪时,也是如此。如《罗马规约》第 86 条规定:"缔约国应依照本规约的规定,在本法院调查和起诉本法院管辖权内的犯罪方面同本法院充分合作。"其次,国际刑事司法合作的内容都是刑事诉讼行为或与其密切相关的行为。引渡、调查取证、刑事诉讼移管、判决的承认和执行等,都关系到刑事诉讼的正常进行,关系到刑事诉讼目的的最终实现。

3.合作提供的义务性

国际刑事司法合作,对于被请求国来说,通常是一种义务。这种义务主要来源于该国缔结或参加的国际条约。根据"条约必守"原则,一国一旦签署了国际条约,则负有相应的义务。在追诉国际犯罪的过程中,一方请求另一方给予合作,往往是基于国际条约的明文规定。因此,对被请求国来说,由于其负有条约义务,就必须给予合作。相反,如果一国请求另一国给予国际刑事司法合作,而被请求国并未加入有关国际条约或者没有允诺承担刑事司法合作的义务,则可以拒绝提供有关的合作。

4.合作作用的辅助性

对于国际犯罪的追诉来说,国际刑事司法合作只是一种配合与协作,居于辅助的地位。国际犯罪的追诉活动,总是以一方为主进行的。请求方通常是对国际犯罪具有管辖权的国家或国际组织,在追诉国际犯罪中积极主动,其刑事管辖权的行使是刑事司法活动的主要内容;被请求方提供的合作是对其请求权的回应,目的是促进其管辖权的实现。简言之,国际刑事司法合作的请求方是合作行为的发起者,而被请求方则是合作行为的响应者。

三、国际刑事司法合作的内容

国际刑事司法合作,是程序法意义上的合作,而不是实体法意义上的合作。根据《罗马规约》的有关规定,国际刑事司法合作主要有以下形式:(1)逮捕或拘留有关犯罪嫌疑人或被告;(2)向国际刑事法院移交犯罪嫌疑人或有关人员;(3)辨别或查明有关人员的身份和下落及有关物品的所在地;(4)提取证据;(5)讯问被调查或被起诉的人;(6)送达有关文书,包括司法文书;(7)勘验有关地点或场所;(8)执行搜查和扣押;(9)提供记录和文件,包括官方记录和文件;(10)保护被害人和证人及保证证据;(11)为出庭作证的证人或鉴定人等有关人员提供便利;(12)查明、追寻和冻结或扣押犯罪的收益、财产和资产以及犯罪工具,以便最终予以没收;(13)国际刑事法院判决的承认和执行;(14)接受国际刑事法院移转的判刑之人,以及接受服刑期满之人的移送;

（15）提供其他有助于国际刑事法院调查、起诉和审判工作的合作和协助，包括法院所要求的临时措施。

巴西奥尼教授认为，国际社会普遍适用的国际合作方式主要有：（1）引渡；（2）司法协助；（3）外国判决的执行；（4）外国判决的认可；（5）刑事审判的移管；（6）冻结和查封犯罪所得；（7）情报和法律执行信息的共享；（8）区域和次区域的司法空间。① 笔者认为，国际刑事司法合作方式主要有：（1）引渡；（2）刑事司法协助；（3）刑事诉讼移管；（4）刑事判决的承认和执行。

第二节　引　渡

一、引渡的概念和特征

引渡，是指一国应另一国或具有管辖权的国际组织等请求方的请求，将处在本国领土内而被指控犯罪或被判刑的人，移交请求方追诉和处罚的制度。引渡是最重要的国际刑事司法合作形式，在打击国际犯罪方面具有相当重要的作用。

从有关国际公约、国内法律以及法律实践来看，引渡具有以下特征：

（1）引渡的主体是国家或其他具有管辖权的实体。引渡的主体，主要是国家。国家之间之所以确立引渡制度，是为了克服刑事管辖中的地域障碍。原则上，每个国家的管辖权只能及于其主权所及的范围，即本国领土范围，而不能逾越。然而，犯罪行为人却完全可能不受这种地域的限制。如果犯罪行为人在一国境内实施犯罪后逃至另一国家，犯罪地国要追究其刑事责任，就需要罪犯所在地国予以配合，将罪犯予以逮捕并引渡给自己。因此，在传统的司法实践中，引渡一直被视为国家行为，是国家之间进行的一种合作，地方政府、个人都没有引渡或请求引渡的权利。

有学者认为，随着国际合作的扩大，引渡的主体也在扩充，引渡已不完全限于国家之间。同一主权国家不同法域之间也存在着"引渡罪犯"的问题。这种"准引渡主体"的出现是引渡制度的新发展。② 笔者认为，同一主权国家的

---

① M. 谢里夫·巴西奥尼. 国际刑法学[M]. 赵秉志，等，译. 北京：法律出版社，2006：295.

② 周建海，慕亚平. 引渡制度的新问题与我国引渡制度之健全[J]. 政法论坛，1997（6）：102.

不同法域之间,客观上确实存在移交罪犯合作的需要,但是,这毕竟是在同一个主权国家的领土内进行的,在具体内容和程序上与主权国家之间的引渡有着很大的差别,因而不宜混为一谈。引渡主体的最新发展,是特设国际刑事法庭和国际刑事法院。这些实体,在审判国际罪犯时,必然存在一个引渡罪犯的问题。在这种情况下,提出引渡请求的主体一方不是主权国家,而是享有刑事司法管辖权的国际刑事司法机构。总之,引渡的主体不仅包括国家,还包括其他具有管辖权的实体。引渡的请求方和被请求方对引渡所涉犯罪都具有刑事管辖权,而且被请求方还应当具有控制请求引渡的罪犯的能力。

(2)引渡的对象是犯罪人。这里的犯罪人,是指被指控犯罪或者被判刑而被请求引渡的人。引渡的对象如果不是犯罪人,被请求国就有权拒绝引渡请求。民事诉讼、行政诉讼的当事人,各类诉讼的证人、鉴定人等,都不得被引渡。

几乎所有的引渡条约都将财产也列为移交的对象,这是否意味着财产也是引渡的对象,即存在"物的引渡"呢？笔者认为,这种所谓"物的引渡"是相对的,并不具有独立性。首先,可以移交的财产不是指任意财产,而必须是"因犯罪行为而获得的财产或者需要作为证据的财产"。与所要引渡的犯罪人及其被指控犯罪无关的物品,不能作为引渡的对象。其次,"物的引渡"是附属于"人的引渡"的。通常,只有在引渡犯罪人的同时,才可以引渡有关的财产。第三,虽然"物的引渡"在某些情况下,也可以单独进行,但受到严格的条件限制,一般是在犯罪人死亡或者已经不在被请求国的情形下才能进行。

(3)引渡的形式是被请求方将犯罪人移交请求方。为了保证引渡的顺利进行,被请求方通常要事先对犯罪人予以羁押或控制。为此,被请求方往往会要求请求方提供针对犯罪人制作的逮捕令或判决书。请求方必须是对被请求引渡的犯罪人具有刑事管辖权的主体,请求必须以双方约定或认可的方式提出,并且符合一定的条件。

(4)引渡的目的是追究犯罪人的刑事责任。引渡是国际社会合作预防和惩罚犯罪的手段,没有犯罪人就没有引渡。因此,引渡,严格意义上说是一种跨国诉讼。引渡存在的前提是国与国之间的礼让和支援,是对诉讼国主权的尊重。因此,"引渡不仅仅是一个法律问题,而且在很大程度上是一个政治问题"[1]。追究刑事责任,包括对犯罪人进行侦查、起诉、审判和执行等刑事诉讼活动。

---

[1] 刘大群.论引渡的主体[J].法学研究,1990(1):89.

二、引渡的种类

根据不同的标准,可以对引渡作不同的分类。不同种类的引渡活动往往依据不同的法律规范,适用不同的程序和规则。

1.国家之间的引渡和国家与国际组织之间的引渡

这是根据引渡主体的不同所作的分类。国家之间的引渡,是指各个主权国家之间进行的引渡犯罪人的活动。国家与国际组织之间的引渡,是特设国际刑事法庭或者国际刑事法院在对国际犯罪行使管辖权的过程中,为了调查、起诉、审判国际犯罪,要求犯罪人所在的国家或地区将其移交给特设国际刑事法庭或国际刑事法院的活动,或者是特设国际刑事法庭或国际刑事法院对犯罪行为人定罪并判处刑罚之后,将其移交给有关国家或地区执行刑罚的活动。

这种分类对于理解引渡的条件和程序具有重要的意义。国家之间的引渡,通常是双向、互惠的。无论是奉行条约前置主义的国家,还是非以条约为引渡条件的国家,在引渡问题上都坚持互惠原则,都强调引渡活动的双向性。一方可以请求对方移交犯罪人,另一方也可以请求对方移交犯罪人,并且双方在引渡的条件、程序方面基本上是相同的或对等的。这是国家在国际关系中平等原则的体现,也是引渡掺和政治因素的体现。国家与国际组织间的引渡活动是单向的,请求方总是国际刑事司法机构,被请求方总是主权国家。这种引渡活动也不是按照互惠原则进行的,而是根据有关国际公约进行的,因此,它原则上只适用于缔约国,并且只适用于国际公约规定的犯罪。

2.诉讼引渡和执行引渡

这是根据引渡发生阶段的不同所作的分类。诉讼引渡,是指对处于侦查、起诉或审判阶段的犯罪嫌疑人或被告而进行的一种引渡,目的是对其追诉和审判。执行引渡,是指对已经被判处刑罚或者正在执行刑罚的人提出的引渡,目的是对其执行刑罚。执行引渡有两种情况:一是将罪犯引渡到对其作出判刑的国家执行刑罚。由于罪犯在执行刑罚之前或执行过程中潜逃,对其作出判刑的国家无法执行全部或剩余刑罚,因而请求罪犯所在地国家将罪犯引渡给自己,以便执行刑罚。二是将罪犯引渡到其国籍国。犯罪人在非国籍国被定罪判刑,或者在国际刑事司法机构被定罪判刑之后,为了便于刑罚的执行或者促进对犯罪人的矫正,犯罪人的国籍国请求将其引渡给自己,以便执行刑罚。

这种分类在引渡审查内容的要求方面具有重要的意义。由于所处的阶段不同,诉讼引渡主要审查审判前的内容,而执行引渡则审查审判后的内容。具体来看,对于诉讼引渡,被请求国需要审查的是请求国是否已经启动了刑事诉讼程序,是否合法地作出了拘捕决定,是否收集到一定的有罪证据。因此,在诉讼引渡中,请求国应提交其主管机关针对被请求引渡的人签发的逮捕令、拘留令等法律文书,在必要时,还应提供有关的犯罪事实的证据材料。对于执行引渡,被请求国需要审查的是请求国是否对被请求引渡的人已经定罪、判刑以及行刑。因此,在执行引渡中,请求国应当提交其主管机关针对被请求引渡的人作出的生效的刑事判决书,并且说明该判决书所科处的刑罚的执行情况。

这种分类对于适用可引渡的犯罪的标准也具有意义。诉讼引渡与执行引渡有不同的衡量标准,对于诉讼引渡来说,该标准是可引渡犯罪的严重程度至少可以判处一定期限的监禁刑罚。而在执行引渡中这一标准是被请求人尚需执行的监禁性刑罚符合一定的余刑。如我国《引渡法》第7条第2项规定:"为了提起刑事诉讼而请求引渡的,根据中国法律和请求国法律,对于引渡请求所指的犯罪可判处一年以上有期徒刑或者其他更重的刑罚;为了执行刑法而请求引渡的,在提出引渡请求时,被请求人尚未服完的期限至少为六个月。"

3. 主动引渡和被动引渡

这是根据引渡发起者的不同所作的分类。主动引渡,是指一国请求将犯罪嫌疑人、被告或被判刑人引渡回国的活动。被动引渡,是指一国向请求国引渡犯罪嫌疑人、被告或被判刑人的活动。被动引渡还可进一步分为提议引渡和应允引渡。提议引渡,是指一国在未接到外国引渡请求的情况下自主地提出把逃犯引渡给对其拥有刑事司法管辖权的国家;应允引渡,则是指一国根据外国的请求而启动并开展的引渡活动。提议引渡由于不利于被动引渡审查程序的正常开展,不符合现代引渡诉讼的对抗原则和人权保护原则,因而在各国的引渡立法和国际条约中鲜有规定。

这种分类对于正确开展引渡活动具有重要意义。主动引渡和被动引渡是任何一个引渡活动的一体两面,即任何一个引渡活动对于请求国而言是主动引渡,对于被请求国而言是被动引渡,这一关系决定了任何一个主权国家处于不同的位置时所享受权利、所承担的义务、所遵循的程序与规则会有所区别。被动引渡是一国行使主权的活动,在相关的国际条约所规定的引渡义务外,主要以被请求国本国的法律制度为依据进行引渡合作,因此,各国关于引渡的国内立法一般都以调整被动引渡为主,即主要规定本国在接收、审查以及裁断外国引渡请求时所应当遵循的程序与规则。而主动引渡的请求国是引渡活动中的请求方、获益方,但在整个引渡活动中属于被动的、弱势的一方,其请求引渡能够获得支持取决于被请求国。这就要求主动引渡之请求国必须充分依据国际条约以及被请求国法律规定进行全面的诉讼准备,实现引渡目的。

三、引渡的原则

为了保障引渡的顺利进行,规范引渡请求方和被请求方的行为,防止引渡权被滥用,国际社会在长期的引渡实践中逐步形成了一系列原则。

(一)条约前置主义和互惠原则

条约前置主义,是指以请求方和被请求方订有引渡条约作为进行引渡的基本条件,如果请求方和被请求方之间不存在引渡条约,则不得开展引渡合作。互惠原则,是指以请求方和被请求方存在互惠实践或互惠承诺作为进行引渡的基本条件,如果双方在事实上不存在引渡合作关系或先例,也没有遇到类似案件给予同样的引渡合作的承诺,则不得予以引渡。一般而言,普通法系国家原则上采用条约前置主义,大陆法系国家通常采用互惠原则。如《美国法典》第 209 条第 3181 要规定:"本章与移交外国犯罪人有关的各条款,仅在与该国政府签订的任何引渡条约存续期间有效。"卢森堡《外国罪犯引渡法》第 1 条规定:"政府可以在互惠的条件下,将在其本国境内犯有任一罪行而被外国法院指控犯有轻罪、重罪或判刑的外国人移交给外国政府。"

与互惠原则相比,条约前置主义受限于请求方和被请求方是否缔结了引渡条约,因而更少开放性和合理性,在实践中很受掣肘。如迄今为止,美国与一百多个国家分别签订了引渡条约,以开展引渡合作。鉴于条约前置主义的褊狭和机械,原来采取条约前置主义的国家纷纷通过立法改变这一立场。互惠原则也受到批评。如巴西奥尼教授认为:"直到今天,互惠要求的存在实际上仍将罪犯的引渡纯粹视为一种对等的国际交易,而未能从惩罚罪犯的国际合作这一高度来认识。"[①] 这种批评虽然不乏中肯之处,但较条约前置主义而言,互惠原则更有利于保障引渡合作的长期性和稳定性。

(二)或引渡或起诉原则

或引渡或起诉原则,源自格劳秀斯主张的"或引渡或惩罚"(aut dedere

---

① M. Cherif Bassiouni, *Introduction to International Criminal Law*, Transnational Publishers Inc., 2003, p. 312.

aut punire），即对于危害国际社会共同利益的犯罪，犯罪行为人所在地国应当将其引渡给有权实施惩罚的国家，或者根据本国法律对其进行惩罚。对此，巴西奥尼教授认为，"或引渡或惩罚"不完全符合现代刑法的原则，特别是不符合刑法合法性原则，因为惩罚是犯罪嫌疑人被裁定有罪的后果，而不是指控其犯有罪行的后果。任何人在经过合法的审判程序被判定有罪之前，都不得被惩罚。因此，"或引渡或惩罚"这一术语应当改为"或引渡或起诉"（aut dedere aut judicare）。[①]

时至今日，或引渡或起诉原则已经发展成为一项针对可引渡犯罪开展国际刑事司法合作的基本原则。[②] 根据这一原则，在其领土内发现被指控的犯罪人的国家，应当将案犯引渡给有管辖权并提出引渡请求的国家；如果不愿引渡，则应当根据普遍管辖原则，将犯罪人交由本国司法机关，按照本国法律进行处理。这一原则，作为国际刑事合作中的义务性规定，对被请求国具有强制性，即在其领土内发现犯罪人的国家，当其他拥有管辖权的国家或实体对犯罪人提出引渡请求时，被请求国应当在引渡与起诉之间作出选择：要么将该犯罪人引渡给请求国，要么对其提起诉讼，二者必要其一。

或引渡或起诉原则，既是普遍管辖原则的逻辑要求，也是引渡制度的必要补充。适用这一原则的前提条件是：被请求引渡人犯有国际条约中确定的可引渡犯罪。这一原则为可引渡犯罪规定了引渡的替代措施，也赋予有关国家在不能引渡的情况下开展其他形式司法合作的义务。

案例 7-1　哈布雷案[③]

作为乍得的前总统，侯赛因·哈布雷在其执政期间犯有酷刑罪、灭绝种族罪、战争罪等国际罪行。后因其所领导的政府被推翻，哈布雷逃往塞内加尔首都达喀尔。2000 年乍得籍受害人在达喀尔地方法院提起诉讼，指控哈布雷犯有反人类罪、酷刑罪等罪行，达喀尔地方调查法官在识别哈布雷身份后将其软

[①] M. Cherif Bassiouni, *Introduction to International Criminal Law*, Transnational Publishers Inc., 2003, p. 312.

[②] 该原则的典型表述最早出现在 1970 年《关于制止非法劫持航空器的公约》第 7 条，具体内容为："在其境内发现被指控的罪犯的缔约国，如不将此人引渡，则不论罪行是否在其境内发生，应无例外地将此案件提交其主管当局以便起诉。该当局应按照本国法律以对待任何严重性质的普通罪行案件的同样方式作出决定。"

[③] *Questions Relating to the Obligation to prosecute or Extradite（Belgium v. Senegal）*, Judgment，20 July 2012, ICJ Reports 2012.

禁。之后,哈布雷以初审法院没有管辖权、判决没有法律依据、案件已经过诉讼时效、判决违反该国《宪法》《刑法》和《禁止酷刑公约》为由向达喀尔上诉法院提起上诉。上诉法院推翻了初审判决。受害人不服上诉法院的判决,向塞内加尔最高法院申诉。塞内加尔最高法院也以达喀尔调查法官没有管辖权为由驳回了受害人的申诉。因受害人的权利在塞内加尔得不到救济,他们转而到比利时法院起诉。这些受害人在犯罪行为发生时都不具有比利时国籍。在起诉时,一人取得比利时国籍,另外两人同时具有比利时和乍得双重国籍。比利时调查法官对哈布雷签发了国际逮捕令,指控其涉嫌单独或伙同他人共同犯有酷刑罪、种族灭绝罪、反人类罪和战争罪等罪行。与此同时,比利时向塞内加尔提出引渡请求,要求将哈布雷引渡到比利时进行审判。鉴于两国都已接受了国际法院的强制管辖,比利时于2009年2月在国际法院对塞内加尔提起诉讼,请求法院以起诉的目的将哈布雷案提交其主管机关进行审判,如不起诉,则将哈布雷引渡给比利时。

国际法院认为,塞内加尔违反了《禁止酷刑公约》第7条第1款中的"或引渡或起诉"义务。由于《禁止酷刑公约》第6条第2款和第7条第1款主要涉及缔约国如何履行"或引渡或起诉"义务,因此,国际法院将塞内加尔违反上述两个条款项下的义务概括为违反"或引渡或起诉"义务。其中,"起诉"首先意味着"审理"或"审判"。它要求对案件进行"完整的审理",但并不要求用"审判"来代替"引渡",而只要求被请求引渡的国家以起诉的目的而采取措施。拉丁语中名词意义上的"起诉"也含有"对被指控的人进行调查"的含义。因此,拉丁语中"起诉"足以包含"为确定是否起诉而进行调查"的意思。比利时认为,一旦犯罪嫌疑人出现在缔约国境内,该国便有义务根据《禁止酷刑公约》第7条第1款将案件提交主管机关进行起诉,且不以收到他国引渡请求为前提。塞纳加尔承认,《禁止酷刑公约》第7条中规定的义务是其义不容辞的责任,但其已经为履行上述义务做了各种努力,所以没有义务将哈布雷引渡给比利时。国际法院最后支持了比利时的观点,认为根据《禁止酷刑公约》第7条第1款,无论是否有他国提出引渡请求,有关国家均应将案件提交主管机关以便起诉。

(三)双重犯罪原则

双重犯罪原则,是指被请求引渡人的行为,依照请求国与被请求国的法律,都认为构成犯罪时,才可以引渡。如果有一方的法律不认为是犯罪,则不能引渡。

　　双重犯罪原则的确立,一方面是尊重被请求国的国家主权,另一方面是保护被请求引渡人的基本人权。引渡的目的是按照请求国的法律追究犯罪人的刑事责任。被请求国同意给予引渡,是尊重请求国并协助其执行法律。但是,被请求国应请求国的请求引渡犯罪人时,首先必须逮捕、羁押被请求引渡人。由于这种限制人身自由的强制措施是在被请求国的领土上进行的,因此,它也必须符合被请求国的法律。即被请求引渡人的行为根据被请求国的法律,也构成了犯罪,否则,就不能对其采取强制措施。被请求国是根据本国法律独立地审查请求国所追诉的行为是否构成犯罪,并且以此作为是否为请求国的追诉活动提供司法协助。从这一点上看,双重犯罪原则,实际上是罪刑法定原则在国际刑事司法合作领域的体现。

　　双重犯罪原则一般是针对国内法上的犯罪而言的。对于国际犯罪来说,这一原则是不言而喻的。因为国际犯罪是国际社会以国际条约的形式共同认定的严重危害国际社会利益的犯罪行为,当引渡请求国和被请求国都是缔约国时,它必然同时触犯共同认可的刑法原则;同时,国际刑法在规定国际犯罪时,也总是宣布该犯罪是可引渡之罪,各缔约国均负有通过国内立法制裁该犯罪的义务。因此,如果引渡所指的行为是国际条约所规定的犯罪,则在有关当事国之间自然符合双重犯罪原则。

　　关于双重犯罪的具体内容,各国之间存在分歧。有的国家认为,按照双重犯罪原则,作为请求引渡理由的行为,必须是在罪名和犯罪构成要件甚至包括法定刑上按照请求国的法律和被请求国的法律完全相同的行为。多数国家认为,作为请求引渡理由的行为,只要按照请求国的法律和被请求国的法律,均构成犯罪,就符合双重犯罪原则,而无需强调罪名和犯罪构成要件的同一。[①]笔者认为,多数国家的意见是正确的。双重犯罪原则的审查确实是一种形式审查,也是一种"虚拟审查"。事实上,这种审查之所以不强求在犯罪种类、罪名或构成要件上完全同一,是因为各国国内刑法深受各国社会习俗和文化传统的影响,有着明显的国别性、差异性。同样的侵害行为,特别是经济犯罪或商业犯罪,在不同国家的国内刑法中,虽然都构成犯罪,但完全可能存在不同的构成要件,被赋予不同的罪名,乃至被归入不同的犯罪类别。如果刻意追求构成要件同一、罪名同一或犯罪类别同一,则将导致绝大多数被请求引渡的行为不能符合双重犯罪的条件,从而在实质上架空了引渡制度。因此,作为请求

---

① 张智辉.国际刑事通论[M].北京:中国政法大学出版社,2009:368.

引渡理由的行为,在请求国和被请求国之间,只要是共同禁止的犯罪行为,就符合双重犯罪的原则。对此,有关国内法律和国际公约也有明确的规定。例如,我国与外国缔结的引渡条约中无一例外地包含这一规定:"在确定一项犯罪是否违反缔约双方法律时,缔约双方法律是否将构成该项犯罪的行为归入同一犯罪种类或使用同一罪名不应产生任何影响。"应当注意的是,附带引渡也应遵守双重犯罪标准。所谓附带引渡,是指当请求方引渡请求所列举的数项犯罪行为中只有一项或数项犯罪行为符合可引渡犯罪的法定条件和标准,而其他次要犯罪行为未达到这些条件和标准时,被请求方在允许对主要犯罪实行引渡的同时,也允许对其他次要犯罪实行引渡。如《中华人民共和国和吉尔吉斯坦共和国引渡条约》第 2 条第 4 款规定:"如果引渡某人的请求涉及数项犯罪行为,每项犯罪行为根据缔约双方法律均应处以刑罚,但其中有些犯罪行为不符合本条第一、二款规定的条件,在这种情况下,只要该人犯罪行为中有一项为可引渡的犯罪,被请求方即可就这些犯罪行为准予引渡。"

(四)目的特定原则

目的特定原则,是指请求方只能就请求引渡时所指控的犯罪行为对被引渡人进行追诉或者执行刑罚。它包括两层含义:第一,请求方只能就引渡请求所指控的犯罪行为进行起诉和审判,被请求方所提供的证据,也只能用于对请求引渡之罪的诉讼。第二,请求方对被引渡人只能执行引渡请求所提供的生效判决书所判处的刑罚,不能执行引渡请求中没有列明的刑罚。如《匈牙利和意大利引渡和刑事司法协助条约》第 13 条第 1 款规定:"未经被请求方同意,被移交人员不得因任何在其移交前所犯的非准许引渡所针对的犯罪,受到追诉、审判或受到为执行判决目的的羁押,也不得遭受任何其他对其个人自由的限制,也不得引渡给第三国。"

目的特定原则实际上是要求请求方在提出引渡请求时保证:对被引渡人只追究引渡请求中所指控的罪行的刑事责任或执行引渡请求提出时生效判决所判处的刑罚。之所以要求请求方作出这种承诺,是为了保障被引渡人的基本权利。因为在实践中,请求方侵犯被引渡人权利和袒护被引渡人罪行的行为都时有发生,从而破坏了正常的引渡秩序,妨碍了引渡目的的实现。如有的请求方一旦将被引渡人引渡成功后,又追究其曾经实施的政治犯罪行为,从而实现审判政治犯的目的;有的请求方将本国公民引渡回来后,又以其他证据不足的犯罪对其提出指控,以便使被引渡人无罪释放,从而达到庇护被引渡人的目的。

在引渡中贯彻目的特定原则,既有利于尊重被请求方的主权,也有利于保护被引渡人的基本人权。但是由于引渡情况的复杂性,如果完全严格、机械地固定这一原则,在一些情况下,可能不利于引渡目的的实现,也不利于有效打击国际犯罪。为此,有关引渡的双边或多边条约又规定了目的特定原则的例外,允许在某些情况下,请求方和被请求方可以变更这一原则。如我国《引渡法》第 14 条第 1 项要求请求国作出如下保证:"请求国不对被引渡人在引渡前实施的其他未准予引渡的犯罪追究刑事责任,也不将该人再引渡给第三国。但经中国同意,或者被引渡人在其引渡罪行诉讼终结、服刑期满或者提前释放之日起三十日内没有离开请求国,或者离开后又自愿返回的除外。"这些例外主要有:补充引渡;再引渡;超过保护期的追诉;引渡之后又实施犯罪。

(五)本国国民不引渡原则

本国国民不引渡原则,是指被引渡人应当是请求方的国民或者是第三国的国民或者无国籍人,而不能是被请求方的国民。根据这一原则,即使请求方对作为引渡请求理由的犯罪具有管辖权,但是如果被请求引渡人是被请求方的国民,则可以拒绝请求国的引渡请求。

本国国民不引渡原则,最早出现在 1909 年法国与美国签订的引渡条约中。该条约规定,按照本条约的约定,双方均没有将其本国国民引渡给对方的义务。本国国民不引渡原则,反映了许多大陆法系国家的主张。这些国家认为,主权国家对本国国民的犯罪行为具有优先管辖权;如果向外国引渡本国的国民,既有损国家尊严,也与国家保护其国民的义务相悖。因此,即使本国国民在国外犯了极其严重的罪行,这些国家也不愿将其引渡给犯罪地国。英美法系国家则对这一原则持反对立场,认为属地管辖权具有优先性,应当适用于一切人,包括本国国民。犯罪人在犯罪地接受法律制裁才有利于当地所被破坏的法律秩序得到恢复,正义得到伸张。

在适用本国国民不引渡原则时,首先要对罪犯身份进行甄别,而这集中体现在认定罪犯身份的时间界限上。对此,国际社会存在着三种标准:一是以犯罪行为实施之时为标准。只要被请求引渡人在实施犯罪行为时具有被请求方的国民身份,就可拒绝引渡。二是以引渡请求决定作出之时为标准。只要被请求人在被请求方就引渡请求作出决定之时具有被请求方的国籍,就可拒绝引渡。三是以被请求方收到引渡请求之时为准。只要在收到引渡请求之时被请求人具有被请求方的国籍,就可拒绝引渡。笔者认为,根据罪责一致原则,第一种标准较为可取。如果被请求方决定不引渡本国国民,则应当将案件移交被请求国主管机关以便起诉,或者执行刑罚。例如,《联合国打击跨国有组织犯罪公约》第 16 条第 10 款规定:"被指控人所在的缔约国如果仅以罪犯系本国国民为由不就本条所适用的犯罪将其引渡,则有义务在要求引渡的缔约国提出请求时将该案提交给其主管当局以便起诉,而不得有任何不应有的延误。这些当局应以与根据本国法律针对性质严重的其他任何犯罪所采用的方式相同的方式作出决定和进行诉讼程序。有关缔约国应相互合作特别是在程序和证据方面以确保这类起诉的效果。"第 12 款规定:"如为执行判决而提出的引渡请求由于被请求引渡人为被请求缔约国的国民而遭到拒绝,被请求国应在其本国法律允许并且符合该法律的要求的情况下,根据请求国的请求考虑执行按请求国法律作出的判刑或剩余刑期。"

案例 7-2　左尔兹案[①]

意大利公民杰福·左尔兹(Defo Zorzi)涉嫌策划 1969 年 12 月 12 日在意大利米兰喷泉广场附近的国家农业银行爆炸案。该爆炸案造成 17 人死亡,88 人受伤。案发之后,左尔兹移居日本并且于 1989 年提出加入日本国籍的申请,取名为 Hagen Roi。申请被批准之后,他成了日本国民。意大利司法机关于 1997 年对左尔兹发出国际逮捕令,2000 年 3 月意大利正式向日本提出引渡左尔兹的请求。日本主管当局以本国国民不引渡为由拒绝了意大利的引渡请求。

(六)政治犯罪不引渡原则

政治犯罪不引渡原则,是指作为请求引渡理由的犯罪如果是政治犯罪或者与政治有联系的犯罪,则不予引渡。政治犯罪不引渡原则最早见于比利时《1833 年引渡法》。该法第 6 条规定:"在缔结条约时将明文规定,外国人不得因引渡以前的政治犯罪、与政治有关的行为或本法没有规定的重罪或轻罪而受到追诉或被处罚;在这种情况下,拒绝一切形式的引渡和临时逮捕。"

确立政治犯罪不引渡原则的动因,在于保护被告的基本人权,防止对持不同政见者进行政治迫害和不公正的审判。政治犯罪不引渡原则源于庇护制度,但后者内容更为丰富。庇护不仅包含不接受请求方的引渡请求,不将受庇护人移交给请求方,而且包含准许其入境、过境和在境内居留,不将其驱逐出

[①] *Delfo Zorzi*, https://en. wikipedia. orgwikiDelfo_Zorzi (last visited 10 October 2016).

境,并在必要的时候采取适当的措施主动予以保护;庇护的对象不仅包括实施了政治犯罪的罪犯,而且包括没有构成犯罪但可能或正在遭受某种迫害的人。

在适用政治犯罪不引渡原则时,一个不容回避的问题是,如何界定政治犯罪? 通常认为,对政治犯罪的判定,应当根据犯罪性质、构成要件、犯罪动机、犯罪目的、犯罪原因、犯罪背景、国际惯例等因素综合认定。但是,客观存在的事实是,对一个具体犯罪行为是否属于政治犯罪的认定,有关国家往往存在极大的争议。由于政治犯罪的概念不清,一些犯罪分子利用各国的政治观点不同,在实施犯罪后逃往他国,给自己的犯罪行为披上政治犯罪的外衣,逃避法律制裁。为避免政治犯罪不引渡原则被滥用,保护国际社会的基本秩序和公共利益,许多国际公约明确规定,国际公约规定的犯罪不得视为政治犯罪;对于实施公约规定的犯罪的人来说,只有在引渡请求是基于该人的种族、国籍、宗教信仰和政治见解等政治原因而欲对其进行起诉或惩处的情况下,才可以不予引渡。此即政治犯罪例外。例如,《制止核恐怖主义行为国际公约》第 15 条规定:"为了引渡或相互司法协助的目的,第 2 条所述的任何犯罪不得视为政治犯罪、同政治有关的犯罪或由政治动机引起的犯罪。因此,就此种犯罪提出的引渡或相互司法协助的请求,不可只以其涉及政治犯罪、同政治犯罪有关的犯罪或由政治动机引起的犯罪为由而加以拒绝。"

案例 7-3　洛克希德案[①]

1977 年意大利发生洛克希德行贿案,数名政府部长涉嫌受贿。由于直接行贿人意大利公民奥维迪奥·莱费波维雷逃到巴西,意大利宪法法院向巴西提出引渡行贿人的请求。巴西联邦最高法院开庭审理此案时,莱费波维雷的辩护律师提出,被告供认洛克希德公司向意大利部长行贿的美元不是供他们个人享用的,而是对他们各自所属政党的资助。根据《意大利刑法典》第 8 条规定:"在刑法的效果上,一切侵犯国家政治利益或公民政治权利的犯罪是政治犯罪;全部或部分出于政治原因实施的普通犯罪,也被视为政治犯罪。"所以该行贿行为属于政治犯罪,而政治犯罪是不能引渡的。意大利政府法律顾问保罗·塞普尔韦达对此提出反驳意见,认为被告方观点的前提是错误的,莱费波维雷的行为属于普通犯罪,即使存在某些政治因素,那也只不过作为一种情节,不影响整个事实的定性。对于这类可能与政治因素有偶然联系的普通犯

---

①　赵秉志. 新编国际刑法学[M]. 北京:中国人民大学出版社,2004:389.

罪,在相同情况下,意大利是不会援引《宪法》第 10 条拒绝引渡的。而且判断一个行为是否属于政治犯罪,从来都是由被请求方来判断。在引渡问题上提供互惠待遇,从来不能要求对方保证不将具有政治特点的犯罪视为政治犯罪作为条件。因而,在审查提供互惠协助的可能性时,没有必要根据请求方的法律详细考查被指控行为的一切情节。巴西联邦最高法院经过激烈的辩论,最后以 7 票赞成、4 票反对的结果,同意了意大利的引渡请求。巴西联邦最高法院的这一判决表明,被请求方在审查被指控的行为是否属于政治犯罪时,应当主要依照本国的法律并参考请求方对该行为的基本认定意见,进行分析判断。

(七)死刑犯不引渡原则

在传统的国际刑事司法合作中,对可能判处死刑或执行死刑的罪犯都是可以引渡的。但是,20 世纪 80 年代以来,由于人权理论的勃兴,限制和废止死刑已经成为世界各国刑事立法的潮流和趋势,因此,死刑犯不引渡原则也逐渐取得了引渡基本原则的地位。例如,根据 1957 年《欧洲引渡公约》第 11 条的规定,如果要求引渡的罪行,根据请求国的法律可能判处死刑,而被请求国的法律对这种罪行没有处死刑的规定,或者通常不执行死刑,则被请求国可以拒绝引渡,除非请求国作出能为被请求国满意的保证:死刑将不执行。然而,从各国刑法的规定来看,可能判处死刑的罪犯通常所犯的罪行都是极其严重的"重罪",如果对这种重罪不加以惩罚,任凭罪犯逍遥法外,将不利于打击制止刑事犯罪活动。为此,各国又允许对死刑犯不引渡原则予以变通适用,在特定条件下可以对被引渡人附条件引渡。所谓附条件引渡,是指被请求国在同意引渡的同时,要求请求国承诺在引渡后实施或不实施某一行为,并且以此作为准予引渡的条件。在准予引渡可能判处死刑或者执行死刑的被引渡人的情况下,被请求国通常要求请求国作出不判处死刑或不执行死刑的承诺。例如,我国《引渡法》第 50 条规定:"被请求国就准予引渡附加条件的,对于不损害中华人民共和国主权、国家利益、公共利益的,可以由外交部代表中国政府向被请求国作出承诺。对于限制追诉的承诺,由最高人民检察院决定;对于限制量刑的承诺,由最高人民法院决定。在对被引渡人追究刑事责任时,司法机关应当受作出的承诺的约束。"这一规定允许我国引渡案件的主管机关在向外国提出引渡请求的情况下为实现自己的目的而接受外国附加条件,就限制追诉和量刑问题作出承诺。

对于请求国作出的不判处死刑或者不执行死刑的承诺,一些引渡条约通常都指定由被请求国有关主管机关负责进行严格的审查,以判断这一承诺是否"适当"或"充足"。例如,根据英国《2003年引渡法》第94条的规定,国务大臣负责接受请求国关于不判处或者不执行死刑被请求引渡人的书面保证,并且审查这一保证是否"适当"。在引渡实践中,对于这种审查作出的引渡决定,特别是对被请求人不利的决定,被请求引渡人往往可以通过各种方式和渠道向请求国司法机关或者其他主管机关请求法律救济,甚至向国际或者区域的人权法院以及联合国人权委员会提出申诉。

案例 7-5　彼德罗案[①]

1993年美国政府向意大利提出引渡在佛罗里达犯有一级谋杀罪的意大利公民彼德罗·威尼斯(Pietro Venezia),并根据两国于1983年签订的双边引渡条约第9条作出关于不判处或者不执行死刑的保证,意大利司法部部长和主管法院对美国提供的保证进行了审查并认为是充足的。据此,司法部部长作出了引渡的决定。针对这一决定,彼德罗向意大利行政法院提出上诉,并且向意大利宪法法院起诉,认为《刑事诉讼法典》第698条第2款违宪。意大利宪法法院于1996年6月27日作出判决,认为意大利宪法第27条第4款对死刑的禁止被《刑事诉讼法典》《意大利和美国引渡条约》中关于对不适用死刑保证的审查制度削弱了,因为这种审查"依赖的是可以自由裁量的、逐案的评估"。因此,宪法法院宣告,意大利《刑事诉讼法典》第698条第2款和《意大利和美国引渡条约》第9条违宪。

(八)军事犯罪不引渡原则

军事犯罪不引渡原则,是指请求方不得就被引渡人涉嫌军事犯罪向被请求方提出引渡请求。军事犯罪不引渡原则,在国际刑事司法合作中是普遍接受的。

军事犯罪,是指违反一国法律规定的军事义务的犯罪。这种犯罪的特点是仅以该国的军事或国防利益为限,具有明显的局限性。此外,对军事犯罪的审查、起诉、判决等刑事诉讼程序都由专门的军事司法机构负责并完成。鉴于军事犯罪上述的特殊性,国际社会普遍将其排除在引渡合作的范围之外。这也是保障被请求引渡人基本人权的需要。

许多双边或多边引渡条约确立了军事犯罪不得引渡原则。但需要注意的

[①]　黄风,凌岩,王秀梅.国际刑法学[M].北京:中国人民大学出版社,2007:231—232.

是,军事犯罪不得引渡原则中的军事犯罪指的是"纯军事犯罪"。如根据我国《引渡法》第 8 条第 5 项规定,不得以被引渡人犯有纯军事犯罪为由将其引渡。所谓"纯军事犯罪",是指仅仅违反特定军事义务而不含任何普通犯罪要素的犯罪行为,如违抗命令、逃避军事服役义务、遗弃武器装备等。只有这类犯罪才能够成为拒绝引渡的理由,而军人实施的普通犯罪并不能被排除在引渡范围之外,如随意袭击民用目标、抢劫、强奸等。另外,非军人实施的犯罪也未必不能构成军事犯罪,如煽动军人逃离部队、战时造谣惑众、战时拒绝军事征用等。这些犯罪实际上是由非军人实施的不含普通犯罪要素的犯罪,当然属于军事犯罪,因而不能对其提出引渡请求

（九）一事不再理原则

一事不再理原则(ne bis in idem),又称一事不二罚原则,禁止双重危险原则,是指在刑事诉讼中,对于同一被告实施的同一行为,司法机关已经作出具有法律效力的裁判之后,不得对其再行起诉、审判和处罚。

确立一事不再理原则,一方面是为了维护司法权威和节省司法资源,另一方面是为了避免犯罪人因同一个犯罪行为而两次或多次陷于被追诉的危险地位。一事不再理原则是世界各国普遍承认的基本诉讼原则,对于国际刑事司法合作具有重要的意义,许多关于引渡的国内法律和条约均有规定。例如,1957 年《欧洲引渡公约》第 9 条规定,如果被请求方主管机关已经对被请求引渡人就引渡请求所针对的犯罪作出最终判决,则不得准予引渡。如果被请求方主管机关已就相同犯罪决定不予起诉或终止诉讼,可拒绝引渡。根据一事不再理原则拒绝引渡时,一般要求具备以下两个条件:第一,被请求国司法机关作出的生效判决或终止刑事诉讼程序的决定必须针对的是引渡请求所指的同一犯罪行为和同一诉讼当事人。如果上述判决或决定针对的是与引渡请求所指犯罪不同的案件,则不适用一事不再理原则。第二,被请求国司法机关针对引渡请求所指犯罪作出的判决或终止刑事诉讼程序的决定必须是终局性的并且已经发生了法律效力。如果判决或决定不是终局性的,则也不适用一事不再理原则。

四、引渡的程序

引渡程序是引渡合作在具体案件中得以实现的重要保证,包括引渡请求的提出、引渡请求的审查、引渡请求的处理、引渡决定的执行等步骤。

(一)引渡请求的提出

1.提出引渡请求的主体

根据关于引渡条约或有关国际公约的规定,可以提出引渡请求的主体必须是对请求引渡人具有刑事管辖权的国家。这些国家通常是:犯罪行为地国、犯罪人国籍国、被害人国籍国、受害国。对于破坏国际航空秩序的犯罪,除了上述国家外,航空器登记国、降落地国以及该航空器承租人的主要营业地国或永久居所地国,对这类犯罪也具有刑事管辖权,因而也可以提出引渡请求。此外,根据有关国际公约的规定,特设国际刑事法庭和国际刑事法院,就各自管辖权内的犯罪,也可以向犯罪人所在地的国家提出引渡请求。这种请求对缔约国而言,具有一定的强制性。

2.引渡请求书的主要内容

请求方向被请求方提出引渡犯罪人的请求,应当以引渡请求书的形式提出。引渡请求书应当包括以下内容:

(1)被请求引渡人的基本情况。包括姓名、性别、年龄、国籍、身份证件的种类及号码、职业、外表特征、住所和居住地以及其他有助于辨别身份和查找该人的情况。

(2)案情概要。包括被指控的犯罪发生的时间、地点、行为、结果等基本犯罪事实。如《中国和菲律宾共和国引渡条约》要求请求方提供"关于引渡请求所针对的每项犯罪的说明,以及该人就每项犯罪被指控的作为和不作为的说明,包括犯罪时间和地点的说明"。

(3)有关的法律规定。指关于认定犯罪及该项犯罪所处刑罚的法律规定及其说明,包括符合双重犯罪条件、可引渡之罪的法律特征、追诉时效、可能判处的刑罚等情况的说明。如《中国和立陶宛共和国引渡条约》要求请求方提供"请求方法律中规定该项犯罪的有关条文,或者在必要时,对涉及该项犯罪的法律及就该项犯罪可判处的刑罚的说明;以及规定对该项犯罪予以追诉和执行刑罚的时效的有关法律条文"。

(4)有关诉讼文书和材料。请求方在提出引渡请求时,应当提供支持引渡请求的诉讼文书和有关证明材料。对这些文件,各国的要求不一。大陆法系国家比较重视对引渡请求的形式合法性的审查,因而要求的证明文件以有关诉讼文书和法律文本为主;而英美法系国家则更注重对指控事实的审查,因而要求的证明文件以有关的证据材料为主。根据引渡的不同目的,请求方还应当提供一些必要的法律文件和说明,包括请求方主管司法当局签发的逮捕证、生效的判决书等。

(5)请求机关的名称。引渡请求书制作主体通常是请求方案件主管机关,请求书并非一定要以请求国政府的名义发出。因此,该主管机关作为具体的请求机关应当在请求书及所付文件中正式盖章。

3.引渡请求的提出途径

在实践中,各国一般通过以下方式互相提出和接受引渡请求:

(1)外交途径。具体步骤是:对被请求引渡人进行诉讼活动的司法机关向本国政府的司法行政机关(通常是司法部)呈报引渡请求→司法部经审查同意后将引渡请求提交本国外交部→外交部向驻被请求国的使馆或其他外交代表机构发出指示→请求国驻被请求国的外交代表机构向驻在国外交部转递引渡请求→被请求国外交部将引渡请求转交给本国司法部→被请求国司法部将引渡请求转交被请求引渡者所在地的主管司法当局。

(2)领事途径。即由请求国驻被请求国的领事机构向具体负责实施协助的地方当局传递引渡请求。这种做法常见于联邦制国家。

(3)司法部。即由请求国的司法部通过直接邮寄的方式向被请求国的相应机关提出引渡请求。这种方式在欧洲各国得到普遍采用。

(4)司法机关直接联系。即司法机关不通过任何政府部门而直接提出引渡请求。这是一种非常规的请求方式,但是最为简捷,一般适用于关系比较密切的国家或者紧急情况。

(二)引渡请求的审查

1.引渡请求的审查模式

关于引渡请求的审查,实践中主要有以下三种做法:一是单一行政审查制,即完全由行政主管机关全权负责引渡请求的审核和批准;二是单一司法审查制,即完全由司法机关全权负责引渡请求的审核和批准;三是双重审查制,即由行政主管机关和司法机关共同负责引渡请求的审核和批准。这是绝大多数国家采用的审查模式。具体又有以下三种不同的模式:(1)行政审查—司法审查—行政审查模式。即先由行政主管机关进行审查,在认为不存在明显的妨碍引渡合作的情形后将引渡案件提交司法审查。司法机关对引渡的可准予性作出认定后,再将案件送回到行政主管机关,由其代表国家作出最后的决定。如法国、日本等国家。(2)行政审查—司法审查模式。即先由行政主管机关对引渡请求的合法性进行确定,然后将案件转交司法机关审查并作出是否给予引渡的最终决定。如巴西、葡萄牙等国家。(3)司法审查—行政审查模式,即先由司法机关对引渡请求进行全面审查,然后由行政主管机关进行审查并作出是否准予引渡的最终决定。如英国、美国等国家。[①] 我国是典型的行政审查—司法审查—行政审查模式。

2.对引渡请求的司法审查

对引渡请求的司法审查是双重审核制的重要环节。它有助于保障被请求国根据本国的法律来分析、判断和评价引渡案件所涉及各种实体问题和程序问题,以及当事人相应的诉讼权利。大陆法系国家的司法机关在审查引渡请求时,通常需要查明以下问题:(1)请求国是否提供了充分的材料以说明被告有"足够的犯罪嫌疑";(2)被请求引渡人是否属于本国的国民;(3)被指控的行为是否属于政治犯罪或与政治有关的犯罪;(4)被指控的行为是否根据请求国和被请求国的法律均构成犯罪,而且属于可引渡之罪的范围;(5)根据请求国和被请求国的法律,对被指控的行为是否应当开展追诉或执行刑罚,或者是否存在使刑罚消灭、使追诉活动中止的情况;(6)是否存在根据有关国际条约或国内法不允许引渡的其他情况。英美法系国家的司法机关在审查引渡请求时,要求提供"充分证据",然后由本国司法当局对引渡案件进行审质性审查。我国对于引渡请求的司法审查类似于大陆法系国家的做法,也是一种合法性的审查。

3.对引渡请求的行政审查

对引渡请求的行政审查是一种综合性的审查,其审查内容相当广泛,既可以包括司法审查的一些内容,也可以对司法审查以外的有关问题进行审查;既可以在引渡诉讼的开始阶段进行,也可以在引渡诉讼的最后阶段进行。引渡审查以书面形式进行,一般不用提讯被请求引渡人,也不用开庭听取各方面的意见。在世界绝大多数国家,对引渡请求行使行政审查权的是司法部,我国则是外交部和国务院。一般而言,对引渡请求的司法审查的内容为:(1)审查请求文件是否符合法定要求。司法部或行政主管机关收到引渡请求书及有关材料后,应当首先审查这些文件是否齐备,是否符合法律的要求等形式合法性问题。至于有关证明文件是否符合"足够嫌疑"或"充分证据"的标准,则留待司

---

① 黄风,凌岩,王秀梅.国际刑法学[M].北京:中国人民大学出版社,2007:258.

法当局审查判断。(2)审查犯罪和追诉是否具有政治性。如果认为引渡请求所针对的犯罪属于政治犯罪,司法部或行政主管机关可以随时决定拒绝引渡;如果认为请求国的追诉活动具有政治性,也可以拒绝引渡。(3)审查请求文件是否符合人道主义原则。司法部或行政主管机关如果认为接受引渡请求会导致出现违反人道主义原则的情况,则可拒绝引渡。

(三)对引渡请求的处理

对引渡请求的处理,只有准予引渡和拒绝引渡两种结果。根据各国之间签订的双边或多边引渡公约的规定,拒绝引渡请求的理由有两类:一类是强制性理由,即国际社会公认的、每个国家都有权据以拒绝他国的引渡请求的情况;另一类是任择性理由,即是否据以拒绝引渡请求,各个国家可以自行决定并通过双边或多边条约加以约定。

在国际实践中,对于被请求国准予引渡或拒绝引渡的决定,通常允许被请求引渡人或者请求国对司法审查裁决或者行政决定提出上诉或抗诉。此外,在实践中还可能出现引渡请求竞合的问题。所谓引渡请求竞合,是指两个以上的国家针对同一人并且针对相同的犯罪行为或者不同的犯罪行为分别向被请求国提出引渡请求。根据国际惯例,对引渡请求竞合,一般按照以下顺序确定请求国具有优先请求权:(1)收到引渡请求的先后;(2)犯罪行为地国;(3)被请求引渡人国籍国;(4)受害人国籍;(5)受害国;(6)在其领域内发现犯罪人的其他当事国。我国《引渡法》第 17 条规定:"对于两个以上国家就同一行为或者不同行为请求引渡同一人的,应当综合考虑中华人民共和国收到引渡请求的先后、中华人民共和国与请求国是否存在引渡条约关系等因素,确定接受引渡请求的优先顺序。"根据这一规定,除收到引渡请求的时间、双方是否存在引渡条约因素外,在确定引渡请求方的优先权时,还应当考虑犯罪的严重性、犯罪的行为地、被请求引渡人的国籍、再引渡的可能性等因素。对于同一行为提出的竞合引渡请求,主管机关应当只接受享有优先地位的请求国的引渡请求,终止对其他国家引渡请求的考虑,并且不再考虑任何针对该行为的引渡请求;对于不同行为提出的竞合引渡请求,如果可以分别准予的,主管机关应当在确定接受引渡请求的优先次序时作出再引渡的安排,并且可以接受随后提出的针对同一人提出的再引渡请求。在引渡请求竞合的情况下,一般由行政主管机关决定接受引渡请求的优先次序。

案例 7-5　皮诺切特案①

阿古斯托·皮诺切特·乌盖特（Agusto Pinochet Ugate）原是职业军人，曾任智利陆军参谋长、武装部队总司令、陆军司令等职。1973 年 9 月 11 日，皮诺切特在智利空军司令、海军司令、警察总监等支持下，发动军事政变，推翻了民选的萨尔瓦多·阿连德（Salvador Allende）总统，组建军人政府，自任军人执政委员会主席。1974 年 6 月 26 日，改称国家元首、武装部队总司令；同年 12 月 17 日，任智利总统。他统治智利长达 17 年，在此期间，他禁止政党活动，限制集会和新闻自由，迫害和暗杀反对派人士。据统计，在其统治期间，智利有近 2000 人失踪，3000 多人被杀害，25 万多人被关进监狱或集中营，10 多万人被迫逃亡国外。受害者除智利公民外，还包括西班牙、法国、瑞士、瑞典、阿根廷、美国等国公民。皮诺切特的独裁统治激起智利人民的强烈反抗和国际舆论的严厉谴责。迫于国内压力，他不得不同意举行总统选举。1989 年 12 月，反对派候选人帕特里奥·艾尔文当选总统。1990 年 3 月 11 日，他将权力移交给民选政府，但仍保留陆军总司令职务。1998 年 3 月 10 日，他交出军权。在其执政期间，他还修改智利宪法，规定总统任职六年以上即可成为终身参议员，享受法律管辖的豁免。根据这一规定，他是当时智利唯一的一名终身参议员。

1998 年 9 月，皮诺切特前往英国伦敦治病。同年 10 月 16 日，伦敦地方法院法官根据西班牙法官发出的国际逮捕令，签发了对皮诺切特的临时拘捕令，警察在其就医的医院将其拘捕。西班牙指控皮诺切特犯有严重的国际罪行，要求英国政府将其引渡给西班牙接受审判。西班牙指控的罪名有 32 项，主要涉及酷刑、绑架、谋杀等罪行。皮诺切特的律师向英国高等法院王座法庭提出申诉，要求撤销临时拘捕令。理由是，西班牙指控皮诺切特在智利谋杀西班牙公民的行为发生在被告担任智利军人执政委员会主席和智利总统期间，按照国际法，皮诺切特的行为属于国家行为，不受外国法院的管辖。即使根据英国法律，英国法院对于外国国家元首在行使主权时的行为也不具有刑事或民事管辖权。此外，被告过去和现在都不是西班牙公民，而且西班牙指控的罪行发生在智利，而不是西班牙境内，按照英国 1989 年《引渡法》，被告及其所犯

---

① House of Lords, *Opinions of the Lords of Appeal for Judgment in the Cause*, *Regina v. Bartle and the Commissioner of Police for the Metropolis and Others*（*Appellants*）*and Ex Part Pinochet*（*Respondent*），24 March 1999. 周忠海. 皮诺切特案析［M］. 北京：中国政法大学出版社，1999：140—166.

罪行不属于可引渡之人和可引渡之罪。

1998 年 10 月 27 日,英国高等法院王座法庭作出判决,认为皮诺切特不是西班牙公民,而且缺乏充分的证据认定被害人具有西班牙国籍。此外,指控的罪行也不是发生在西班牙境内,而根据英国 1989 年《引渡法》第 2 条,英国法院只对英国公民在本国境外所犯罪行具有管辖权,因此,皮诺切特的行为不受英国法院管辖。至于国家豁免的主张,法院指出,西班牙发出的国际逮捕令指控的犯罪行为并不是皮诺切特的个人行为,而是其在任智利总统期间行使国家权力的行为,根据国际法和英国 1978 年《国家豁免法》,他作为智利前国家元首享有不受英国法院刑事和民事管辖的豁免权。

英国警方对此判决不服,向英国上议院上诉法院提起上诉。上诉法院经过审理于 1998 年 11 月 25 日以 3∶2 的表决作出裁决,皮诺切特所犯罪行严重,根据英国法律和国际法均应受惩罚,因而不享有英国法院的管辖豁免。同年 12 月 9 日,英国内政大臣杰克·斯特劳宣布同意西班牙的引渡请求,随后英国启动了引渡的相关程序。

皮诺切特的律师对上诉法院的判决提出申诉,要求重新考虑对此案的判决,理由是,作为合议庭法官之一的霍夫曼法官与"大赦国际"具有特殊关系,导致其对被告存有偏见,影响了法庭的公正裁决。上诉法院专门组织了一个特别委员会,对申诉进行研究,最后决定再成立一个合议庭,重新审理此案。1999 年 3 月 24 日,合议庭以 6∶1 的投票结果通过裁定,皮诺切特不享有英国法院的管辖豁免,决定将其引渡给西班牙。理由主要是:第一,国家豁免的适用是有限制的,只限于国家元首等人在位期间代表国家实施的职能行为,而实施《反对酷刑公约》规定的酷刑罪则不属于执行一个国家职能的范畴。而且,酷刑罪与国际法相悖,因而即使发生在智利,其他国家也有权管辖这种官方的酷刑罪行。第二,国际法豁免原则旨在保护国家元首有效地行使政府职能,但有两个例外:一是国家元首以行使政府职权为幌子而实施其个人利益行为;二是实施国际强行法禁止的行为,因为强行法要求所有国家在任何情况下都不能实施这类行为,并要求所有国家对这类行为予以惩罚。因此,在皮诺切特被指控的犯罪中,酷刑罪属于国际法上可引渡的罪行。反对引渡的意见则认为,仅仅是行为构成犯罪的事实,并不能排除国家豁免的适用。国家元首的职能是政府性的,而不是私人行为;虽然国家元首实施了非私人行为,并且构成犯罪,但仍然不失去其政府行为的性质。无论是严重犯罪,如谋杀、酷刑,还是较轻的犯罪,都是如此。

尽管英国上诉法院裁定要将皮诺切特引渡给西班牙,但鉴于英国《引渡法》规定,不得把健康状况不适宜受审判者引渡给请求引渡的国家,因而英国内政大臣斯特劳于 2000 年 4 月宣布,允许皮诺切特离开英国,返回智利。皮诺切特回国后,同年 5 月,智利决定取消其终身参议员的资格,以便法院能够审判其在任职期间所犯的严重罪行。2001 年 1 月 30 日,智利圣地亚哥上诉法院裁定对皮诺切特实行软禁,等候传讯。2006 年 12 月 10 日,皮诺切特在智利去世。

(四)对引渡决定的执行

1. 对被请求引渡人采取强制措施

为了保证引渡的顺利进行,被请求方通常需要对被请求引渡人采取强制措施,以便在同意引渡时,能够确保被请求引渡人在场并将其移交给请求方。根据有关国内法律和引渡条约的规定,这些强制措施主要包括:

(1)引渡逮捕。在被请求方作出同意引渡的决定之后,被请求方的有关机关应当根据请求将被请求引渡人逮捕,以便将该人移交请求方。引渡逮捕的期间与引渡案件的审理期间相同,或者至将被请求引渡人移交给请求方时。

(2)引渡拘留。请求方在提出正式引渡请求前,因情况紧急,可以要求被请求方有关机关对被请求引渡人先行拘留。在被请求方对被请求引渡人采取引渡拘留措施后,请求方应当在法定的期限内正式提出引渡请求。如果请求方在法定期限届满前不能正式提出引渡请求的,被请求方应当撤销引渡拘留,但请求方在事后仍可以对同一犯罪正式提出引渡该人的请求。

(3)监视居住。在特殊情况下,基于人道主义考虑,被请求方对于被请求引渡人可以不采用引渡逮捕、引渡拘留等强制措施,而变更采用监视居住。

2. 移交被请求引渡人

被请求方一旦决定同意请求方的引渡请求,则应及时通知请求方,并与其磋商移交被请求引渡人的时间、地点和方式。被请求方应当在约定的时间将被请求引渡人押解到约定的地点并移交给请求方,请求方应当按照约定的时间、地点接收被请求引渡人。如果请求方在合理的时间内没有接收被请求引渡人,则可能导致引渡活动终止。

3. 移交有关的财物

由于被请求引渡人往往拥有对刑事诉讼具有重要意义的证物,或者拥有犯罪所得的财物,因而在移交被请求引渡人时,往往伴随着有关财物的移交。

案例 7-6　朗德案[①]

香港居民伊凡·加利·朗德(Ivan Gary Lund)在香港被控犯有贿赂罪。后来,他到了英国。香港当局于 1995 年请求英国将其引渡给香港接受香港法院的审判。英国内务大臣同意予以引渡,被引渡人朗德诉诸英国王座法院,王座法院判决驳回引渡的决定。内务大臣对此判决向上议院上诉法院上诉。上诉法院支持内务大臣上诉,于 1997 年 5 月 21 日判决驳回王座法院的判决,维持了内务大臣作出的引渡决定。

被告反对引渡决定的理由主要是,香港法院对其审判只能在 1997 年 7 月 1 日主权移交之后进行,这涉及他被引渡以后公正审判和特殊性保护的利益问题。被告认为,尽管在主权移交后有安排保证法律规则实施的持续性,但他仍会面临防护措施无效的风险,而且他将会受到不公正的审判或不人道的待遇。

上诉法院在判决中指出,内务大臣的做法在程序上并无不当。内务大臣决定发出引渡令,是经过认真考虑之后才作出的。根据英国《引渡法》第 12 (2a)和(2b)条,具备下列情形不能给予引渡:(a)被引渡者可能因犯罪性质或时间的转变而受到不公正或迫害性的待遇,或者对被引渡者的指控违背司法公正的善意原则;或(b)被引渡者所犯的罪行在英国不会被判死刑,但在请求国可以被判处死刑。但本案,并不存在上述情形。内务大臣深信在 1997 年香港回归之后,中国政府会遵守《中英联合声明》和《香港特别行政区基本法》。中国政府已经充分表示履行在联合声明和基本法中所承诺的义务,内务大臣已经注意到一切事态,因而其决定是正当的。

第三节　国际刑事司法协助

一、国际刑事司法协助的概念和特征

(一)国际刑事司法协助的概念

国际刑事司法协助,指国家之间、国家与国际组织之间在送达诉讼文书、

---

① 马呈元.国际法案例研习[M].北京:中国政法大学出版社,2014:151.

调查取证、追缴资产等方面相互提供帮助和进行合作。

国际刑事司法协助,是在引渡这一刑事合作的基础上发展起来的。在引渡逃犯的实践中,人们逐渐发展了刑事合作的另一种形式,即相互代为送达诉讼文书和调查取证。

单纯从语义上看,协助与协作并没有实质的界限,两者的区别标准也不清晰。为此,有学者反对使用"国际刑事司法合作"的概念,而用"国际刑事司法协助"一词统括所有的国际刑事司法合作活动。① 然而,国际刑法学界和许多国际公约都对刑事司法协助赋予了特定的含义,将其严格限制在狭义的范围内并与引渡、刑事诉讼的移交、被减刑人的移管、执法合作等活动相并列。鉴于这一理解已约定俗成,因此,仍有必要在狭义上使用"国际刑事司法协助"一词,而将最广义的刑事司法协助留给"国际刑事司法合作"。

(二)国际刑事司法协助的特征

1.司法服务性

无论是文书送达、调查取证,还是追缴资产等方面的司法协助,都是国际主体之间旨在保障刑事诉讼程序的顺利进行、维护犯罪嫌疑人或被告的基本人权与其他合法权利而开展的服务性合作活动。如果没有这种服务性合作,不仅请求国司法机关的诉讼活动难以开展,而且受送达人也无法及时了解到诉讼情况,从而错过维护合法权益的最佳时机。

2.行为中立性

行为中立性是指被请求国国际刑事司法协助的行为是客观公正、不偏不倚的。这种特性着重体现在协助勘查、检验、鉴定等调查取证有关的活动中。事实表明,国际刑事司法协助过程中,不仅可能获取证明有关人员有罪或者罪重的证据,而且也可能获取证明其无罪或者罪轻的证据。因此,刑事司法协助不应当受到控方或辩方成见或者倾向性的影响。

3.积极开放性

刑事司法协助具有比较鲜明的开放性,允许各国基于公正司法的理念积极采取行动。与引渡、相互承认和执行刑事判决以及诉讼移管不同,刑事司法协助还可以在未收到有关请求的情况下由一国向另一国主动提供。此外,国

---

① 贾宇.国际刑法学[M].北京:中国政法大学出版社,2004:365.

际公约中关于刑事司法协助的条款一般都可以成为缔约国开展此类协助的直接法律根据，即使对于采取条约前置主义立场的国家也不例外。

4. 消极容忍性

刑事司法协助还存在一种消极、默认的协作方式，即被请求方以一种消极的不作为或容忍态度提供协助。如允许外国司法人员在本国境内提供调查取证。被请求国虽然不积极主动提供协助，但是这种不反对和不制止的协助态度，仍然为外国司法机关在其司法管辖范围之外履行司法职能提供了便利，其意义不亚于积极协助。当然，消极司法协助同样以不超过法律限度为条件。如《中国和加拿大关于刑事司法协助的条约》第 18 条规定："一方可以通过其派驻在另一方的外交或领事官员向在另一方境内的本国国民送达诉讼文书和调查取证，但不得违反驻在国法律，并不得采取任何强制措施。"

二、刑事司法协助的形式

根据《联合国刑事互助示范条约》、《联合国打击跨国有组织犯罪公约》、《联合国反腐败公约》等国际公约和双边条约的规定，刑事司法协助的形式主要有：送达文书、调查取证、追缴资产等。

（一）送达诉讼文书

作为一种司法行为，当需要在诉讼地国以外领域送达诉讼文书时，应当通过司法协助的方式进行。在刑事诉讼中，需要送达的文书主要有：出庭通知书、拘留决定书、逮捕决定书、起诉书、刑事判决书、刑事裁定书等。通过刑事司法协助送达诉讼文书的方式主要有直接送达、邮寄送达和领事送达三种方式。

1. 直接送达

直接送达是指由履行文书送达职责的人员向受送达人交付有关的诉讼文书。为了便于被请求国的主管机关能够及时有效地执行送达请求，文书送达的请求国应当尽可能准确、详细地载明受送达人的住址，并附有送达回证。如果收件人拒绝接受有关的文书，送达人应当注明拒收的事由。诉讼文书如果无法送达，被请求国应当及时将无法送达的原因通知请求国。

2. 邮寄送达

邮寄送达是指通过邮局将诉讼文书送达给受送达人。只有部分国家法律允许这种送达方式。在邮寄送达的情况下,收件人在邮件的回证上签收即被视为送达完成。

3. 领事送达

领事送达,是指由驻被请求国的外交和领事官员将诉讼文书直接送达给受送达人。领事送达在民商事司法协助领域是得到普遍承认的,但在刑事司法协助领域仅有一些国家认可。根据国际条约的相关规定,请求国的外交和领事官员在驻在国送达文书或调查取证时应当遵守以下规则:(1)文书送达的受送达人和调查取证的被询问人必须是请求国的国民;(2)在执行过程中不得采用任何强制性措施;(3)有关的执行行为不得违反驻在国的法律。

(二)调查取证

调查取证是刑事司法协助的主要形式,一般包括:查找和辨认有关人员,调取书证材料,委托询问证人,派员调查取证,解送在押人员出庭作证,搜查、扣押和冻结,远程视频听证,联合调查,特殊侦查手段等。

1. 查找和辨认有关人员

查找和辨认有关人员,是指被请求国按照请求国的请求,采取一定的调查和监测手段,以确定请求所列人员的行踪和停留处所,或者甄别请求所列举人员的真实身份。如提供有关人员在被请求国出入境记录、住宿记录、居留处所信息、就业或其他活动信息等。为查找和辨认有关人员,请求国应当向被请求国提供有关人员的基本情况、旅行证件信息、照片等一切有助于辨别其身份的并且已掌握的个人资料以及关于其行踪的线索。查找和辨认的对象一般为犯罪嫌疑人、被告、证人或者其他与案情有关的人。

2. 调取书证材料

调取书证材料,是指被请求方向请求方提供由本国政府机构、司法机关、金融机构、法人、团体或个人保管的文件或材料。这些书证材料,有的涉及商业秘密、个人隐私等,一般情况下不允许查询,但由于涉及刑事犯罪,因而根据法律规定,可以通过一定方式调取。随着国际刑事犯罪的新发展,所需要调取的材料范围扩大到政府机构的文件和记录。政府机构的文件和记录,根据其是否公开,被请求方有不同的权利和义务。根据《联合国反腐败公约》第46条第29款:"被请求缔约国:(1)应当向请求缔约国提供其所拥有的根据其本国法律可以向公众公开的政府记录、文件或者资料;(2)可以自行斟酌决定全部或部分地或者按其认为适当的条件向请求缔约国提供其所拥有的根据其本国法律不向公众公开的任何政府记录、文件或者资料。"

3. 委托询问

委托询问,是指被请求方接受请求方的委托,代表请求方对有关人员进行询问。这是一种较为普遍的司法协助方式。委托询问的对象主要是证人、被害人和鉴定人,有些刑事司法协助条约也允许对犯罪嫌疑人或被告进行委托询问。不管询问对象是哪类人员,都不得对其采用拘捕、羁押或者限制人身自由的措施。询问应当客观公正,被请求方一般只能按照请求方的明确要求提出问题和记录回答。被请求方应当制作详细的询问提纲,随请求书一并交给被请求方。除非条约相反约定,被询问人通常拥有依据被请求国的法律或者请求国的法律拒绝作证的权利。

4. 派员调查取证

派员调查取证,是指请求方经被请求方同意派员在被请求国境内参加被请求方进行的调查活动。派员调查取证不仅可以使被请求方加深对案件背景和事实的了解,避免执法活动的机械性,提高执法活动的针对性,而且可以使请求方主管机关在一定程度上介入调查活动,使调查结果尽可能地符合本国刑事诉讼的需要和程序要求。因此,目前各国缔结的刑事司法协助条约均允许请求国主管机关派员前往被请求国境内参加有关的调查取证活动,并且规定被请求方负有一定义务向请求方预先通报在其境内的执行安排,以便请求方可以派员参加。根据一般的国际条约和国际合作的实践,派员调查取证应当遵守以下规则:(1)请求方应当向被请求方明确提出派员参加取证活动的请求。只有在派员调查取证的请求和有关的计划获得被请求方同意后,才能付诸实施。(2)在被请求方境内开展的调查取证活动应当以被请求方主管机关为主导。(3)请求方参加取证活动的人员必须遵守被请求国的法律。

5. 解送在押人员出庭作证

解送在押人员出庭作证,是指被请求国根据请求国的请求,将在其境内受到羁押的犯罪嫌疑人、被告或被判刑人移送到请求国境内,以便在请求国的刑事诉讼中提供证词或者协助调查。综合有关的国际条约和各国立法,解送在押人员出庭作证应当遵守以下规则:(1)被要求出庭的在押人员在了解移送的目的后自愿接受移送。(2)在移送期间,请求方有义务使被移送人始终处于被羁押状态。(3)请求方应当确保按照预先商定的时间和条件将被移送人交还给被请求方。(4)请求方不得对被移送人因其离开被请求国前的行为进行追诉、审判或者处罚。但是,如果被请求方同意,则这一义务可以免除。

6.搜查、扣押和冻结

搜查、扣押和冻结,是指对有关人员的人身或财产所采取的一种强制性措施,旨在实现调查取证,或者追缴犯罪所得和收益。由于这些措施具有限制财产权或人身权的特性,因而在适用时应当遵循以下规则:(1)双重犯罪原则。如果请求方所追诉的行为根据被请求方的法律不构成犯罪,则被请求方不得采取限制有关人员财产权利或者人身权利的强制措施。(2)请求方应提供必要的材料以证明有必要采取有关的强制措施。

7.远程视频听证

远程视频听证,是指请求国司法机关在本国境内,通过通信卫星等电子传送和视像播放系统,连线处于被请求国境内的证人、鉴定人或其他人员,询问有关事项的行为。远程视频听证也是一种新的司法协助方式,具有许多优势。2001年《欧洲刑事司法协助公约第二附加议定书》对远程视频听证作了具体的规范:(1)请求方应当向被询问人所在地国家提出正式的司法协助请求并征得被请求国的同意。(2)请求国司法机关应当按照其本国法律规定的程序主持和进行询问行为。(3)远程视频听证活动应当符合被请求国法律的基本原则。(4)被请求国主管机关应当为安排远程视频听证活动提供必要的协助。(5)被询问人有权依据请求国的法律或者被请求国的法律拒绝就某些提问作出回答或者拒绝作证,请求国和被请求国均应采取必要的措施确保按照各自的法律维护被询问人的有关权利。(6)如果在远程视频听证中接受询问的证人或鉴定人故意提供伪证,请求国有权依照本国的法律追究其刑事责任;在请求国不打算或者不可能对此伪证行为进行刑事追诉的情况下,被请求国司法机关有权依照本国的法律对有关的伪证行为予以惩处。(7)被请求方应当设法为远程视频听证提供一定的技术支持。如果被请求方不能提供,可以商定由请求方提供。

8.联合调查

联合调查,又称联合侦查,是指国家之间为打击涉及各自刑事司法管辖的犯罪活动而组建调查机构,共同进行有关调查或侦查活动。联合调查具有以下两个鲜明的特点:一是合作的综合性。联合调查突破了传统协助的单一性限制,可以开展各种各样的侦查和取证活动。二是合作主体的宽泛性。联合调查突破了传统调查主体的司法性限制,公共安全机关、税务稽查机关、金融监管机关等执法机构都可以借助联合调查的形式开展针对有关违法犯罪活动的先期调查。

9.特殊侦查手段

在调查取证方面,国际刑事司法协助也可以采用某些特殊侦查手段。根据国际社会的司法实践,特殊侦查手段主要有以下方式:(1)控制下交付,指在有关缔约国同意下,拦截其已同意对之实行控制下交付的非法交运货物,并允许将该货物原封不动地继续运送或在其完全或部分取出或替代后继续运送。(2)电子监听,指被请求方根据请求方的请求,对处于本国境内的特定人员或场所进行电子监听监视,并将监听监视结果提供给请求方。(3)特工侦查,指司法或执法机关的人员采用隐瞒真实身份或者使用虚假身份的方式调查犯罪或者获取有关证据。(4)跨境跟踪,指请求方为进行刑事侦查的目的而借助被请求方的协助对跨越两国边境的犯罪嫌疑人继续进行监视。

（三）资产的追缴

《联合国反腐败公约》在总结各国立法和实践的成功经验的基础上将追加资产的法律手段分为两大类:直接追加财产的措施和通过没收事宜的国际合作追加资产的机制。适用前一类措施时,财产受害人应当依照财产所在地国家的法律,直接向该国司法机关提出主张和请求;适用后一类措施时,则需要通过有关国家间的司法合作加以启动和运作。此外,在英美法系国家的司法实践中,分别有民事追缴制度和民事没收制度。这两种制度只针对物,不针对人。只要证明有关的财物直接或间接来自于犯罪所得或者其收益,即可对之实行扣押、冻结和没收,即使有关的犯罪嫌疑人、被告或者其他关系人在潜逃、失踪、死亡或被监禁在其他国家。这种民事没收制度独立于对有关人员的刑事追诉程序,实现人和物在处理上的分离,使得对犯罪所得的追缴活动不受对犯罪人的司法管辖和审判的影响,特别适宜于犯罪嫌疑人或被告潜逃、失踪或死亡等情况。

第四节　刑事诉讼移管

一、刑事诉讼移管的概念和特征

刑事诉讼移管,是指请求方虽然对犯罪具有管辖权,但由于某种原因不能进行或者完成追究犯罪嫌疑人刑事责任的诉讼活动,根据国际公约、双边条约或者互惠原则,将案件移交给被请求方予以追诉和审理的刑事司法合作活动。它具有以下特征:

1. 请求方具有管辖权

提出诉讼移管请求的国家必须对犯罪具有管辖权,这种管辖权一般源于属地原则。如果请求方不具有管辖权,则被请求方可以拒绝移管请求。例如,根据 1972 年《欧洲刑事诉讼移管公约》的规定,如果请求移管的犯罪是在请求方的领域以外实施的,被请求方对请求方的移管请求,可以予以拒绝。

至于被请求方对移管的案件是否具有管辖权,理论界认识不一。一种意见认为,移转管辖的请求只能向其他有管辖权的国家提出。对移转管辖的犯罪享有管辖权的国家不能将该犯罪移交给没有管辖权的国家,请求没有管辖权的国家对其提起诉讼。[1] 另一种意见认为,移转管辖是一种代理管辖。在刑事诉讼转移管辖中,被请求国对该犯罪提起诉讼,其管辖权来源于委托代理,即这种管辖权是接受委托代理他国行使的,没有委托便不存在代理行使管辖权的问题。[2] 还有一种意见认为,被请求国根据刑事诉讼移管的协议审理案件可能发生在两种情形:一是被请求国对案件原本就拥有管辖权,刑事诉讼移管的协议消除了管辖冲突,确定由被请求国独自行使管辖权。二是被请求国对案件原本不拥有管辖权,刑事诉讼移管的协议使该国获得审理请求国刑事案件的委托。[3] 笔者认为,根据国际刑事诉讼的移管实践,上述第三种意见是可取的,前两种意见均不当地限缩了诉讼移管的范围。

---

① 张智辉. 国际刑法通论[M]. 北京:中国政法大学出版社,2009:372.
② 赵永琛. 国际刑事司法协助研究[M]. 北京:中国检察出版社,1997:63.
③ 黄风,凌岩,王秀梅. 国际刑法学[M]. 北京:中国人民大学出版社,2007:332—333.

2.移管的对象与被请求方具有特定关系

刑事诉讼移管中所涉的追诉对象一般是犯有可移管之罪的被请求国的公民或者特定关系人。最初，刑事诉讼移管是作为本国公民不引渡原则的一种替代措施，因而只针对可引渡之罪。后来，国际刑事司法实践发生了变化，可移管之罪不仅包括重罪，也包括轻罪，甚至包括根据被请求方的法律构成犯罪，但根据请求方的法律构成行政违法的行为。刑事诉讼移管的对象通常限定为被请求国的公民，但也有的国际条约扩大到与被请求方具有其他关系的人。例如，根据《欧洲刑事诉讼移管公约》的规定，刑事诉讼移管的对象，除被请求国的公民外，还包括与被请求国具有特定关系的人，如在被请求国长期居住，或者被请求国是该人的出生地国等。

3.移管的内容是移交追诉权

刑事诉讼移管，是请求国将本来属于其管辖的案件移交给被请求国，由被请求国对罪犯进行追诉。刑事诉讼移管与引渡不同，前者是请求国将案件的追诉和执行判决的一切权限移交给被请求国，由被请求国对该案件进行管辖；后者是被请求国将犯罪嫌疑人或者被告移交给请求国，以便请求国更好地行使刑事管辖权。不过，实践中刑事诉讼移管也可能与引渡并存，如一国在同意将本国审理的刑事案件移交给另一国审理后，将在本国拘捕的犯罪嫌疑人一并通过引渡的方式移交给另一国。在这种情况下，引渡和诉讼移管的相关规则均对合作各方产生约束力。

二、刑事诉讼移管的范围和条件

（一）刑事诉讼移管的范围

从有关国际公约和各国立法来看，刑事诉讼移管的案件范围主要有：

1.不予引渡案

关于引渡，许多国家的法律都规定了严格的适用条件，如本国国民不引渡原则。基于此，被请求国对于针对本国国民或永久居住在本国的居民的引渡请求，一般都会予以拒绝。对于这类案件，请求国可以将案件移送给被请求国予以管辖。例如，《中国和俄罗斯联邦引渡条约》第 5 条规定："在根据本条约第 3 条第 1 项拒绝引渡的情况下，被请求的缔约一方应根据请求的缔约一方的请求，依照本国法律对该人提起刑事诉讼。为此目的，请求的缔约一方应向被请求的缔约一方移交其所掌握的材料和证据。"

2.轻罪案

按照请求国法律,如果被追究的人所犯的罪行属于轻罪,则不必诉诸引渡程序。这是因为,一方面引渡程序相当复杂,完全可能程序刚刚结束但追诉时效已经期满,无形中造成放纵罪犯的结果;另一方面,基于诉讼节俭的要求,对一些轻罪案件,也没有必要启动耗时费力的引渡程序。

3.数罪并罚案

犯罪人在请求国实施一个或数个犯罪行为,而被请求国正在对该人的其他犯罪提起控诉,请求国则可以将案件移交给被请求国管辖,以便及时追究其刑事责任。

4.证据集中于被请求国的跨国犯罪案

犯罪人在多国作案,受害国、犯罪地国、罪犯国籍国都有权主张管辖权。在这种情况下,如果犯罪证据主要集中于其中一个国家,且该国已经实际控制犯罪人并对其提起诉讼时,相关国家就可以委托该国一并管辖。同样,对于无法确保犯罪人出庭受审从而可能造成缺席审判的结局时,为实现司法公正,也可以请求已经行使管辖权的国家予以追诉。

5.被请求国已经起诉的集团犯罪案

许多国际性犯罪属于集团犯罪,其成员的国籍分别隶属于数个国家,这些国家对该集团犯罪均具有管辖权。当其中一个国家按照本国法律和犯罪集团的犯罪事实实行管辖后,其他具有管辖权的国家则可考虑将案件移交给该国管辖。

(二)刑事诉讼移管的条件

首先,刑事诉讼移管应当遵循双重犯罪原则。只有当触犯请求国法律的犯罪行为,假如发生在被请求国境内也构成犯罪时,被请求国才可能根据刑事诉讼移管的请求对该案进行审判。有些国际条约还要求被请求国对有关犯罪行为拥有刑事司法管辖权。例如,《中国和泰国引渡条约》第5条第3款规定:"尽管有本条第2款的规定,如果被请求方对该项犯罪无管辖权,被请求方不应要求将该案提交其主管机关以便起诉。"

其次,刑事诉讼移管应当遵守政治犯罪例外原则。如果被请求国认为请求国所指控的犯罪行为具有政治性质,可以拒绝接受诉讼移管的请求。同样,纯军事犯罪也被排除在刑事诉讼移管的合作范围之外。财税犯罪是否也属于应予拒绝移管的犯罪,有关国际公约规定不一。根据《欧洲刑事诉讼移管公约》第 11 条的规定,对于政治犯罪、军事犯罪和财税犯罪的移管请求,被请求方应当予以拒绝。但为了打击国际恐怖主义、国际贩毒和有组织犯罪的洗钱活动,国际社会开始认为财税犯罪不应排除之外。例如,《联合国反腐败公约》第 46 条第 22 款明确规定:"缔约国不得仅以犯罪也被视为涉及财税事项为理由而拒绝司法协助请求。"

除上述原则外,根据《欧洲刑事诉讼移管公约》第 8 条的规定,刑事诉讼移管还应当符合下列条件:(1)嫌疑人通常居住在被请求国;(2)嫌疑人是被请求国的国民,或者被请求国是其出生地国;(3)嫌疑人是在被请求国正在接受或将要接受意味着剥夺自由的判决;(4)被请求国正在对嫌疑人就同一犯罪或其他犯罪提起诉讼;(5)诉讼移管被认为有利于查清案件事实,特别是最重要的证据被认为位于被请求国内;(6)在被请求国执行刑罚被认为有可能促进被判刑人重返社会;(7)认为不能确保嫌疑人出席请求国的庭审,而可以确保其在被请求国出席庭审。

三、刑事诉讼移管的程序

1.刑事诉讼移管请求的提出

刑事诉讼移管请求应当以书面形式提出,并且注明以下情况:(1)提出诉讼移管请求的主管机关;(2)有关犯罪事实的简要情况,包括犯罪的时间、地点和后果等情形;(3)请求方对有关犯罪事实的调查结论或相关证据材料介绍;(4)请求方法律关于该犯罪的相关规定;(5)犯罪嫌疑人或被告的一般情况、国籍、住所以及其他有助于辨认其身份的资料。诉讼移管请求书应当附有刑事案卷的原件或经确认的副本以及所有其他必需的文件。在某些情况下,刑事诉讼移管还可能是有关各国在刑事管辖竞合情况下通过磋商决定的。在这种情况下,很难确定谁是诉讼移管合作的请求方或被请求方。为此,有关各国应当及时通报和认真评估各自的诉讼进展情况。在上述相互通报、评估和协商过程中,有关各国应当暂缓对案件作出实体性判决。

2.诉讼移管请求的受理

被请求国接到刑事诉讼移管的请求后,应当及时进行审查,以便决定是否接受该请求。审查的内容与对引渡请求的审查大体相同,但侧重于请求国对请求事项的管辖权,请求的根据,本国对案件的管辖权,接受请求是否有损本国主权、安全和公共秩序等。被请求国依法作出接受或者拒绝请求的决定,应当尽快地通知请求国。

3. 被请求国的临时强制措施

在请求国向被请求国提交请求书至被请求国启动诉讼程序之前,根据案件具体情况被请求国可以先行采取临时逮捕、临时扣押等强制措施。采取临时逮捕应当具备以下条件:(1)如果被请求国对案件本无管辖权,则首先必须存在请求国移管的请求书,形成对被请求国的授权;(2)被请求国的法律准许因该罪行而进行羁押;(3)有理由担心犯罪嫌疑人潜逃或者湮灭证据。临时逮捕的请求应当说明,存在根据请求国法律规定的程序发布的逮捕令或其他相同效力命令,同时说明所指控的罪行、犯罪嫌疑人的个人情况、犯罪的时间和地点、案情的概要等。

4. 结果通报

被请求方在办理请求国的移转案件后,对于执行诉讼移管后产生的结果,被请求国应当通报给请求国。结果通报的内容包括:刑事诉讼移管受理情况、请求书中所涉事项的办理、对被告的处理决定、证人遣返、被害人利益的保护等。结果通报应当通过正常途径送达请求国的中央机关,并附有判决书的副本以及其他文件。

四、刑事诉讼移管的效力

(一)对请求国的效力

如果诉讼移管是具有管辖权的犯罪地国或者受害国提出的,这项移管请求便首先对请求国产生以下法律拘束力:

(1)在被请求国作出正式答复之前,请求国应即刻停止对犯罪嫌疑人或被告就移管请求所针对的犯罪所提起的诉讼程序,也不得对案件作出实体性的处理,但可以继续进行必要的调查活动,如扣押犯罪人的财产、保全证据材料、通缉犯罪人等。

(2)如果请求国已经对被告作出判决,则应当暂缓执行该判决。这种判决,大多数情况下都是缺席判决,否则,无须诉诸移管。根据一事不再理原则,请求国提出诉讼移管请求的前提,必须放弃原先判决,否则被请求国不可能接受请求。

（3）适当延长诉讼时效，以便被请求国有足够时间作出是否接受请求的决定。根据《欧洲刑事诉讼移管公约》第22条的规定，刑事诉讼移管请求的提出，应当具有在请求国延长追诉时效6个月的效力。

（4）如果被请求国拒绝接受移管请求，或者撤销接受请求决定，或者请求国作出撤回请求的决定，则请求国可以启动或恢复对移管案件的追诉、审判或执行刑罚的程序。

（二）对被请求国的效力

（1）请求国应当按照国际公约、双边条约或者互惠原则对诉讼移管请求进行全面审查，及时作出答复，并迅速启动必要的诉讼程序。

（2）如果被请求国对被移管的案件原本不具有管辖权，则对案件进行审理时，针对有关犯罪行为所判处的刑罚不得超过请求国法律确定的限度。这是因为，在这种情况下，被请求国的管辖权是基于请求国的授权，因而应当在授权的范围内行使权利，越权则无效。

（3）对请求国进行的与本案有关的前期诉讼活动，被请求国应当承认其法律效力。这既是对请求国司法行为的尊重，也有利于本国诉讼活动的顺利进行。

（4）请求国中断时效的行为或者延长时效的行为，被请求国应当予以确认或承认。根据《欧洲刑事诉讼移管公约》第23条的规定，如果被请求国对被移管的案件原本不具有司法管辖权，该国法律为有关犯罪规定的追诉时效应当延长6个月。

第五节　承认和执行外国刑事判决

一、外国刑事判决的承认

（一）承认外国刑事判决的概念和特征

外国刑事判决的承认，是指一国的主管机关，承认另一国司法机关针对本国公民或特定关系人在他国领土内的犯罪作出的刑事判决的法律效力的行为。

承认外国刑事判决具有以下特征：

（1）承认的法律根据是国际条约、双边条约和国内法。如果当事国是有关国际公约的缔约国，则应当按照公约的规定去承认另一国的刑事判决；如果不是有关国际公约的缔约国，但相互之间订有相互承认刑事判决的双边条约，则应当按照条约的规定承认对方的刑事判决；如果既不是公约的缔约国，也没有签订双边条约，则应根据国内法的有关规定承认外国刑事判决。

（2）承认的范围，仅限于请求国根据属地原则所作的生效判决。根据有关国际条约的规定，外国刑事判决协助的范围，应当严格限制在请求国针对在其领土内实施的犯罪行为所作的判决。凡是针对在请求国领土范围外实施的犯罪行为所作的刑事判决，被请求国可以拒绝请求。

（3）承认的对象，通常是被请求国的公民。对于请求国所作出的他国公民的判决，被请求国既没有承认的必要，也没有承认的意义。因此，承认外国刑事判决的国家通常限定为罪犯的国籍国。也有的条约规定，除犯罪人国籍国外，也可由其永久居住国承认和执行判决。

（二）外国刑事判决承认的条件

外国刑事判决的承认，实质上是一国对另一国所作刑事判决的合法性与有效性的认可。这一行为既是对他国司法既判力的尊重，又是对本国司法权力的"克制"，因而应当遵守一定的条件。从有关国际公约和各国司法实践来看，这些条件主要有：

（1）承认该判决不违反本国的公共秩序，即不致危害本国的领土、主权或安全，也不违反本国法律的一般原则。

（2）作出判决的国家对该犯罪具有管辖权。这是承认外国刑事判决的基本前提条件。在绝大多数情况下，只有犯罪地国对在其领土上实施的犯罪依照本国法律进行审判而作出的刑事判决，才能得到普遍的承认。[①]

（3）被判决的犯罪行为符合双重犯罪原则，即根据裁判地国和承认地国的法律，被判决的行为均构成犯罪。

（4）判决是在合法有效的诉讼程序中作出的终局判决。刑事判决必须是请求国的司法机关在依照该国程序法进行审理后作出的，并且该国的程序法符合国际社会公认的刑事诉讼标准和准则。同时，这一判决必须是该国司法机关所作的终局判决。

---

① 贾宇.国际刑法学[M].北京：中国政法大学出版社，2004：474.

（三）外国刑事判决承认的分类

1.积极承认和消极承认

这是根据承认启动主体的不同所作的分类。积极承认,是指当外国刑事判决符合承认的条件时,根据本国法律或有关条约的规定,无须判刑国的请求而主动确认其效力。消极承认,是指尽管外国刑事判决符合承认的条件,但只有在该国为执行判决而提出承认请求时,才根据本国法律或有关条约的规定确认其效力。采取消极承认的国家,对外国刑事判决往往持被动观望态度,即只要外国没有提出确认请求,其所作出的刑事判决效力,不影响本国司法机关依照本国法律对同一犯罪行为行使管辖权。

2.事实承认和法律承认

这是根据承认形式的不同所作的分类。事实承认,是指以默示的方式,在事实上承认外国刑事判决的法律效力。法律承认,是指根据法律的明文规定,明确表示愿意承认外国刑事判决的法律效力。采取法律承认的国家,不仅要通报判刑国承认其判决的法律效力,而且还要履行相关的法律程序。

3.全部承认与部分承认

这是根据承认内容的不同所作的分类。全部承认,是指对外国刑事判决所依据的事实、适用的法律以及判决的结论,表示全部承认。部分承认,是指只承认判决所依据的全部事实或部分事实,或者只承认判决所作的全部结论或部分结论。在部分承认的情况下,承认国对判决的合法性和有效性有一定的保留。

（四）外国刑事判决承认的效力

1.一事不再理

当承认国承认外国刑事判决的法律效力时,就意味着不能对该犯罪再行审判和处罚。当然,对于采取消极承认的国家而言,只要没有应外国的请求积极、明示承认其刑事判决,则仍可对同一犯罪根据本国法律的规定再行审理和判决。但在这种情况下,其国内法律往往会明确规定,在外国已经受过刑罚处罚的,可以免除或者减轻处罚。

2.协助执行刑事判决

承认国在承认外国刑事判决的同时,也承担了合作执行这一判决的义务。

如果判刑国发出协助执行的请求,承认国就应当按照判刑国的请求,采取有效措施协助执行该判决。

二、外国刑事判决的执行

(一)外国刑事判决执行的概念和特征

外国刑事判决的执行,是指一国的主管机关应外国主管机关的请求,根据国际条约、双边条约或互惠原则,执行他国对本国公民或特定关系人在他国领土内的犯罪所作出的生效判决的刑事司法活动。

外国刑事判决的执行具有以下特征:

(1)请求国所要求协助执行的刑事判决是生效判决。所谓生效判决,是指具有管辖权的法院依法作出的、不存在尚未完结的上诉或申诉程序的判决。对于外国的缺席判决,如果该国的法律不允许被判刑人提出异议或者未规定相应的救济措施,通常可以拒绝执行。

(2)判决的执行以判决的承认为前提。承认外国刑事判决是执行外国刑事判决的开始,先有承认才有执行;执行外国刑事判决是承认外国刑事判决的结果。但是,承认外国刑事判决并不必然引起外国刑事判决的执行。这是因为刑事判决存在有罪判决和无罪判决之分;有罪判决又有免刑判决、缓刑判决和实刑判决之别。对于无罪判决、免刑判决、缓刑判决,通常不存在判决的协助执行问题。

(3)承认国取得执行判决的一切权力。承认国一旦同意执行外国刑事判决,则有关执行该刑事判决的一切权力就由判刑国转移给执行国。

(二)外国刑事判决执行的条件

根据1970年《关于刑事判决的国际效力的欧洲公约》第5条的规定,执行外国刑事判决应当具有以下条件之一:(1)被判刑人是被请求国的常住居民;(2)在被请求国执行刑罚有利于被判刑人的改造和恢复其社会生活;(3)在一个需要判处剥夺自由刑的案件中,被判刑人已在或者将要在被请求国剥夺自由;(4)被请求国是被判刑人的国籍国且宣布自愿为执行该刑罚而承担责任;(5)即使依靠引渡,请求国认为仍然无法执行该刑罚,而被请求国能够执行这项刑罚。

从国际刑事司法实践来看,执行外国刑事判决的合作主要发生在地理位置相邻、社会制度接近、法律制度相似、相互关系密切、共同利益较多的国家之间,合作的内容也多为交通肇事罪等轻微犯罪案件。

（三）外国刑事判决执行的规则

被请求国执行外国刑事判决,应当按照本国法律规定的同类刑罚的执行机关、管理权限和执行方式来执行。

自由刑的执行,应当在剥夺自由的状态下,按照判决确定的刑期执行。如果判决所确定的刑种与本国法律规定的刑种不同,应当根据刑罚的实际内容,将其转换为本国法律中规定的刑种予以执行。如果刑期长短或计算方式与本国法律的规定不同,应当按照本国法律的规定确定最长或最短的刑期。财产刑的执行,应当受本国法律规定的限制。对于罚金或没收财产的执行,执行机关应当按照作出执行决定时的外币兑换率将罚金或没收财产换算为本国的货币,予以执行。对于财产性收益的执行,应当在不妨碍第三方合法权益的情况下上交国库。但是,如果请求国对被没收的财物具有特殊利益,则该财物应当返还给请求国。资格刑的执行,同样要受本国法律规定的限制。如果外国刑事判决含有剥夺犯罪人某种资格的内容,则只有本国的法律针对相同犯罪也有类似规定时,才能执行。资格刑的期限,不得超出本国法律的最高期限。在判处的刑期届满时,被请求国有权宣告恢复被判刑人的资格。此外,被请求国有权按照本国法律的规定,对被判刑人予以有条件的提前释放。在本国宣布特赦令或大赦令时,只要被判刑人在特赦或大赦的范围内,被请求国就可以对该被判刑人的刑罚予以赦免。

（四）外国刑事判决执行的程序

1.执行请求的提出

执行请求,通常由判刑国向其他国家提出。判刑国对犯罪行为作出刑事判决后,如果由于某种原因不能在本国执行,或者认为在他国执行更有利于实现刑罚的目的,则可以根据国际公约、双边条约或者互惠原则,向能够执行的国家提出请求,要求该国执行判决。特殊情况下,出于维护国家主权和尊严的需要,或者为了被判刑人更好地重返社会,被判刑人的国籍国也可以主动向作出刑事判决的国家提出请求,由其执行判决。

判刑国请求他国执行该判决时,应当书面提交正式的请求书。请求书的内容主要包括:(1)作出刑事判决和提出请求的机关名称;(2)被判刑人的姓名、年龄、健康状况等基本情况,以及被关押居住的地点;(3)证明被判刑人身份的证件;(4)执行判决请求所依据的犯罪事实概要和必要的证据;(5)请求国法律中规定该行为构成犯罪的条文以及在必要时,对该条文的解释;(6)已经发生法律效力的判决或者裁定的副本,以及该国法院判决时所适用的法律条文文本。如果对罪犯已经执行部分刑期或者已在假释中,还应当附有关证明材料;(7)涉及被判刑人移管的案件,应提交表达被判刑人愿意回本国服刑的书面材料。

2. 执行请求的送达

请求书应当连同被请求执行的判决书原件或经证明无误的副本以及其他有关的所有文件一起送达。送达有四种基本方式:(1)通过请求国和被请求国的司法机关送达;(2)通过外交途径送达;(3)如果被请求国同意,可以直接送达给被请求国的主管机关;(4)在紧急情况下,可以通过国际刑警组织送达。根据《关于刑事判决的国际效力的欧洲公约》第 15 条之规定,请求书可以由请求国的司法部长向被请求国的司法部长提出,或者根据特殊安排,由请求国主管机关直接向被请求国的司法部长提出。在紧急情况下,请求书也可以通过国际刑警组织转达。

请求刑事判决的文件一经送达,则产生相应的法律效果。对于请求国而言,意味着放弃执行判决的权力,而委托被请求国执行其判决;对于被请求国而言,则意味着如果接受委托,就获得了按照本国法律执行该外国判决的权力。

3. 执行请求的受理

被请求国接到他国提出的执行刑事判决的请求后,应当将该请求书及其所附判决书和其他有关材料一并交由本国主管机关审查。在对请求国的刑事判决进行审查时,按照国际通例,一般不作实质审查,而只作形式审查,即审查是否具备承认与执行的条件。这是因为,确认犯罪事实及证据、定罪量刑,以及复查、变更或撤销原判决,均属于判刑国的"专属权利"。经过审查,如果认为有应当拒绝执行或者不能执行的情况,应当作出不予执行的决定,并将该决定告知提出执行请求的国家,将判决书连同有关材料一并退还;如果认为没有应当拒绝执行或者不能执行的情况,应当作出同意执行的决定。

被请求国如果作出同意执行的决定,就应当与作出判决的国家进行协商,安排执行的具体事宜,并确定国内的具体执行机关。如果必要,还应在执行前采取有效的临时措施,以保证判决的执行,如临时逮捕被判刑人、扣押犯罪物品等。

4. 刑事判决的执行

被请求国的主管机关所作出的执行外国刑事判决的决定,是该国司法机关启动执行程序的依据。在执行过程中,该国有义务及时向请求国通报执行情况。如果该国或执行国依法作出减刑、假释或赦免的决定,也应当及时告知对方。

三、被判刑人的移管

(一)被判刑人移管的概念和特征

被判刑人移管,是指根据国际条约和国内法的规定,一国将在本国境内被判处自由刑的犯罪人移交给其国籍国或常住地国,后者接受移交并执行所判刑罚的一种司法协助活动。

被判刑人移管具有以下法律特征:

1. 启动程序的前提性

关于移管请求的提出主体,有关国际公约的规定不尽一致。但是,无论移管请求由哪一方提出的,请求本身必须符合被判刑人的意愿。也就是说,要启动被判刑人移管程序,不仅判刑国和执行国双方要达成协议,而且还必须征得被移管人同意。在被判刑人移管中,被移管人事实上处于启动主体的地位,有权对被移交回国籍国表示意见,甚至主动向判刑国或执行国提出移管请求。这是被判刑人移管与其他刑事司法协助比较明显的不同之处。在其他国际刑事司法协助中,只要请求国与被请求国双方达成协议,即可启动协助程序,无须征得犯罪嫌疑人、被告或其他人的同意,这些人通常是司法协助行为的对象,而不是启动主体。

2. 启动程序的双向性

被判刑人移管程序的启动是双向的,既可以由判刑国提出,也可以由执行国提出。这是被判刑人移管与其他刑事司法协助在启动方式上的不同之处。一般的刑事司法协助,都是由需要协助的国家提出请求,被请求国则提供协助。而对于被判刑人移管,判刑国和执行国都可以提出请求,启动移管程序。

3. 移管对象的特定性

被减刑人移管的对象只能是执行国的国民或居民,这是其与引渡的不同之处。这是因为,被判刑人移管与引渡的目的不同。在被判刑人移管中,将被判刑人移交给另一国是为了使其在熟悉的环境中服刑,消除在国外服刑的文化语言障碍以及生活习惯的困难,促进对其教育改造,尽早重返社会。显然,最适用接受移管的国家是被判刑人的国籍国。在引渡制度中,将被引渡人交给请求国,是为了协助请求国行使司法管辖权,实现社会正义。基于这一目的,可以将被引渡人移交给对其犯罪行为具有管辖权的任何国家。

4.移管内容的双重性

被判刑人移管的内容包括两个方面:一方面是移交,即由判刑国将被判刑人移交给其国籍国或居留国;另一方面是监管,即由接受国对被判刑人执行刑罚。移交是监管的前提,监管是移交的目的。被判刑人移管属于一种刑罚执行的特殊措施,其适用对象是被宣判有罪且被判处自由刑的人。被移管人并非一被遣送回国即恢复人身自由,而是要在本国继续服刑。因此,被判刑人移管实际上只是刑罚执行场所的变更。

（二）被判刑人移管的原则

1.有利于被判刑人原则

移管被判刑人的合作双方首先应当考虑的是,移管能否改善被判刑人的生活,促进对其教育更生。因此,有关国际条约都要求缔约各方在考虑移管时充分照顾被判刑人的利益。这一原则突出地体现在移管应当尊重被判刑人的自主选择,以其同意为基础。

2.刑罚不加重原则

在对被判刑人执行刑罚时,执行国通常要将原判处的刑罚转换为本国刑罚。但由于各国在刑罚种类、刑期长短、量刑限度等方面存在差异,因此,在进行刑罚转换时,必须恪守刑罚不加重原则。该原则事实上是有利于被判刑人原则的延伸,具体包括:(1)应基于判决关于案件事实的认定;(2)不得将刑罚转换为财产刑;(3)转移后的刑罚应尽可能与判决所判处的刑罚相一致,不得加重判刑国所判处的刑罚,也不得超过执行国法律对同类犯罪规定的最高刑;(4)不受执行国法律对同类犯罪规定的最低刑的约束;(5)应扣除被判刑人在判刑国已被羁押的期间。

3.一罪不再罚原则

一罪不再罚原则,对判刑国和执行国都具有约束力。对于判刑国而言,在执行国对被移管人执行了判刑国所科处的刑罚后,判刑国应当承认这一执行的效力,不得以任何借口重新执行刑罚。对于执行国而言,接收判刑国移管的罪犯,意味着承认判刑国的判决的效力,因而不得因同一罪行对被移管的人再次进行审判、关押或处罚。

(三)被判刑人移管的条件

1.被判刑人是执行国的国民

移管被判刑人的目的在于使被判刑人得以在其国籍国服刑,以利于被判刑人重返社会。因此,许多国际公约、双边条约均将"被判刑人是执行国国民"作为移管的首要条件。对于长期居住在执行国的人是否适用移管制度,国际社会尚有争议。

2.被判刑人所犯之罪根据执行国的法律也构成犯罪

这是双重犯罪原则在被判刑人移管合作中的体现。被判刑人所犯的罪行,根据判刑国和执行国的法律,一般限于判处自由刑的犯罪。

3.被判刑人所犯之罪根据执行国法律尚未超过诉讼时效

除双重犯罪原则外,被判刑人所犯之罪还必须是根据判刑国和执行国的法律均为可追诉之罪。各国法律对同一犯罪规定的刑罚幅度和追诉时效的期间往往不尽一致,如果执行国认为被判刑人所犯之罪超过本国法律所规定的时效期间,则应拒绝执行请求。

4.被判刑人仍须服一定期限的刑罚

这一条件是对被判刑人移管适用范围的限制,避免不加区别地对某些只被判处较轻刑罚的人进行移管。被判刑人移管一般只适用于被判处剥夺自由刑的人,包括有期监禁、缓刑监督、假释监督,以及对少年犯判处的限制人身自由的处罚等。根据国际条约和各国的实践,对被判刑人移管均有剩余刑罚的最低期限的限制。绝大多数国际公约和双边条约将被判刑人尚需执行的刑罚确定为6个月以上,也有的确定为1个月以上。除了定期刑外,一些条约也允许对被判处不定期刑的人实行监管。此外,有的双边条约还规定,被判刑人被判处终身监禁或死刑的,执行国可以拒绝移管请求。

5.在判刑国不存在尚未完结的上诉或申诉程序

这一条件包含三个方面的含义:第一,判刑国法律为被判刑人规定的上诉期已经届满,或者终审判决已经作出,即被移交执行的判决是生效判决;第二,不存在对生效判决正在采取的救济活动,如因对生效判决提出申诉而启动的审判监督程序。第三,被判刑人在判刑国不存在其他应承担刑事责任的事项。此外,有些国家法律规定,对于外国的缺席判决,如果该外国的法律不允许被判刑人提出异议或者未规定相应的法律救济措施,执行国可以拒绝执行。

(四)被判刑人移管的程序

1. 征求被判刑人的意愿

无论是判刑国还是执行国,在提出移管请求时,都应当征求被判刑人的意愿。移管要求可由判刑国或执行国提出。囚犯及其至亲可向其中一国表示对移管事项的关心。

2. 提出移管被判刑人请求

无论移管是由判刑国提出的,还是由执行国提出的,均应向对方提出正式的移管请求。移管请求应当以书面形式提出,同时附列与此相关的要求及各种法律文件。

3. 审查决定移管被判刑人

被请求国在决定是否接受被判刑人移管的请求时,要进行审查。这种审查一般是形式审查,不涉及对判刑国的判决或执行国的法律进行实质审查。被请求国经过审查后,如果确认可以移管被判刑人,则应答复请求国,并磋商具体的移交事宜,包括移交的时间、地点、方式及相关事项,作出适当的安排。

4. 接收被移管的被判刑人

判刑国应当根据不同情况准备接收移管。对于在押犯,移管国应当履行必要的监管程序;对于缓刑犯,则要执行强制监管,以便移管的顺利进行。接收方式包括边境移交、押送过境等,具体方式按双方商定的规则进行。至于执行移管的费用,原则上由执行国负担。

(五)执行国对判决的执行

在对被判刑人实行移管后,判刑国转让了对被判刑人的监管权,执行国取得了对被判刑人的监管权。执行国应当按照有关程序规定将被判刑人诉诸刑罚执行。

执行国接收被判刑人之后,其主管当局应当立即或者通过法院发出执行外国刑事判决的命令,或者转换判决。一般而言,如果判刑国判处的刑罚和执行国法律规定的刑罚基本相同,则执行国只要决定继续执行原判决即可;如果在性质或期限上有所不同,则就存在一个转换判决的问题。执行国在转换判决时,应当根据本国法律对相同犯罪所规定的刑事处罚,改变原判刑罚的性质或期限。但是,执行国:(1)应当受判刑国所作判决中明示或默示范围内的对刑事的调查结果的约束;(2)不能将自由刑转换为财产刑;(3)应减去被判刑人已被剥夺自由之刑的全部期间;(4)不应加重被判刑的受刑罚身份,且不应受执行国法律对该罪行或犯罪可能规定的最低限度的约束。

无论是执行原判决还是执行转换判决,执行国均应当按照本国法律的规定执行对被判刑人的刑罚。对于被移管的少年犯,执行国有权依照本国有关规定,在专门的场所并采用特殊的方式执行刑罚,但关押期限绝对不得超过原判刑期。对于被判处缓刑的人,在移管后,执行国有权依照本国法律修改判刑国确定的缓刑条件。执行国应当受判刑国所作的判决书上所有事实结论的约束,无权对原判决进行复审或改判。对原判决的修改、变更或撤销的权力,专属于判刑国。

在对被判刑人减刑、假释或者赦免后,判刑国和执行国均有义务及时将各自的决定通知对方,并且应对方的请求提供说明被判刑人的法律地位的报告。此外,执行国还应当将执行中的特殊情况及时通报判刑国。执行国在执行过程中,遇有下列情况之一,则发生执行权中断,案件转由判刑国执行或撤销执行:(1)执行国无法继续执行判刑国所判刑罚,或者判刑国要求撤回请求;(2)当执行国已经执行请求并对被判刑人收监执行,被判刑人对判决提出异议或申诉,经判刑国审查决定,需要移转管辖被判刑人,使其重返判刑国接受重审或复审;(3)被判刑人移交后服刑期间,或在缓刑、假释考验期间,又逃回判刑国,而判刑国将其查获后认为不适宜再次移管的;(4)被移管的被判刑人在执行国对判刑国的缺席判决提出抗辩意见,需要判刑国在被判刑人到庭的情况下重审的。

参考文献

一、中文文献

1. 赵秉志. 新编国际刑法学[M]. 北京:中国人民大学出版社,2004.

2. 贾宇. 国际刑法学[M]. 北京:中国政法大学出版社,2004.

3. 张智辉. 国际刑法通论[M]. 北京:中国政法大学出版社,2009.

4. 黄风,凌岩,王秀梅. 国际刑法学[M]. 北京:中国人民大学出版社,2007.

5. 朱文奇. 国际刑法[M]. 北京:中国人民大学出版社,2007.

6. 邵沙平. 国际刑法学[M]. 武汉:武汉大学出版社,2005.

7. 王世洲. 现代国际刑法学原理[M]. 北京:中国人民公安大学出版社,2009.

8. 马呈元. 国际刑法论[M]. 北京:中国政法大学出版社,2013.

9. 黄肇炯. 国际刑法概论[M]. 成都:四川大学出版社,1992.

10. 陆晓光. 国际刑法概论[M]. 北京:中国政法大学出版社,1991.

11. 张旭. 国际刑法——现状与展望[M]. 北京:清华大学出版社,2005.

12. 赵永琛. 国际刑法与司法协助[M]. 北京:法律出版社,1994.

13. 林欣. 国际刑法问题研究[M]. 北京:中国人民大学出版社,2000.

14. 林欣. 国际法中的刑事管辖权[M]. 北京:法律出版社,1988.

15. 高燕平. 国际刑事法院[M]. 北京:世界知识出版社,1999.

16. 王秀梅. 国际刑事法院研究[M]. 北京:中国人民大学出版社,2002.

17. 朱文奇. 国际刑事法院与中国[M]. 北京:中国人民大学出版社,2009.

18.张旭.国际刑事法院:以中国为视角的研究[M].北京:法律出版社,2011.

19.李世光,刘大群,凌岩.罗马规约评释(上下册)[M].北京:北京大学出版社,2006.

20.黄风.引渡制度[M].北京:法律出版社,1997.

21.黄风.国际刑事司法合作的规则和实践[M].北京:北京大学出版社,2008.

22.凌岩.跨世纪的海牙审判:记联合国前南斯拉夫国际法庭[M].北京:法律出版社,2002.

23.凌岩.卢旺达国际刑事法庭的理论与实践[M].北京:世界知识出版社,2010.

24.黄俊平.普遍管辖原则研究[M].北京:中国人民公安大学出版社,2007.

25.朱利江.对国内战争罪的普遍管辖与国际法[M].北京:法律出版社,2007.

26.范红旗.法人犯罪的国际法律控制[M].北京:中国人民公安大学出版社,2007.

27.周露露.当代国际刑法基本原则研究[M].北京:中国人民公安大学出版社,2009.

28.肖玲.国际刑事诉讼证据规则研究[M].北京:人民出版社,2010.

29.高铭暄,赵秉志.国际刑事法院:中国面临的抉择[M].北京:中国人民公安大学出版社,2005.

30.朱文奇,等.战争罪[M].北京:法律出版社,2010.

31.朱文奇.国际人道法[M].北京:中国人民大学出版社,2007.

32.周忠海.皮诺切特案析[M].北京:中国政法大学出版社,1999.

33.倪征.国际法中的司法管辖问题[M].北京:世界知识出版社,1985.

34.梅汝璈.远东国际军事法庭[M].北京:法律出版社,1988.

35.远东国际军事法庭判决书[S].张效林,译.北京:群众出版社,1986.

36.谢里夫·巴西奥尼.国际刑法导论[M].赵秉志,王文华,等,译.北京:法律出版社,2006.

37.谢里夫·巴西奥尼.国际刑法的渊源与内涵——理论体系[M].王秀梅,译.北京:法律出版社,2003.

38. 森下忠. 国际刑法入门[M]. 阮齐林，译. 北京：中国人民公安大学出版社，2004.

39. 格哈德·韦勒. 国际刑法学原理[M]. 王世洲，译. 北京：商务印书馆，2009.

40. 威廉·A. 夏巴斯. 国际刑事法院导论[M]. 黄芳，译. 北京：中国人民公安大学出版社，2007.

二、外文文献

1. M. Cherif Bassiouni, *International Criminal Law*, 2nd Edition, New York：Transnational Publishers Inc.，1998.

2. M. Cherif Bassiouni, *Crimes Against Humanity：Historical Evolution and Contemporary Application*, Cambridge：Cambridge University Press，2011.

3. Antonio Cassese, *International Criminal Law*, 2nd Edition, Oxford：Oxford University Press，2008.

4. Robert Cryer, Hakanl Friman & Elizabeth Willmshurst, *An Introduction to International Criminal Law and Procedure*, 3rd Edition, Cambridge：Cambridge University Press，2014.

5. Beth Van Schaack & Ronald C. Slye, *International Criminal Law and Its Enforcement：Cases and Materials*, 3rd Edition, New York：Foundation Press，2014.

6. Gerhard Werle, *Principle of International Criminal Law*, The Hague：T. M. C Asser Press，2005.

7. Ilias Bantekas & Susan Nash, *International Criminal Law*, 2nd Edition, London：Cavendish Publishing Ltd.，2003.

8. Antonio Cassese, Mary De Ming Fan & Alex Whiting, *International Criminal Law：Cases and Commentary*, Oxford：Oxford University Press，2011.

9. William A. Schabas, *The UN International Criminal Tribunals：The Former Yugoslavia, Rwanda and Sierra Leone*, Cambridge：Cambridge University Press，2010.

10. William A. Schabas, *The International Criminal Court：A*

Commentary on the Rome Statute，2nd Edition，Oxford：Oxford University Press，2016.

11. Geert-Jan Alexander Knoops，*Redressing Miscarriages of Justice：Practice and Procedure in National and International Criminal Law Cases*，New York：Transnational Publishers，2006.

12. Robert Cryer，*Prosecuting International Crimes：Selectivity and the International Criminal Law Regime*，Cambridge：Cambridge University Press，2005.

13. Kenneth S. Gallant，*The Principle of Legality in International and Comparative Criminal Law*，Cambridge：Cambridge University Press，2009.

14. Larry May & Zachary Hoskins ed.，*International Criminal Law and Philosophy*，Cambridge：Cambridge University Press，2010.

15. Stephen Macedo ed.，*Universal Jurisdiction：National Courts and the Prosecution of Serious Crimes Under International Law*，Philadelphia：University of Pennsylvania Press，2006.

16. Nancy Amoury Combs，*Guilty Pleas in International Criminal Law：Constructing a Restorative Justice Approach*，Redwood：Stanford University Press，2007.

17. Héctor Olásolo，*The Criminal Responsibility of Senior Political and Military Leaders as Principals to International Crimes*，Portland：Hart Publishing，2009.

18. Charistoph Saffering，*International Criminal Procedure*，Oxford：Oxford University Press，2012.

19. Douglas Guilfoyle，*International Criminal Law*，Oxford：Oxford University Press，2016.

20. Roger O'keefe，*International Criminal Law*，Oxford：Oxford University Press，2015.

案　例

一、国际刑事法院案例

1. *The Prosecutor v. Thomas Lubanga Dyilo*, Case No. ICC-01/04-01/06

2. *The Prosecutor v. Germain Katanga*, Case No. ICC-01/04-01/07

3. *The Prosecutor v. Bosco Ntaganda*, Case No. ICC-01/04-02/06

4. *The Prosecutor v. Callixte Mbarushimana*, Case No. ICC-01/04-01/07

5. *The Prosecutor v. Germin Katanga & Mathieu Ngudjolo Chui*, Case No. ICC-01/04-01/07

6. *The Prosecutor v. Jean-Pierre Bemba Gombo*, Case No. ICC-01/05-01/08

7. *The Prosecutor v. Jean-Pierre Bemba Gombo, AiméKiloloMusamba, Jean-Jacques MangendaKabongo, FidèleBabalaWandu & Narcisse Arido*, Case No. ICC-01/05-01/13

8. *The Prosecutor v. William SamoeiRuto & Joshua Arap Sang*, Case No. ICC-01/09-01/11

9. *The Prosecutor v. UhuruMuigai Kenyatta*, Case No. ICC-01/09-02/11

10. *The Prosecutor v. Laurent Gbagbo*, Case No. ICC-02/11-01/11

11. *The Prosecutor v. Charles BléGoudé*, Case No. ICC-02/11-02/11

12. *The Prosecutor v. Uhuru Muigai Kenyatta*, Case No. ICC-01/09-02/11

13. *The Prosecutor v. William Samoei Ruto and Joshua Arap Sang*, Case No. ICC-01/09-01/11

14. *The Prosecutor v. Bahr Idriss Abu Garda*，Case No. ICC-02/05-02/09

15. *The Prosecutor v. Mathieu Ngudjolo Chui*，Case No. ICC-01/04-02/12

16. *The Prosecutor v. Callixte Mbarushimana*，Case No. ICC-01/04-01/10

17. *The Prosecutor v. Ahmad Al Faqi Al Mahdi*，Case No. ICC-01/12-01/15

18. *The Prosecutor v. Laurent Gbagbo and Charles Blé Goudé*，Case No. ICC-02/11-01/15

19. *The Prosecutor v. Abdallah Banda Abakaer Nourain*，Case No. ICC-02/05-03/09

20. *The Prosecutor v. Dominic Ongwen*，Case No. ICC-02/04-01/15

二、前南斯拉夫国际刑事法庭案例

1. *The Prosecutor v. DuskoTadč*，Case No. IT-94-1

2. *The Prosecutor v. Dragan Nikolić*，Case No. IT-94-2

3. *The Prosecutor v. Milan Simić*，Case No. IT-95-9

4. *The Prosecutor v. Goran Jelisic*，Case No. IT-95-10

5. *The Prosecutor v. Tihomir Blaskić*，Case No. IT-95-14

6. *The Prosecutor v. Zlatko Aleksovski*，Case No. IT-95-14/1

7. *The Prosecutor v. Kordč& Čerkez*，Case No. IT-95-14/2

8. *The Prosecutor v. Kupreskč et al.*，Case No. IT-95-16

9. *The Prosecutor v. Anto Furundzija*，Case No. IT-95-17

10. *The Prosecutor v. Mucić et al.*，Case No. IT-96-21

11. *The Prosecutor v. DraženErdemovč*，Case No. IT-96-22

12. *The Prosecutor v. Kunaracet al.*，Case No. IT-96-23/1

13. *The Prosecutor v. Dragan Zelenović*，Case No. IT-96-23/2

14. *The Prosecutor v. Milomir Stakić*，Case No. IT-97-24

15. *The Prosecutor v. Stanislav Galić*，Case No. IT-98-29

16. *The Prosecutor v. Dragomir Milošević*，Case No. IT-98-29/1

17. *The Prosecutor v. Radislav Krstić*，Case No. IT-98-33

18. *The Prosecutor v. Naletilč & Martinović*，Case No. IT-98-34

19. *The Prosecutor v. Pavle Strugar*, Case No. IT-01-42

20. *The Prosecutor v. Momir Nikolić*, Case No. IT-02-60

21. *The Prosecutor v. Limajet al.*, Case No. IT-03-66

22. *The Prosecutor v. Prlǐcet al.*, Case No. IT-04-74

三、卢旺达国际刑事法庭案例

1. *The Prosecutor v. Kayishemaet al.*, Case No. ICTR-95-1

2. *The Prosecutor v. Jean Paul Akayesu*, Case No. ICTR-96-4

3. *The Prosecutor v. Alfred Musema*, Case No. ICTR-96-13

4. *The Prosecutor v. Jean Kambanda*, Case No. ICTR-97-13

5. *The Prosecutor v.Bagosoraet al.*, Case No. ICTR-98-41

6. *The Prosecutor v. Ntageruraet al.*, Case No. ICTR-99-46

7. *The Prosecutor v. Nahimanaet al.*, Case No. ICTR-99-52

8. *The Prosecutor v. Augustin Ngirabatware*, Case No. ICTR-99-54

9. *The Prosecutor v. Ndindilyimanaet al.*, Case No. ICTR-00-56

10. *The Prosecutor v. Jean-Baptiste Gatete*, Case No. ICTR-00-61

四、塞拉利昂特别法庭案例

1. *The Prosecutor v. Charles Ghankay Taylor*, Case No. SCSL-03-01

2. *The Prosecutor v. Moinina Fofanaand Allieu Kondewa*, Case No. SCSL-04-14

3. *The Prosecutor v. Ssa Hassan Sesay*, *Morris Kallon* & *Augustine Gbao*, Case No. SCSL-04-15

4. *The Prosecutor v. Alex TambaBrima*, *BrimaBazzy Kamara* & *Santigie Borbor Kanu*, Case No. SCSL-04-16

索　引

图书在版编目（CIP）数据

国际刑法基本理论研究 / 叶良芳著. —杭州：浙江
大学出版社,2018.3
ISBN 978-7-308-17676-7

Ⅰ.①国⋯ Ⅱ.①叶⋯ Ⅲ.①国际刑法－研究 Ⅳ.
①D997.9

中国版本图书馆 CIP 数据核字（2017）第 283766 号

国际刑法基本理论研究

叶良芳 著

责任编辑	傅百荣
责任校对	杨利军 汪 潇
封面设计	杭州隆盛图文制作有限公司
出版发行	浙江大学出版社
	（杭州天目山路 148 号 邮政编码 310007）
	（网址：http://www.zjupress.com）
排 版	杭州隆盛图文制作有限公司
印 刷	浙江省良渚印刷厂
开 本	710mm×1000mm 1/16
印 张	17
字 数	296 千
版 印 次	2018 年 3 月第 1 版 2018 年 3 月第 1 次印刷
书 号	ISBN 978-7-308-17676-7
定 价	49.00 元